西南政法大学新闻传播学系列丛书

# 狂欢与理智

信息时代的知识生成与舆论引导

CARNIVAL AND REASON
KNOWLEDGE GENERATION AND
PUBLIC OPINION GUIDANCE IN INFORMATION AGE

解庆锋 著

社会科学文献出版社
SOCIAL SCIENCES ACADEMIC PRESS (CHINA)

# 目录 CONTENTS

引 论 / 1

**第一章 信息时代舆论的生成机制 / 4**
第一节 舆论的概念及构成维度 / 4
第二节 一个心理场域：舆论场 / 8
第三节 舆论的形成、传播与引导 / 14
第四节 互联网空间中的舆论 / 20

**第二章 自媒体时代的网民 / 33**
第一节 网络讨论中的网民 / 33
第二节 从舆论主体、客体、本体论舆论反转 / 43
第三节 网络谣言：众声喧哗的舆论生成 / 52

**第三章 心理认知与网络舆论形成 / 70**
第一节 心理场体现舆论的意识环境 / 70
第二节 刻板印象与社会意见表达 / 79
第三节 社会记忆与舆论形成 / 86
第四节 第三人效果与网络舆论 / 90

第四章　互联网对司法公正感的影响及媒介/舆论审判感知的
　　　　中介效应 / 95
　第一节　研究问题与文献综述 / 95
　第二节　研究设计与研究结果 / 108
　第三节　结论与讨论 / 122

第五章　网络暴力：一种畸形舆论的形成机制及伦理法律规约 / 129
　第一节　意见气候：网络暴力带来严重社会伤害的心理机制 / 129
　第二节　网络暴力的形成 / 131
　第三节　网络暴力的规制 / 140

第六章　法治知识供给与舆论引导策略 / 146
　第一节　专业法律知识供给：昆山案中舆论、媒体与司法的
　　　　　互动 / 146
　第二节　法治政论片对司法潜舆论的舆论引导技巧 / 167

第七章　新型主流媒体：舆论引导的急先锋 / 176
　第一节　网民新闻背景下新型主流媒体的新闻舆论引导 / 177
　第二节　新闻舆论引导中的"信息求真"理念 / 185
　第三节　新型主流媒体新闻舆论引导理念与舆论引导"四力" / 199
　第四节　心理认知论与主流媒体的舆论引导 / 209

第八章　互联网背景下的政府舆论引导 / 220
　第一节　协商机制与理性舆论的形成 / 220
　第二节　政府的舆论引导策略 / 223

**参考文献** / 230

**后　记** / 262

# 目录 CONTENTS

**Introduction / 1**

**Chapter 1　Generation Mechanism of Public Opinion Generation in Information Age / 4**

Section 1　Concept and Composition Dimensions of Public Opinion / 4

Section 2　A Psychological Field: Public Opinion Field / 8

Section 3　Formation, Dissemination, and Guidance of Public Opinion / 14

Section 4　Public Opinion in Internet Space / 20

**Chapter 2　Netizens in Era of Self Media / 33**

Section 1　Internet Users in Online Discussions / 33

Section 2　Discusses Reversal of Public Opinion From Perspectives of Subject, Object, and Ontology of Public Opinion / 43

Section 3　Online Rumors: Generation of Public Opinion With Crowd Voices / 52

Chapter 3   Psychological Cognition and Formation of Online Public Opinion / 70

Section 1   Conscious Environment of Public Opinion Reflected in Psychological Field / 70

Section 2   Stereotypes and Social Opinion Expression / 79

Section 3   Social Memory and Formation of Public Opinion / 86

Section 4   Third-Person Effect and Online Public Opinion / 90

Chapter 4   Internet's Impact on Sense of Judicial Justice and Mediating Effect of Media/Public Opinion Trial Perception / 95

Section 1   Research Issues and Literature Review / 95

Section 2   Research Design and Results / 108

Section 3   Conclusion and Discussion / 122

Chapter 5   Online Violence: A Mechanism For Formation of Abnormal Public Opinion and Ethical Legal Regulations / 129

Section 1   Opinion Climate: Psychological Mechanisms of Serious Social Harm Caused by Online Violence / 129

Section 2   Formation of Online Violence / 131

Section 3   Regulations on Online Violence / 140

Chapter 6   Law Knowledge Supply and Public Opinion Guidance Strategies / 146

Section 1   Supply of Professional Legal Knowledge: Interaction Between Public Opinion, Media, and Justice in Kunshan Case / 146

Section 2   Public Opinion Guidance Skills For Judicial Potential Public Opinion in Rule of Law Political Commentaries / 167

**Chapter 7** **New Mainstream Media: Pioneer of Public Opinion Guidance / 176**

Section 1  News Opinion Guidance of New Mainstream Media in Context of Netizens' News / 177

Section 2  Concept of "Seeking True Information" in Guidance of News and Public Opinion / 185

Section 3  New Mainstream Media News Public Opinion Guidance Concept and "Four Forces" of Public Opinion Guidance / 199

Section 4  Psychological Cognitive Theory and Public Opinion Guidance of Mainstream Media / 209

**Chapter 8** **Public Opinion Guidance of Government in Context of Internet / 220**

Section 1  Consultation Mechanism and Formation of Rational Public Opinion / 220

Section 2  Government's Public Opinion Guidance Strategy / 223

**Reference / 230**

**Postscript / 262**

# 引　论

　　媒介技术能够改变公众所处的时空环境、信息环境，对公众的心理认知产生显著影响甚至改变公众的心理认知。心理认知是舆论形成的前置性活动，作为显舆论的意见表达建立在公众的心理认知之上。心理认知的形态是多样的，有理性认识、有臆想、有社会想象等。信息会影响公众的心理认知，信息环境会对公众的心理认知状态产生重要影响；当然，意图亦是心理认知的重要影响因素。媒介技术创造的新形态的时空环境让置身其中的公众的心理认知状态处于新的情境中，这会使得公众的心理认知产生变化。媒介技术与信息环境的叠加对公众心理认知状态的影响更是多样化的。

　　互联网，这一新型媒介技术塑造了新形态的信息环境，亦影响了置身其中的公众对社会事物的认知。网络空间中的言论情境与现实世界存在较大差异，网络舆论的情境特征鲜明，不同于一般性的社会舆论。网络空间的网民心理认知与网民意见的形成值得探讨。

　　本书第一章运用文献分析法概述性地探讨了舆论的生成机制，结合舆论的形成进一步讨论了舆论的传播与引导，并结合互联网议事的情境探讨了互联网舆论的形成、演化与引导。在论述这些内容时，笔者运用了心理学、传播学的相关概念知识。

　　本书第二章探讨了网民的特点，在后真相、虚假信息泛滥等网络媒体带来的较严重的传播问题的背景下，重点探讨了网民网络议事存在的不足，经常出现的网络舆论反转所产生的机制，从网民视角出发关注了网络谣言的形成、传播及其对舆情的影响并讨论了网络谣言的治理。

　　网民的心理认知与舆论的形成、传播是本书探讨的重点内容。

心理场与舆论的生成、传播之关系成为本书第三章探讨的内容之一。在关注舆论的生成、传播时，不仅要关注现实的社会结构性力量，亦要关注意识环境给公众输入的心理能量，进而塑造公众的心理认知与想象，因为其会作用于公众对公共议题的认知，影响公众表达的意见的倾向，从而影响舆论的生成与传播。第三人效果是经典的传播理论，对第三人效果的探讨通常关注信息传播对受众心理认知的影响，缺少从社会舆论形成的中观视角来理解第三人效果这一社会传播心理的探讨。从社会舆论形成的视角探讨第三人效果这一社会心理认知与社会舆论形成之关系的文献非常少，零碎且不系统，本书从社会舆论形成的视角探讨第三人效果。刻板印象、社会记忆等公众心理认知与舆论的形成、传播亦是本章探讨的内容。

在司法案件舆论实践中，媒介审判实则是一种形式的舆论审判。舆论参与司法案件讨论，甚至为犯罪嫌疑人定罪，这反映了公众朴素的正义希冀。但公众对媒介/舆论审判的心理感知却削弱了其司法公正感，且部分媒介接触会影响公众的媒介/舆论审判感知。这就产生了一种司法案件信息传播的悖论，社会成员在一定程度上希冀参与舆论审判，媒介呈现的关于司法案件的报道可能诱发公众的舆论审判感知，而这削弱了公众的司法公正感。这一悖论值得探讨。第四章实证检测、探讨了这一问题。

在引发全民关注的网络热点舆论事件中，涉及司法案件的舆论事件占比较高，对涉及司法案件舆论的形成、引导的探讨亦是本书的重要内容。

如同谣言一样，网络暴力亦是一种畸形的网络舆论。这一畸形的网络舆论的形成受多种因素的影响。信息环境、法律伦理意识均会影响网络暴力的生成，探讨网络暴力形成的心理机制、影响因素非常必要，能够为网络暴力治理提供前置性知识基础。网络暴力能够产生严重的社会伤害，产生社会伤害的心理机制体现为网络意见气候带来的心理恐惧。对网络暴力的规制成为治理这一畸形舆论的重要手段。上述所探讨的内容体现在第五章中。

司法案件具有很强的专业性，但相当多的公众在参与司法案件讨论时，缺少专业的法律知识，对司法案件的解读可能存在片面性，加上司法断案的程序性、过程性与公众群情激昂地寻求司法结果之间存在张力，因此，向公众供给专业法律知识，培养公众的法律素养，对司法案件舆论引导有着重要意义。本书第六章以轰动一时的昆山反杀案为案例，探讨这一问题，论述了司法案件舆论引导中的专业法律知识供给。

面对新形势下的舆论环境以及媒介融合技术的发展，新型主流媒体成为传统媒体机构建设与发展的方向，以便更好地为人民群众提供新闻信息服务，更好地实现舆论引导的目标。相对于传统媒体机构的舆论引导实践，新型主流媒体的舆论引导实践需要创新，其中舆论引导理念创新成为创新的重要方向之一，舆论引导理念创新与实现新闻舆论的传播力、引导力、影响力、公信力有着重要的关联性，值得探讨。对上述内容的探讨主要体现在第七章中。

为了更为高效地推进公共治理，政府需要与民众就公共事务进行协商。因此，政府需要对民众进行舆论引导，以消解民众由于信息缺失产生的非理性认识及意见。本书第八章探讨了政府舆论引导的必要性及政府舆论引导的策略。

# 第一章　信息时代舆论的生成机制

舆论研究相关文献非常丰富、多元，因此对它们的评析无法面面俱到。本研究主要围绕舆论的内涵、形成、传播、演化、引导以及互联网舆论展开文献综述与评析，以探讨信息时代舆论的生成机制，同时为后面的研究与探讨提供学理性知识基础。

## 第一节　舆论的概念及构成维度

"舆论"是新闻传播学的一个重要概念，关于舆论的定义有很多种，不同的定义有时呈现较为明显的差异。每一种舆论的定义均有其存在的合理性，因此对"舆论"的含义的梳理便具有了研究的必要性。舆论是相对一致的社会意见还是纷争的意见总和？这使得对舆论的理解有狭义与广义之分。舆论的指向是公开的社会意见还是内隐的信念、态度？这使得对舆论外延的认识存在明显的差异。在舆论构成维度上，不同研究者的论述有所差别。作为西方舆论研究的先驱，李普曼对舆论的含义的论述引入了多元化的概念。

### 一　舆论是公开表达的社会意见

我国不少学者认为舆论是公众意见，余家宏、宁树藩认为，舆论是一部分群众或一定群体集团在社会生活中对某一具体事态的发展持有的大体一致的意见。[1] 林枫认为，舆论是公众在有争议的社会问题上表现出来的

---

[1] 转引自胡钰《新闻与舆论》，中国广播电视出版社，2001，第113页。

大体相同的意见。① 胡钰认为:"舆论就是社会中特定群体对特定事件表现出来的特定的意见。"② 上述研究者均认为舆论是一种公开表达出来的意见,是显性的、能够直接被人们听到的言论,所不同的是,余家宏、宁树藩与胡钰认为舆论具有社会群体属性,舆论不是社会民众整体的意见,而是某一社会群体的公开表达的意见。

刘建明等认为舆论的概念有狭义和广义之分,狭义上的舆论指某一具体的舆论,反映的是在一定社会空间中,多数人在消除了个体的意见差异而形成的对社会问题的共同意见,反映了社会的知觉;广义上的舆论并不指某一具体舆论,而是指社会空间存在的多种意见的总和或纷争。③ 刘建明等对舆论从狭义、广义两个角度进行定义非常契合社会生活中舆论的具体情况与现实研究中研究者对舆论的现实理解与具体运用。当然,在这一定义中刘建明等也认为舆论是公开表达的社会意见。

## 二 信念、态度是舆论的核心

部分研究者认为意见仅是舆论的言论体现,舆论还包括情绪舆论、行为舆论,认为舆论是公众深层次的信念、态度的外在呈现,信念、态度是舆论的构成核心。

孟小平在《揭示公共关系的奥秘——舆论学》中指出,舆论是公众对他(她)们关心的事件、人物、社会现象、社会问题及社会观念持有的信念、态度及意见的总和,具有一定的一致性、持续性和强烈程度,能够对事态发展产生影响。④

陈力丹从舆论引导的角度将舆论定义为:规模性的公众持有的情绪、信念、态度、意见的总和。⑤ 陈力丹参照喻国明对舆论的分类方法,将舆论分为三种存在方式:潜舆论、显舆论和行为舆论。潜舆论一是指公众没

---

① 转引自胡钰《新闻与舆论》,中国广播电视出版社,2001,第113页。
② 胡钰:《新闻与舆论》,中国广播电视出版社,2001,第118页。
③ 刘建明、纪忠慧、王莉丽:《舆论学概论》,中国传媒大学出版社,2009,第23页。
④ 转引自胡钰《新闻与舆论》,中国广播电视出版社,2001,第113~114页。
⑤ 陈力丹:《舆论学——舆论导向研究》,中国广播电视出版社,1999,第90页。

有公开表达的态度、信念,二是指知觉到但又不易确切捕捉到的公众情绪。① 从陈力丹对潜舆论的论述可见,陈力丹将公众的信念、态度与内在情绪视为舆论的组成部分。陈力丹认为,显舆论是指一定社会空间范围内相当数量的规模性公众,通过多种公开的表达形式呈现出来的对舆论客体的态度,或者是被外界信息刺激直接引发,或者是情绪性潜舆论通过一段时间的酝酿转化而成。② 行为舆论是指主要通过行为的方式表现出来的舆论,当然,在行为舆论的呈现情境中会夹杂以语言、文字表现出来的意见表达,因此,在行为中既含有情绪的表达,也含有公开表达的言辞,行为舆论可以被视为一种综合性的舆论形态。③ 陈力丹将一定规模的时髦展示、社会公益活动、游行示威、自发狂欢等都视为行为舆论的存在形态。④

曾庆香认为,舆论是一定社会范围内的多数人针对社会现实、社会现象、社会问题表达出来的大体一致的信念、态度,这种信念、态度通常借助言语、情感、行为等方式呈现出来。⑤ 从孟小平、陈力丹、曾庆香对舆论概念的论述可以看出,三位研究者对舆论概念的界定已经超越了公开表达的社会意见层面,延伸到社会意见背后的态度、信念层面,进一步拓宽了舆论概念的内涵与外延,使得舆论研究的对象与范围也得到了拓展。在三位研究者中,曾庆香更关注社会意见依赖的深层次的社会信念与社会态度,这源于社会意见是基于信念与态度的显在呈现。

## 三 西方学者对舆论内涵的理解

在西方学者对舆论概念的探讨中也表现出多元化取向,这一情况与我国对舆论概念研究的情况比较相似。《美利坚百科全书》中将舆论定义为"舆论是群众就他们共同关心或感兴趣的问题公开表达出来的意见综合"。⑥ 而英国的《大不列颠百科全书》中将舆论定义为"舆论是社会上值得注重

---

① 陈力丹:《舆论学——舆论导向研究》,中国广播电视出版社,1999,第90页。
② 陈力丹:《舆论学——舆论导向研究》,中国广播电视出版社,1999,第93页。
③ 陈力丹:《舆论学——舆论导向研究》,中国广播电视出版社,1999,第95页。
④ 陈力丹:《舆论学——舆论导向研究》,中国广播电视出版社,1999,第96页。
⑤ 曾庆香:《对"舆论"定义的商榷》,《新闻与传播研究》2007年第4期。
⑥ 转引自曾庆香《对"舆论"定义的商榷》,《新闻与传播研究》2007年第4期。

得相当数量的人对一个特定问题表示的个人意见、态度和信念的汇集"①。

Carroll、Susan、Carrett 和 Robert 认为西方有关公共舆论的合理定义可以分为五类。第一类，公共舆论是个体意见的集合，公共舆论是个体意见的简单数量统计；第二类，公共舆论是多数人信仰的反映，社会群体主流的信念与意见便是公共舆论；第三类，公共舆论基于群体利益冲突而形成，由于各社会群体兴趣爱好、利益诉求的不同，社会群体之间产生意见的冲突，相互辩论以图表达自身利益，从而形成公共舆论生态；第四类，公共舆论是媒体和精英的意见，新闻传媒的言论、专家学者的意见、政治经济精英的观点代表着公共舆论；第五类，公共舆论是一种虚幻，真实性有待再认识，认为西方政府操作民意，引用篡改的所谓民意来实现政府目的，西方政府对公众意见的功利性使用使得公共舆论成为没有实际价值的政治幻象。②

在西方学者中，李普曼对舆论的研究颇深，是西方舆论研究的奠基人与开拓者。李普曼论述了与舆论紧密关联的一些概念，如图像、成见、兴趣、独立的共同体，认为固有的成见、头脑中想象的图像、兴趣爱好都会影响民众对特定事物的看法，而不同共同体的各种诉求使得舆论多元并通过代议制机构来寻求最大限度的共识。③ 在李普曼对舆论内涵的定义中，成见、（头脑中的）图像、兴趣都是社会民众深层的认知、态度与观念，由此李普曼对舆论的研究并没有仅仅局限于公开表达的社会意见与言论，而是拓展了舆论的内涵，将成见、想象与兴趣纳入舆论构成中，使得舆论的内涵具有了社会心理、社会文化的知识来源基础。

李普曼认为，任何共同体关于外部世界的公共舆论主要由一些刻板印象构成，这些刻板印象以共同体的法律和道德准则规定的图式组合，并由当地经验唤醒的感情激活。④ 可见，李普曼认为共同体的舆论具有狭隘性，仅是某一社会群体自身经验、价值观的反映，具有独立（self-contained）

---

① 转引自曾庆香《对"舆论"定义的商榷》，《新闻与传播研究》2007 年第 4 期。
② Carroll, J. G., Susan, H., Carrett, J. O. & Robert, Y. S, *Public Opinion* (Westview Press, 1999), pp. 14 – 28.
③ 〔美〕沃尔特·李普曼：《公共舆论》，阎克文、江红译，上海世纪出版集团，2006。
④ Walter Lippmann, *Public Opinion* (New York：Dover Publication, Inc., 2004), p. 149.

的属性，并非真正的公共舆论。刻板印象是知觉者对某一社会事物、社会群体的结构性认识、期望、信念、想象，它通常带有倾向性，反映了知觉者的价值判断、认知偏见。难怪李普曼认为相当多的所谓共同体的公共舆论更多地建立在随意的想象之上，而并非依据客观的信息与报告。[1]

李普曼论述的舆论指涉的主体是"独立的共同体"，在李普曼的论述中，"独立"（self-contained）并非指共同体的自主性，而是指共同体舆论与外部世界的隔离。社会由众多的社会共同体构成，社会群体可以依据国家、民族、职业、性别、阶级、阶层、年龄、地域、学历来划分，从而形成不同类型的社会共同体。每一类社会共同体表达的公共舆论都不可避免地带有共同体的刻板成见、利益诉求、价值观念，从而使得社会公共舆论纷繁复杂、争斗不断。

笔者认为，以陈力丹为代表的学者对舆论的定义更具有包容性，将舆论视为社会群体的言论、意见、态度、信念与行为的综合表现；同时也应当重视刘建明等对舆论概念的广义与狭义之分，既探讨消除差异的社会群体整体的相对一致的意见，也探讨不同社会群体持有的在群体内部具有相对一致性但在整个社会群体中是多元意见存在的社会意见。这也是本研究持有的关于"舆论"的含义。

## 第二节 一个心理场域：舆论场

"舆论场"是在研究舆论形成时使用的重要概念，认为舆论场是影响舆论形成的重要因素；对舆论研究往往离不开对舆论场的探讨。对"舆论场"概念含义的理解尤其是关于舆论场的组成内容方面存在较为明显的差异。

"场"原本是物理学的概念，研究者将"场"引入社会科学领域，指事物所处的周围环境，重点考察事物与周围环境的联系。"舆论场"概念的提出推动了舆论的研究，使舆论研究立足于更为宏观的社会环境。在"舆论场"内涵与外延的界定中，研究者同样论述了不同的观点。

---

[1] Walter Lippmann, *Public Opinion* (New York: Dover Publication, Inc., 2004), p.148.

## 一 舆论场的含义及舆论研究的价值

在传播学研究的先驱中,勒温的"场论"对理解舆论场的价值具有重要启发。刘建明论述了舆论场的内涵及构成因素,虽然没有明确将意识环境纳入舆论场,但他同样论述了意识环境对舆论形成的作用。陈力丹结合中国舆论场的具体状况,讨论了其对舆论引导的影响。

### (一) 勒温的"场论"

场论中的场可以被视为与社会个体有关的生活空间,可以是个体的私人生活环境,也可以是个体置身其中的社会环境。"场论"认为,在研究人的社会行为时,应当关注其身处的场域,因为社会行为或社会事件通常是在社会个体身处的多种场域环境的力量的影响下发生的。[1] 勒温认为人处于一定的社会场,与周围其他人相互作用,传播行为受群体动力推动发展。勒温将群体视为一个场域,这一场域虽然是由个体组成的,但群体一旦形成,群体内的个体就不再是自然的个体,而是受到群体整体结构影响的个体,群体对处于其中的个体行为具有动力作用,对个体而言群体便是一个社会场域,影响到个体的心理与言论。将场域拓展开来说,对于社会群体而言,社会大系统便是社会群体的场域,任何社会群体都受到其所处的社会环境(社会系统)的影响,作为社会群体心理意识反映的舆论同样如此,社会舆论是社会大环境、社会大场域的产物。

### (二) 舆论场的含义、构成

刘建明认为,场域不单是舆论形成的条件与空间,而且是促进舆论演化的影响因素,甚至制约着舆论形成、演化的性质、方向,因此,用场域的范式探讨社会舆论,能够帮助我们认识舆论形成的具体机制。[2] 可见,刘建明强调了从舆论场的视角探讨舆论产生与传播问题的必要性。"舆论都是在具体环境中产生的,起始于某一具体空间,这种微观环境称为舆论场。"[3] 舆论也是社会的产物,其产生不可避免地受到整个社会系统的影响

---

[1] 〔美〕E. M. 罗杰斯:《传播学史——一种传记式的方法》,殷晓蓉译,上海译文出版社,2001,第337页。
[2] 刘建明:《社会舆论原理》,华夏出版社,2002,第35页。
[3] 刘建明、纪忠慧、王莉丽:《舆论学概论》,中国传媒大学出版社,2009,第50页。

与制约，脱离社会环境探讨舆论问题只能片面化、局部化地认识舆论问题。

刘建明对舆论场下了定义，认为舆论场是一种社会时空环境，其中包含着促使许多人形成共同意见的若干相互刺激的社会因素。[①] 刘建明给出了舆论场构成的三个因素：同一空间人们的相邻密度与交往频率；舆论场和社会整体环境的相互连接、相互作用的大小；渲染物或渲染气氛。[②] 同一空间人们较大的相邻密度与较高的交往频率以及舆论场和社会整体环境相互连接、相互作用的程度越大，则舆论的产生更为有机。渲染物或渲染气氛会影响舆论形成与传播的速度与力量。

刘建明认为人们的共同的社会意见是在社会群体相互联系、相互作用的社会环境中形成的，公众的舆论行为是公众与社会环境相互作用的函数，包含诸如"多人的体验、现实需要及相互反射和对应的量"[③]。刘建明认为，每个社会个体的周围都聚集着一个利益相关、联系较紧密的小社会空间，在特定的时机，这个小社会空间会陷入易引起群体思想共鸣的社会环境中，进而对社会问题、重大社会事件产生思想的爆破力；社会环境场的刺激、渲染、容纳、支持使得带有爆破力的意见被迅速传播，很快被公众接受，从而形成社会舆论。[④]

作为舆论场研究的先驱，刘建明同样论述了意识环境对舆论形成的影响。刘建明认为，在其他形式社会意识的滋补下，舆论得以萌生，并进一步从意识环境中汲取养分而不断完善，进而演化，在舆论互动中其他意识形态提供的知识与思维模式为公众提供了认识舆论客体的思考逻辑与认识路径。[⑤] 刘建明对意识环境进行了界定，认为无形的多种精神文化的交错构成了意识环境，其中包括"知识、道德、法律、信仰、艺术、风俗等各种意识形态"[⑥]。

---

[①] 刘建明：《社会舆论原理》，华夏出版社，2002，第36页。
[②] 刘建明：《社会舆论原理》，华夏出版社，2002，第36~37页。
[③] 刘建明：《社会舆论原理》，华夏出版社，2002，第36页。
[④] 刘建明：《社会舆论原理》，华夏出版社，2002，第36页。
[⑤] 刘建明：《社会舆论原理》，华夏出版社，2002，第34页。
[⑥] 刘建明：《社会舆论原理》，华夏出版社，2002，第34页。

从刘建明对意识环境的界定中可见，意识环境是广义上的心理场，是指社会群体集体的心理意识，社会的意识形态体系对于舆论的形成有着重要的影响，甚至决定着舆论的形成，"人们根据一定意识形态认识日常生活，是舆论产生的意识根源"[①]。不仅舆论的产生受到社会意识环境的影响，舆论的传播与演化同样受到意识环境的影响，"舆论在一定意识环境中传播，时时受到不同意识形态的制约"[②]。

（三）舆论场的价值

陈力丹也认为，舆论场对于考察、探讨舆论形成依据的时空环境有着重要价值，它为审视公众成员之间的社会心理互动提供了理想的条件，知晓舆论产生于何种社会情境之中对于引导舆论有着重要的意义，针对不同的社会时空情境来采取恰当的舆论引导策略，进而取得较理想的舆论引导效果。[③] 陈力丹结合喻国明与刘建明对舆论场概念的定义来理解舆论场，并介绍了王海光的信息场概念。陈力丹在中国改革开放的大社会环境中来论述中国的舆论场，认为倘若将宏观的社会时空环境视为舆论场，我们需要将整个改革开放的中国视为一个巨大的社会时空环境，它对理解中国舆论的形成与引导有着重要的指引作用，对准确把握中国舆论引导非常有必要。[④]

陈力丹将舆论场与舆论引导结合起来，认为进行舆论引导需要研究舆论场，舆论引导离不开对舆论场状况的把握，对于中国时空环境中的任何具体舆论的引导，都需要站在宏观中国舆论场的视角，思考具体舆论与中国整个社会时空环境的联系，进而从宏观视角认识、把握具体舆论产生的中国时代背景，进而分门别类地开展对不同具体舆论的引导实践。[⑤]

## 二　心理场对舆论形成、演化的影响

余秀才借用西方学者的理论考察了网络舆论场的构成，认为网络舆论

---

① 刘建明：《社会舆论原理》，华夏出版社，2002，第35页。
② 刘建明：《社会舆论原理》，华夏出版社，2002，第35页。
③ 陈力丹：《舆论学——舆论导向研究》，中国广播电视出版社，1999，第48页。
④ 陈力丹：《舆论学——舆论导向研究》，中国广播电视出版社，1999，第48页。
⑤ 陈力丹：《舆论学——舆论导向研究》，中国广播电视出版社，1999，第49页。

场的概念来源于考夫卡的心物场、勒温的场论与布尔迪厄的场域理论，同时指出，网络舆论场由新媒介场、心理场和社会场交汇而成。

在考夫卡看来，世界存在于心理之中，经验性世界与物理性世界是不同的。世界的观察者知觉世界现实的观念可以被称为心理场，而被心理知觉的现实则被称为物理场；在认识世界时，心理场包含着自我与环境两个极点，环境包含地理环境与行为环境，现实中的环境被称为地理环境，头脑意想中的环境被称为行为环境。① 人可能处于同样的地理环境，同样的社会群体之中，但人的心理认知与外在行为却会表现出较大的差异，可见人的心理感知与行为并不是地理环境作用的结果。人们头脑中想象的环境会直接作用于人们公开的言论与行为，也即"人的行为直接产生于行为环境"②。借用考夫卡的观点，余秀才认为媒体会为人们塑造一个行为环境，媒介场域会影响到人们对环境的社会想象，由于网络媒体的特点，网络媒介场不同于传统媒体媒介场。

余秀才认为，勒温在场论中谈到的环境是心理环境，结合勒温场论中对心理环境的论述，余秀才认为"网络舆论在发生时存在一个心理场，即心理环境，不同个体与不同群体间的心理场因时因地各不相同"③。余秀才认为，面对同一个舆论客体，在网络舆论的形成过程中，心理场大体一致的网民逐渐形成一个心理参照群体，并在信息互动与讨论中，逐渐形成一种群体激化现象，个体心理在彼此影响、作用中逐渐汇聚成为群体心理。④ 由此看来，心理场是网络舆论场的组成部分，不同群体的心理场不同，该群体产生的社会认知与社会意见存在较大的差异，群体的社会舆论自然不同于其他社会群体的舆论。余秀才同样引用了梅罗维茨与戈夫曼的观点，认为媒介自身便是一个大的社会环境，对人们的社会认知与意见表达产生影响。

余秀才借用布尔迪厄的场域理论，探讨了社会空间中的关系与结构，认为社会群体由于不同的地位与位置，群体间的场域并不均等，因此社会

---

① 余秀才：《网络舆论场的构成及其研究方法探析》，《现代传播》2010 年第 5 期。
② 转引自余秀才《网络舆论场的构成及其研究方法探析》，《现代传播》2010 年第 5 期。
③ 余秀才：《网络舆论场的构成及其研究方法探析》，《现代传播》2010 年第 5 期。
④ 余秀才：《网络舆论场的构成及其研究方法探析》，《现代传播》2010 年第 5 期。

舆论的产生并非理想化的结果，加上群体内部的结构关系的不均等使得社会意见的表达更加具有多元取向。也就是社会地位、社会权力的不同使得社会场域多元化，由此影响到社会场域中社会舆论产生的不均衡与多元性。因此社会场会影响网络舆论的产生。

还有一些其他研究者或深或浅地论述了舆论场的内涵。可见，对舆论场构成内容的认识，有广狭之分、深浅之别，这种认识差别反衬出舆论场的构成内容是丰富多维的。伴随媒体生态的不断演化，新型的舆论场不断涌现，社会舆论场生态也在不断发生变化。

综合舆论场的构成及其内涵，笔者认为舆论场是影响舆论存在、生成、传播的情形与时空环境。舆论场本身并不是舆论，它承载与影响着舆论的形成与存在。舆论不是独立的存在物，舆论是特定时空环境下各种社会意见的整合与体现。社会认知与社会意见往往借助具体的社会情形来呈现，这种情形便是舆论场。这种环境既包括现实的地理、社会环境，也包括社会意识层面的社会文化心理环境。可见舆论场的组成不是单一维度的，而是多元维度的组合体，这一组合体不是简单的机械拼接，而是各部分有机互动、相互作用，各舆论场中的意见彼此碰撞从而整合出公共意见，也即舆论。舆论是社会群体心理的互动与反映，每一类舆论场都影响身处其中的个体与群体的心理认知，从而影响社会对某一事物的看法与认知。

人们依据意识环境发表对事物的意见与看法，认知观念的形成依赖所掌握的信息，而媒介是提供有关事物信息的重要渠道，媒介为世界建构了信息环境。梅罗维茨认为，媒介透视着社会情境，借助媒介社会，个体足不出户就可以知晓各种社会情境。[①] 媒介呈现的信息情景强烈地影响着人们对周围事物的看法、意见与信念，大众媒体成为构成舆论场的必不可少的组成部分。

政府是公共信息最大的拥有者，通过新闻发言人、记者招待会、民意收集、信访工作来了解舆论生态，影响舆论的演变，政府传播的信息也是影响力强大的舆论时空情景，是舆论场的重要组成部分。大众传媒在现代

---

① 刘海龙：《大众传播理论：范式与流派》，中国人民大学出版社，2008，第447~451页。

政治生活中扮演着重要角色，传媒执政成为现代政府管理的重要理念，政府部门也积极利用传媒来传播施政理念、动员社会力量。政府舆论场与媒体舆论场两者相互区别，但时常会紧密联系在一起，融合一处，使两个舆论场不分彼此。

马克思认为，人的本质是"一切社会关系的总和"①，人的社会关系既有客观存在的现实社会关系，也有心理想象的社会参照性的社会关系，即便是亲属、挚友等社会关系，在双方互动时很大程度上也是社会性心理预期与想象，社会关系网是人生存生活的社会场组成部分之一。

人是能动的主体，人的思维习惯、文化传统会影响人处理事物的方式，个体的心理场会对个体认知周围环境中的事物产生重要影响。观念构成人认识社会的信息环境，人依据观念采取行动。由于生产生活环境的差异，群体在差异化的社会实践之上形成了差异化的观念认知，不同群体的思维、心智存在较大差异。群体性的心理场会影响人们对社会事物的看法，会对身处其中的个体心理场产生较大影响与制约。

## 第三节 舆论的形成、传播与引导

舆论引导的实质是自觉地对舆论形成与传播进行干预与影响，通过影响舆论的形成能够促进理性的社会舆论的产生，使舆论的结晶更加符合党和人民的意志；对已经形成的社会舆论进行有目的的干预，在舆论的扩散中加入理性的信息，从而使社会舆论的走向更加符合党和人民的意志，使社会舆论在社会传播过程中不断理性化、不断提高自身的质量。

### 一 对舆论形成、传播的探讨

刘建明等认为舆论形成经过公共问题与社会议论、人际讨论与意见圈扩散、相关突发事件刺激、意见领袖的引导四个阶段。② 刘建明等认为，社会处于稳定时期，社会矛盾较少，人们的社会意见就少，当社会不断发

---

① 《马克思恩格斯选集》（第一卷），人民出版社，2012，第139页。
② 刘建明、纪忠慧、王莉丽：《舆论学概论》，中国传媒大学出版社，2009，第51~55页。

展且急剧发展，旧的社会规范、社会制度不适应新的社会发展，社会矛盾产生，社会公共问题便产生了，人们会对社会公共问题发表各种各样的社会意见，这些多元的社会意见便是舆论产生的社会基础。刘建明等认为，当社会公共话题出现后，人们对话题的不断议论并在不断议论中结成的讨论圈促进了更大范围的社会意见的形成，意见圈的扩散使得个人意见或小群体意见借助人际讨论或大众媒体的报道获得了更大社会范围内人们的认可。在某种意见获得了足够的社会空间后，与社会意见有联系的突发事件往往会促使更大范围的公众卷入社会问题的公开讨论中，社会意见由此成为公共的社会舆论。人们公开而明确地发表言论，表达对所关注的社会事物的看法，大众传媒也积极报道相关突发事件，激起更大范围的社会舆论的产生。在刘建明等看来，不是媒体影响意见领袖，而是意见领袖影响媒体，意见领袖的意见会影响到媒体对相关事物的意见，从而影响社会舆论的形成。在刘建明等眼里，意见领袖并不是民间在普通社会民众中具有影响力的普通意见领袖，而是以著名记者、专家、学者为代表的知识精英与政治精英。

刘建明等研究了舆论的传播形态，认为舆论的传播形态是多样的，主要有六种形态：议论与公共讨论、民谣与民谚、社会传闻、会议的意见集中、肢体的集体表意、理论争鸣。[①] 在刘建明等看来，大到思想学术界的学术理论争鸣，小到民众个人之间的争论，均属于社会舆论的传播形态。舆论的传播也就是社会意见信息在民众中的扩散，以及在扩散过程中形成的舆论主体间的联系与关系。刘建明等没有把舆论传播中的大众媒体放在舆论传播形态中来论述，而是放在社会机构的舆论传播活动中论述。在大众传媒日益发达的今天，新闻传播是社会舆论传播的一种重要的形态，也是对社会舆论产生与演变影响非常大的一种传播形态。刘建明等重点论述了社会讨论这一舆论的传播形态，认为人们就社会公共话题进行的各种讨论有利于社会理性意见的结晶与传播，认为通过社会讨论使得多元的社会意见得以公开碰撞与交流，从而使得社会舆论在理性结晶中得到传播与扩散，从而起到良好的社会作用。

---

① 刘建明、纪忠慧、王莉丽：《舆论学概论》，中国传媒大学出版社，2009，第65页。

刘建明等论述了社会机构的舆论传播活动，认为传播主体是多元的，个体、群体、组织机构均可能以不同渠道与形式参与舆论传播。① 在对社会机构的舆论活动进行论述时，刘建明等认为新闻媒体是第一舆论机构，能够发起社会话题的讨论，引领社会民众形成相对一致的社会意见。新闻媒体通过新闻事实报道、新闻评论来形成新闻舆论，通过新闻舆论的传播与扩散来实现对社会舆论的引导。在刘建明等看来，新闻媒体是社会的舆论机关，通过对舆论的形成与传播的影响来实现对社会意见的整合，促进政府和民众的互动与联系，从而有利于民主政治的发展。互联网的普及使得互联网成为一种重要的社会舆论载体，网络舆论具有多维的开放面向，与社会中各个群体和阶层建立联系，网络舆论的呈现更加多元、丰富。刘建明等认为网络舆论的质量需要提升，网民应当加强自身的约束，以公共的精神与服务于公共事务的态度来推动理性的网络舆论的生成与传播。刘建明等认为公共关系机构、压力集团、游说组织都是社会舆论机构，这些机构通过自身的行为来影响社会舆论的生成与传播，从而实现对社会舆论的引导。

虽然刘建明等论述了舆论产生的四个阶段、舆论传播的六种形态，但是舆论的生成与传播并非线性的过程，存在多种不确定因素的影响与制约。韩立新、霍江河认为网络舆论受把关人的弱化、反沉默螺旋心理、网络语言暴力等因素的影响而具有更多的不确定性，网络舆论的生成与演变具有多元的不确定性影响，从而使得网络舆论具有了"蝴蝶效应"；网络舆论中的"蝴蝶效应"是指在网络舆论生成的起始阶段，影响因素并不确定，发生的意见表达会形成不规则的非线性的混沌现象，意见表达在不确定因素影响下产生的微妙的、细小的偏差，可能会引起不可预料的舆论波澜，蝴蝶效应下的舆论形成是情绪性的、非线性的和不确定的。②

研究者普遍认为舆论的生成、传播过程比较复杂，受到多种不确定性因素的影响。可见舆论形成与传播是非线性的，这也增加了舆论引导的难度，使得舆论引导在一些情况下往往无法有的放矢，而只能在摸索中发现

---

① 刘建明、纪忠慧、王莉丽：《舆论学概论》，中国传媒大学出版社，2009，第152~216页。
② 韩立新、霍江河：《"蝴蝶效应"与网络舆论生成机制》，《当代传播》2008年第6期。

一些社会舆论形成与传播的特点。

## 二 对不同形态舆论引导的探讨

陈力丹划分了不同形态的舆论，论述了大众传媒对情绪形态、讯息形态、观念形态、艺术形态、行为形态等不同舆论形态的不同引导策略。① 陈力丹认为面对情绪性舆论，大众媒体要保持冷静与理智，当社会突发事件发生后，负面情绪往往在民众中产生，大众传媒不应当突出人们的负面情绪以免引起社会动荡，而应当以正面情绪来安慰民众，使民众的心理取向不断走向积极和主动，同时大众传媒应当正确认识社会突发事件或社会变动，以积极有效的言论来引领社会民众的心理感知，从而实现对社会意见的引领，促进理性社会声音的生成。陈力丹认为对于讯息形态的舆论，应当提供准确的讯息来解决民众存在的模糊的心理判断，通过准确的讯息来消除民众的心理不确定性，使民众的社会认知不再模糊不清，从而使民众的社会意见表达清晰，民众的社会意见的倾向性不再杂乱无章。陈力丹认为面对讯息型舆论形态，媒体除了提供清楚的讯息外，还应当提供判断事物、看待事物的意见性信息，帮助民众在模糊的信息环境中能够获得明确而清晰的观点支持，从而使社会意见得到引导。

陈力丹认为对于观念形态舆论的引导关键是提供接近性的参照系，由于大众传媒的信息传播有着广泛的社会影响力，当舆论事件发生后，大众传媒及时为公众提供符合一般社会价值规范的参照物，或努力改变公众头脑中既有的参照物，会对公众的观念认知有着显著影响，进而实现对观念形态舆论的引导。② 陈力丹认为对于符合社会规范的舆论，放大这种舆论就会起到好的社会效果，对于不符合社会规范的舆论，媒介要依据情况来提供参照系以改变民众的社会心理认知，但改变民众社会心理认知并不是一件容易的事情，因此参照系的提供需要依据具体的情况来定。陈力丹认为对于意识形态的舆论的引导，关键是要防止舆论共振，也就是防止民众对于社会中某种流行文化出现过于集中的社会意见，媒体应当通过提供多

---

① 陈力丹：《舆论学——舆论导向研究》，中国广播电视出版社，1999，第104~114页。
② 陈力丹：《舆论学——舆论导向研究》，中国广播电视出版社，1999，第109~110页。

元化的观点来使艺术舆论多元化分散化,并在多元化中加入社会的主流价值观,以引导社会民众对艺术文化的观点。陈力丹将行为舆论分为正面行为舆论与负面行为舆论,对于符合社会规范、社会秩序的正面行为舆论,大众媒体要正面示范,可以经常报道这类正面的社会行为,以便更好地引导社会舆论走向,规范社会行为,促进社会良性行为的兴盛;对于负面行为舆论,陈力丹认为不宜采取针锋相对的态度,这样容易刺激民众采取极端的对立观点。陈力丹认为行为舆论的根本并不是行为自身,而是希望借助行为来表达某种观点与情绪,因此"对于负面行为舆论,应重在情绪、观念的预防性疏导,以及事后对越轨行为的理智梳理"[1]。

从陈力丹对不同形态舆论的引导策略的论述可知,舆论的引导并不是件简单的事情,并不存在固定的方式来对舆论进行单一化的引导。在舆论引导方面,应当结合舆论形成、传播的情况,以及舆论自身的形态与状况,分析舆论背后的民众心态与社会影响因素,以便有针对性地提出具体的社会舆论引导策略与引导方式。

## 三 沉默的螺旋与议程设置

在舆论的形成与引导方面,传播学有两个经典的理论,分别为"沉默的螺旋"与"议程设置"。

"沉默的螺旋"由诺依曼提出。[2]"沉默的螺旋"理论揭示了社会舆论可能并不是现实的真实写照,而可能是由一些特定的社会力量塑造出来的,也就是说舆论的形成存在虚假的陷阱。诺依曼认为,人是社会性动物,人都害怕被孤立,因此人们在表达社会意见前总会判断社会意见环境来决定能够表达何种意见。一些人强烈地表达社会意见,会让周围的人觉得表达相异的社会意见具有较大的心理压力从而选择沉默或者表达相似的社会意见以免产生社会冲突或心理冲突。"沉默"让强势的社会意见不断获得社会空间,不断挤压其他可能会被表达的社会意见的社会空间,从而使得某种意见由于缺少抗争性的社会意见而成为表象的社会舆论。

---

[1] 陈力丹:《舆论学——舆论导向研究》,中国广播电视出版社,1999,第113页。
[2] 〔德〕伊丽莎白·诺尔-诺依曼:《沉默的螺旋》,董璐译,北京大学出版社,2013。

沉默的螺旋启示：舆论是一个动态的社会过程，舆论研究应当关注舆论形成、演化过程中的社会因素、心理因素的影响。沉默的螺旋现象是社会舆论生成中存在的一种社会现象，人们可以利用这一现象促进符合社会规范的社会意见不断增强从而成为社会舆论，来实现对社会舆论形成的干预，实现对社会舆论的引导。

"议程设置"是麦库姆斯和肖提出的。[①] 议程设置理论揭示媒体新闻报道的议程往往成为民众关注的议程，大众传媒通过对新闻议程的设定能够影响到民众对社会议题的关注，从而影响社会议题在民众中的分布空间。议程设置理论的后续研究揭示，大众传媒的新闻报道也能够设置民众对相关议题属性的认知，[②] 也就是大众传媒对议题的观点与看法会影响到民众对相关议题的观点与看法，民众对社会议题的看法受到大众传媒议题属性的设置的影响。可见议程设置理论揭示了大众传媒的新闻报道对民众社会意见的深度影响，民众的社会认知受大众传媒的影响非常大，大众传媒对社会舆论具有塑造与引导的作用。

综上分析，笔者认为，舆论是在传播中存在的，也是在传播中演变的，舆论引导的实质是在舆论的形成与传播过程中进行有意识的干预与影响。舆论引导是在舆论的演变过程中有意图地对某些社会意见进行信息强化或对某些社会意见进行弱化，以实现主导性社会舆论沿着理性的方向生成与演变，通过主导性的社会舆论来维护社会秩序的稳定。舆论的"自在状态决定了它在总体上是一种理智与非理智的混合体"[③]。抑制非理智舆论、强化理智舆论成为舆论传播过程中的理性社会选择。

舆论的理智因素与非理智因素在很多情况下并不如围棋的黑白棋子一样分明，往往掺杂糅合为一体，而辨别舆论的理智因素与非理智因素需要较高的媒介素养、语言知识、广阔的社会知识以及灵通的信息，而这些对普通民众来说具有较大的难度。在这种意义上，主动对民众进行舆论引导确有必要。通过及时的新闻传播让民众获得产生正确判断的信息，通过新

---

[①] 张国良主编《20世纪传播学经典文本》，复旦大学出版社，2003，第407~420页。
[②] 刘海龙：《大众传播理论：范式与流派》，中国人民大学出版社，2008，第229~234页。
[③] 陈力丹：《舆论学——舆论导向研究》，中国广播电视出版社，1999，第23页。

闻评论与观点辨析让民众知晓各种意见与看法的优劣，为群体意见结晶出理性舆论提供参照性方向。

舆论是社会意见的集中代表，社会意见作为一种观念性的存在，具有主观性，往往代表特定的社会利益，可见舆论具有一定的倾向性。西方大众传媒在报道涉及中国某些议题时，经常片面化、歪曲化地建构诋毁中国某方面政策的言论，抹黑中国政府形象，来影响西方民众对中国相关问题的认知，妄图通过国际舆论破坏中国团结稳定的政治局面。

舆论引导是引导者站在特定立场筛选出理智的意见以引导社会公众的行为，以实现舆论的社会组织功能，顺应社会发展的需要。舆论引导不是中性的，是党、国家与人民的价值和利益的体现与实现。我国新闻媒体是党和人民的喉舌，是为党和人民的利益进行舆论引导的，应当从党的基本理论、基本路线、基本方略出发，将社会舆论引导到促进中国特色社会主义建设的轨道上来，为实现党和人民的利益与国家的现代化建设服务。

舆论理性是中国传统舆论观关切的议题，其涉及舆论表述的德行、智识和能力问题。[1] 在当下的网络空间中，舆论理性依然是治理网络舆论乱象的核心议题。

## 第四节  互联网空间中的舆论

媒介技术会影响公众的心理认知，亦能够重塑社会结构。互联网的普及催生了网络社会。在网络空间中，公众的心理认知、社会互动与现实社会空间存在一定程度的差异。网络公众对公共议题的认知、表达与现实公众亦存在差异。互联网空间中舆论的形成、演化有其特点。相应地，互联网舆论引导亦有其特点。

### 一　互联网空间中舆论主体与意见传播主体

（一）舆论主体、互联网舆论主体

公共舆论主体是对社会公共事务持有特定态度、信念、意见、观点的

---

[1] 胡百精：《中国舆论观的近代转型及其困境》，《中国社会科学》2020 年第 11 期。

个人或者社会群体。舆论主体概念显示了公民参与公共事务讨论的被认可性。只有被认为是公共舆论主体，公民的社会意见才能在公共舆论形成、演化过程中被重视，从而有机会被吸纳整合进公共舆论中，从而实现公民利益诉求与价值观念的公共表达。社会成员在公共舆论中的主体地位是其公民言论表达权在公共事务治理中的体现。人是社会性的，往往归属于某一社会群体，公共舆论主体具有群体性。

**1. 对舆论主体的论述**

陈力丹认为公众是舆论的主体，"作为舆论主体的公众，是自在的对于外部社会有一定的共同知觉，或者对具体的社会现象和问题有相近看法的人群"[①]。陈力丹强调了"共同知觉""相近看法"，将其视为公众的属性。除了认为组成公众的人群应当具有共同性，陈力丹还强调了公众的自主性，并将其视为舆论主体的主要标志之一。[②]

陈力丹认为政府机关、党派、学校、企业、有一定权力的社会团体等社会群体仅是对公众的模拟，与本来意义的自在公众有区别，不是舆论的主体，这些社会群体的成员分散在社会中时，可能是发表自身意见的公众。在陈力丹对公众的论述中，自主性是衡量社会成员是否属于公众的重要标准，按照组织意见来发表个人看法的社会成员不属于公众。[③][④]

刘建明将舆论主体分为三级：公众、舆人、舆论领袖。他认为公众是一个集合概念，"公众不在某个组织及其机制中，而是不经组织则有一致意见的大众"，同时认为公众是动态的，"公众不是预先形成的，而是因共同问题的产生，又因共同问题的解决而消失，不断变换言行的向度和汇聚结构"。[⑤] 在刘建明看来，公众存在于具体公共话题的讨论之中，因对某一公共话题的关注而参与进来的社会个体集合便成为公众。

刘建明将著名新闻记者、政治领袖、专家学者视为舆论领袖，认为这些舆论领袖的意见对社会舆论的形成、演化具有重要影响。刘建明认

---

① 陈力丹：《舆论学——舆论导向研究》，中国广播电视出版社，1999，第11页。
② 陈力丹：《舆论学——舆论导向研究》，中国广播电视出版社，1999，第13页。
③ 陈力丹：《舆论学——舆论导向研究》，中国广播电视出版社，1999，第13页。
④ 陈力丹：《关于舆论的基本理念》，《新闻大学》2012年第5期。
⑤ 刘建明：《舆论主体、舆论泡沫与舆论领袖的历史之境》，《新闻爱好者》2014年第8期。

为舆论领袖并非简单迎合民意，而是借助群体传播或大众传播手段积极与公众互动沟通，把自身掌握的先进思想传播给公众，并在与公众互动中说服公众，指引公众对社会事物的认识，引领社会舆论方向。在刘建明看来，舆人是存在于公众舆论圈中活跃的社会意见传播者，积极向公众传播舆论领袖的思想，其既是社会讨论的积极分子，又是舆论领袖观点的贩卖者。

从对三级舆论主体的论述可知，刘建明并不认为公众是舆论的唯一主体，政治领袖、专家学者也是舆论的主体之一，并且扮演着重要角色。社会舆论形成于、存在于公众与舆论领袖的沟通、协商之中。刘建明认为舆论领袖针对公众意见存在的不足会积极说服公众，将更理性的社会思想传播给公众，积极作用于公众意见的演化，推动公众科学参与社会实践。

**2. 西方对舆论主体的认识经历了从"精英共同体"到"个体集合"的转变**

西方研究者对公共舆论的认识伴随政治实践的变化而发生转向，从启蒙思想家论述的整体性的社会认识转变到关注个体意见的简单集合，这也部分地源于现代民意调查技术的发展。西方学者对公共舆论内涵认识的变化使其对舆论主体的认识相应地发生转变。

"公共舆论可以被称为基于情感的有关任何给定话题的看法，这一话题被社区里获得信息充分、最聪明、最高尚的人们关心。"[①] 这一时期，公共舆论指涉的主体是精英团体，他（她）们应有高尚的道德、聪明的头脑、充分的信息来思考给出的话题，但他（她）们形成的公共舆论是一种基于情感的看法，直观感觉很重要。另一个定义是，"公共舆论是具有自我意识的共同体在理性的公共讨论之后形成的某一议题全部含义的社会化判断"[②]。可见，早期公共舆论指涉的主体强调了"共同体"属性，是具有独立意识的社会共同体对社会问题的知觉与判断，而信息、交流是形成这种知觉与判断的条件。

---

① 转引自 Stuart Oskamp & P. Wesley Schultz, *Attitudes and Opinions* (*Third Edition*) (Lawrence Erlbaum Associates, Inc., 2005), p. 16。
② 转引自 Stuart Oskamp & P. Wesley Schultz, *Attitudes and Opinions* (*Third Edition*) (Lawrence Erlbaum Associates, Inc., 2005), p. 16。

在 20 世纪初，对公共舆论的认识偏向于共同体，强调意见的交流和沟通。20 世纪 30 年代，是西方现代民意调查的成长期；在这一时期，对公共舆论的认识开始逐渐转向"数量"维度，但同时混杂着强烈的"质量"意识。"公共舆论远不仅是数量问题，意见的强度同样重要，公共舆论是数量和强度的复合体。"① 可见，公共舆论不能仅指数量的多少，强烈程度对于意见来说同样重要，数量和强度两个维度构成了公共舆论。

20 世纪六七十年代，民意调查全面进入公共议题中，电脑技术使得民意调查工具与手段日益精准化，能够对大范围的公众进行调查。"数量"开始成为公共舆论含义的主要构成标准。"公共舆论是关于任何特定话题或话题集的私下意见的简单总和或集合。"② "公共舆论是成人关于公共利益事务个体观点的集合。"③在上述两个定义中，公共舆论指涉的主体是公众个体集合，构成公众的个体成员的意见集合便是公共舆论。

### 3. 互联网舆论主体

网民是互联网舆论的主体，互联网时代的舆论主要指网民的意见。新闻舆论指新闻与舆论，新闻媒体反映舆论或引导舆论。互联网中的职业化媒体不能算作舆论主体，自传播的网民可以算作舆论主体。通过政务微博、网站、微信公众号发布信息的政府亦不能算作舆论主体，可被视为与网民相互作用的重要政治主体。

作为网络主体的网民的特征表现为匿名性、开放性、遍在性。④ 匿名性使得网络主体在"发布信息、展开讨论、表达意见时，不必担心强势意见群体的压力、周围道德规范的约束、外在社会角色的期待等"；开放性使得网民"可以更加自由地发表个人意见、看法和主张"，网络舆论"有可能会出现意见的两极甚至是多极分布"，引起公众注意的网络舆论事件，其影响范围不再是狭小社会空间的街巷，而可能是全体网民相互联动形成

---

① 转引自 Stuart Oskamp & P. Wesley Schultz, *Attitudes and Opinions* (*Third Edition*) (Lawrence Erlbaum Associates, Inc., 2005), p. 16。
② 转引自 Barbara A. B. & Robert W. O., *Public Opinion Measuring the American Mind* (*Second Edition*) (Wadsworth, A Division of Thomson Learning, Inc., 2003), p. 5。
③ Barbara, A. B. & Robert W. O., *Public Opinion Measuring the American Mind* (*Second Edition*) (Wadsworth, A Division of Thomson Learning, Inc., 2003), p. 5。
④ 田卉、柯惠新：《网络环境下的舆论形成模式及调控分析》，《现代传播》2010 年第 1 期。

的全国范围的大讨论,声势浩大;遍在性显示网络舆论主体"遍及世界各个角落,某个焦点事件一旦出现,就会立刻引起巨大范围内的群体注意和讨论,并迅速形成平面状不断扩散的意见波动"①。

(二) 意见传播主体

意见传播主体由公众、政府、专业权威人士、新闻媒体等构成。公众通过发表意见来表达对公共议题的看法。在互联网时代,公众发表意见的渠道更加畅通,公众是一个重要的意见传播主体。"专业权威人士"在舆论学研究中往往被称为"意见领袖"。在舆论学中,"意见领袖"的概念应当包含公共性,并非生活中影响范围有限的所谓的"信息通",而是在有关社会话题方面拥有专业化的知识,能据此做出社会判断,进而形成权威意见,并能借助大众传播手段向民众传播自身意见,帮助民众更理性地认识相关公共话题的人。在公共议题的舆论场中,智库专家可以通过撰写评论文章、学术论文,出版著作和研究报告,接受采访以及参加和举办会议等多种形式建言献策,还可以通过大众传媒向社会传播正确信息和理性声音,为公众释疑解惑,起到"舆论聚散核心"的作用。②

在社交网络中,政府会借助政务微博、微信公众号等社交媒体参与网络发声,形成与新闻媒体、活跃分子、普通网民的多元互动。政府虽然不是舆论主体,但政府是影响互联网舆论演化的重要信息传播主体,可以被称为意见传播主体。在公共议事中,"既有民众的'声音',也有国家管理者(如执政党和政府等)的'声音'"③。政府通过大众传播工具向社会公布意见、态度。当社会民众、专家学者积极讨论公共话题、公共事件时,政府并非被动的接受者或看客,而是从公共治理的视角发表政府意见、发布所讨论对象的情况,以期影响公众的认知,当公众有新的看法后,政府会继续通过新闻发布来表达进一步的观点。在这样的互动过程中,政府从公共利益的角度来评判事件,与公众通过意见交流的方式进行协商,促进更理性舆论的形成。

---

① 田卉、柯惠新:《网络环境下的舆论形成模式及调控分析》,《现代传播》2010年第1期。
② 张欣、池忠军:《发挥智库在公共治理中的作用》,《理论探索》2015年第1期。
③ 王来华主编《舆情研究概论:理论、方法和现实热点》,天津社会科学院出版社,2003,第6页。

大众传媒承载了各意见主体的社会意见，促进了不同社会群体的意见交流。大众传媒既报道公众的意见、专业权威人士的意见，也报道政府的举措、声明，成为三类意见主体交流的平台，借助新闻报道推动三类意见主体对社会意见的沟通、协商，促进生成舆论的结晶。大众传媒新闻报道中会有以新闻记者署名的个人意见或传媒机构意见，甚至资深新闻记者的意见会成为大众传媒关注的重点。新闻记者往往接受过良好的教育，在专门化的新闻采访中逐渐形成对某一社会话题的深入认识，由此可将其分为政治记者、财经记者、文化记者等。长期的新闻实践使得每一类专门记者均拥有对专门报道话题的较为专业的知识，加上新闻记者接触各类社会人群，对专门话题的认识更深入、更具宏观视野，拥有专家级的知识水平。"在复杂的新闻场域，新闻记者既有知识生产者的专业认可标准，也有坚守知识精英立场的历史与实践例证。"[1] 若将新闻记者视为意见主体的话，则可以将其归为专业权威人士，是专家类社会群体。

舆论是各类意见主体社会意见相互作用的传播结果。舆论是公众与政府、专业权威人士、新闻媒体就社会公共事务相互沟通、相互协商而达成的社会共识，是各种意见相互传播、彼此吸纳、彼此修正的结果。

互联网舆论的形成是多元意见主体在对公共议题的认知上相互作用进而对公共议题形成态度合力的结果。互联网舆论的演化是不同互联网意见传播主体相互博弈的过程，在博弈中形成认知的相互作用、相互调整，进而形成一种在认知合力基础上的彼此接受的相对一致的意见。在互联网空间中，意见传播主体是多元的，包括政府、新闻媒体、社会组织、意见领袖、活跃分子、普通网民。

## 二 互联网舆论形成、演化机制

蝴蝶效应指某个微小的因素经过系统能量的复杂叠加，可能会通过连锁反应带来巨大的影响。张志安、晏齐宏认为："网络环境中的交互具有多样性，有人际关系的交互、意见观点的交互、人机互动的交互、情感思

---

[1] 张泉泉：《重塑知识生产者形象——公民新闻时代专业记者的再定位》，《江淮论坛》2014年第1期。

绪的交互、现实虚拟的交互。"① 这种多元的交互性使得"网络社会呈现多元复杂的状态"②。因此，网络舆论的形成中经常存在蝴蝶效应。在党生翠看来，网络舆论形成中的蝴蝶效应是指网络空间中的微小信息内容经过网民对信息的细化与叠加传播，形成声势，引发传统媒体参与相关议题的信息传播，在网络媒体与传统媒体的协同效应的影响下，通过现实社会中舆论涉及主体方的反馈、互动，最终形成舆论的倍增效应。③

在蝴蝶效应作用下，网络舆论形成、演变往往会经历酝酿、爆发；议题性质会发挥选择作用，使得部分信息诱发舆论；对信息发布平台的利用以及引导网民倾向性解码信息的意义，会使得网络能量倍增，议题进入公众视野；网民借助转发或添加评论而推高舆论议题热度，主流媒体的跟进报道使得多样态、多层次的传播内容迸发；加上多元传播主体的互动，彼此会增强舆论能量，使得舆论风暴形成。④ 某议题的微内容演变为网络风暴，成为社会热点舆论事件。

在于欢案、福州见义勇为赵宇案等网络事件中，我们可以看到蝴蝶效应在网络舆论形成、演化中发挥的作用。

基于对新媒体传播中蝴蝶效应的认识，匡文波、周倜提出了网络舆论风暴公式：网络舆论风暴 = 重要性 × 模糊性 × 敏感性 × 可到达性。从该公式可知，一些事件议题的网络舆论的形成，取决于事件议题的重要性、模糊性、敏感性、可到达性，当这些要素全部得到满足后，会形成一场网络舆论风暴，且网络舆论风暴持续的时长、热度、影响力与这些要素呈正相关，即某议题对人们社会生活的影响越大、越具有社会敏感性，而网民对于该议题获知的信息比较模糊，加上关于该议题的信息能够非常迅速地被

---

① 张志安、晏齐宏：《网络舆论的概念认知、分析层次与引导策略》，《新闻与传播研究》2016年第5期。
② 张志安、晏齐宏：《网络舆论的概念认知、分析层次与引导策略》，《新闻与传播研究》2016年第5期。
③ 党生翠：《网络舆论蝴蝶效应研究：从"微内容"到舆论风暴》，中国人民大学出版社，2013，第31页。
④ 党生翠：《网络舆论蝴蝶效应研究：从"微内容"到舆论风暴》，中国人民大学出版社，2013，第82~101页。

网民获得，则网民越可能形成关于该议题的网络舆论风暴。①

在网络搜索影响舆论的形成方面，焦德武研究发现，在 PX 事件上，对 PX 的网络搜索与网络舆论爆发有着明显的相关性。② 也就是说，网民通过对某一公共议题的网络搜索，获取关于该公共议题的相关知识，会促进关于该公共议题网络舆论的爆发。这一过程说明，网络知识信息获取影响网民认知，进而影响网民网络意见的表达。

从心理视角探讨网络舆论的形成、演化也是网络舆论研究的一个主要方面。余秀才从心理视角探讨了舆论的发展，他认为网民由于需要、偏见导致心理认知失衡，需要借助网络表达来实现心理认知协调，进而引发、助推网络舆论形成。此外，网民形成的网络群体心理以及网络意见领袖意图影响网民心理，亦会引发、助推网络舆论的形成与发展。③

陈龙认为，由于普遍的社会焦虑心理，中国互联网空间的舆论生成存在着一种借题发挥的模式，④ 当一个议题事件在网络上扩散并被网民关注后，其舆论话语开始转向与该议题没有必然联系的另一种话语，如重庆保时捷女司机打人事件，网络关注最多的不是该女司机的素质，是否违法，应该得到怎样的处罚，而是关注其老公是谁。也即是说，在网络中广泛传播的社会事件，可能会成为舆论形成的触点，会引发很多网民借该社会事件说事，或陈述，或评论，借题发挥，参与网络讨论的热情容易转化为情绪狂欢式的网络意见宣泄，网民借助该社会事件宣泄既有的社会认知，不断延展对该社会事件的想象，"作为舆论，最引人关注的部分是续写'真相'"⑤。

媒体融合使得信息可以通过多元传播渠道扩散，这会影响舆论的传播与形成。雷跃捷、李汇群以社交媒体转发"人贩子一律死刑"为例，探讨了媒介融合环境中网络舆论发展的特点：舆情的引爆点更加隐蔽，引爆舆情的动机更为复杂多元；舆情发酵迅速，推动舆情发展的方式和方法更加

---

① 匡文波、周倜：《论网络舆论风暴公式》，《国际新闻界》2019 年第 12 期。
② 焦德武：《网络搜索与网络舆论生成的互动研究》，《现代传播》2018 年第 4 期。
③ 余秀才：《网络舆论：起因、流变与引导》，中国社会科学出版社，2012，第 129~161 页。
④ 陈龙：《"借题发挥"：一种中国特色的网络舆论话语生成模式》，《新闻与传播研究》2019 年第 12 期。
⑤ 陈龙：《"借题发挥"：一种中国特色的网络舆论话语生成模式》，《新闻与传播研究》2019 年第 12 期。

多样和隐蔽；引起舆情的直接责任主体不明，舆情更容易被病毒式的信息传播所引爆。①

"意见极化"由桑斯坦提出。它是指在网络中，某一意见经群体讨论会变得更偏激、更极端。② 也就是说，意见会在网络群体讨论中得到能量的增强，这会形成网络舆论的极化现象。杨洸对新浪微博中"广州区伯嫖娼事件"的网络舆论进行研究，发现在社交媒体舆论的演化中，"轻事实，重情感发泄，舆论呈现出意见极化和共识的共生"③。杨洸认为，在社交媒体空间形成的舆论近乎一种破碎的共识，网民在对舆论事件事实层面的认识上容易产生意见的碎片化，在对事件的评价层面与情感层面，网民容易产生倒向一边的群体极化式的网络意见，进而形成某一倾向极化的网络共识。④ 在广州区伯嫖娼事件的社交媒体舆论演化过程中，极化和共识达成统一、并存的状态，也就是说，在网络空间，意见的极化可能形成相对一致的网络舆论。当有两种差异明显的网络意见分别形成网络舆论极化，则会形成网络舆论对峙的局面。从积极的方面看，意见极化使得不同意见团体展开网络辩论，多样化的意见被公众知晓，这会让多数人整体上受益；从消极的方面看，同质化的圈内舆论会使得过于极端化的小群体把自己的看法推向失去理智的境地，这种失控可能危害社会稳定。⑤

拉扎斯菲尔德在两级传播模式中提出"意见领袖"概念。"意见领袖"指在某一具体议题上能够对他人如何看待、认识该议题产生重要影响的人。⑥ 在网络空间中，同样存在意见领袖，且借助网络传播的广泛性对网

---

① 雷跃捷、李汇群：《媒体融合时代舆论引导方式变革的新动向——基于微信朋友圈转发"人贩子一律死刑"言论引发的舆情分析》，《新闻记者》2015 年第 8 期。
② 〔美〕凯斯·桑斯坦：《网络共和国——网络社会中的民主问题》，黄维明译，上海人民出版社，2003，第 46~49 页。
③ 杨洸：《社会化媒体舆论的极化和共识——以"广州区伯嫖娼"之新浪微博数据为例》，《新闻与传播研究》2016 年第 2 期。
④ 杨洸：《社会化媒体舆论的极化和共识——以"广州区伯嫖娼"之新浪微博数据为例》，《新闻与传播研究》2016 年第 2 期。
⑤ 郭光华：《论网络舆论主体的"群体极化"倾向》，《湖南师范大学社会科学学报》2004 年第 6 期。
⑥ 〔美〕伊莱休·卡茨、〔美〕保罗·F. 拉扎斯菲尔德：《人际影响：个人在大众传播中的作用》，张宁译，中国人民大学出版社，2015，第 30~32 页。

络舆论的形成、演化产生重要影响。芦何秋甚至认为,尽管公共事件网络舆情的形成是网络空间中多种网民群体意见话语相互碰撞、相互作用的合力结果,但由于意见领袖获得了大量网民的支持,扮演着重要的舆论主导者角色,因此在事件舆情发展、演化的某些重要阶段,其能够起到掌控舆论的作用。①

意见领袖在影响网络舆论方面,更多地通过"情感表达"来实现意见动员,以便在网民群体中形成相对一致的意见,获得相当数量网民的支持;网络意见领袖进行情感动员的话语策略通常有正义话语、同情话语、调侃话语、道德话语。② 不过,网络意见领袖发表的意见理性程度有限,这缘于理性的话语难以动员网民,网民更容易被感性话语影响。③ 因此,意见领袖虽对网络舆论的形成、演化有着重要影响,但影响的质量与效果却未必是积极的。

恩格斯指出,"最终的结果总是从许多单个的意志的相互冲突中产生出来的,而其中每一个意志,又是由于许多特殊的生活条件,才成为它成为的那样。这样就有无数互相交错的力量,有无数个力的平行四边形,由此就产生出一个合力"④。在网络空间,舆论的形成同样如此。

中国特色的网络舆论的形成与演化是多方舆论主体力量博弈的结果,在网络空间,多种政治力量表达着多样的利益诉求,甚至借助不道德的手段力图改变舆论走势。新生代网民的崛起,产生了新的信息表达与传播方式,同样产生了新的舆论方式,同时社交网络技术推动了网络舆情演变的形态,在追逐利润的目标下,商业力量亦有意图调动网民注意力。⑤ 这些多方舆论话语力量产生的合力使得网络舆论的形成与演变变得难以预测、

---

① 芦何秋:《社交媒体意见领袖研究——以新浪微博平台为例》,武汉大学出版社,2016,第85页。
② 芦何秋:《社交媒体意见领袖研究——以新浪微博平台为例》,武汉大学出版社,2016,第95页。
③ 芦何秋:《社交媒体意见领袖研究——以新浪微博平台为例》,武汉大学出版社,2016,第97页。
④ 《马克思恩格斯选集》(第四卷),人民出版社,2012,第605页。
⑤ 陈龙:《舆论熵的控制与防范:一种关于网络治理的认识方法论》,《新闻与传播研究》2018年第8期。

不易把控。

## 三 互联网舆论引导

习近平总书记在党的新闻舆论工作座谈会上指出，应"牢牢坚持正确舆论导向"①。舆论导向是指在舆论形成过程中，把握和引导舆论形成与流动的方向，可以通过新闻报道引发舆论来控制社会舆论的形成和演化方向，也可以在日常的社会实践中，通过新闻舆论的形式来潜移默化地浸润公众的思想，从而达到引导公众的意见与行为之目的。② 舆论存在非理性的成分，在某些情况下，一些舆论便是非理性的。非理性的舆论或舆论的非理性成分均会对社会秩序产生冲击，危害社会稳定。因此，舆论引导是必要的、合理的。

蝴蝶效应表明，微小的负面的东西，若不及时进行引导与调节，会演化为重大的负面事物，对社会产生巨大的危害，同样，一个微小的积极的东西，若有意地进行引导，施加外力让其朝某一方向发展，经过长时间的努力，也可能会产生正面的轰动性的积极效应。③ 同样，对于网络舆论的引导也应如此。

童兵认为新媒体的重要传播特征是以个人为传播主体，民众舆论诉求经常处于无序表达的状态中，应当认识和处理好舆论引导与舆论表达之间的辩证关系，舆论引导者应当尊重民众、敬畏舆论，应当了解、满足民众的舆论表达需求，要宏观地认识社会政治经济的发展趋势，正确把握民众的社会心理，进而实事求是地研判舆情，在尊重、满足舆情反映出来的合理的网民意愿的同时，科学有效地对网民的不切实际、不合理的诉求实施舆论引导，促进网民意见演化为理性认识，并在持续的舆论引导实践的基础上，不断调适舆论引导政策与策略。④

曹茹、王秋菊从心理学视角论述了引导网络舆论的策略，包括培育网民积极的社会心态，疏导网民的心理问题，舆论引导者、媒体应当正确认

---

① 习近平：《论党的宣传思想工作》，中央文献出版社，2020，第185页。
② 本书编写组：《马克思主义新闻观十二讲》，高等教育出版社，2019，第80页。
③ 刘京林等编著《传播中的心理效应解析》，中国传媒大学出版社，2009，第92~93页。
④ 童兵：《新媒体时代舆论表达和舆论引导新格局》，《新闻爱好者》2014年第7期。

识网络舆论；在具体的舆论引导方法上，体现为利用首因效应先声夺人、利用自己人效应展开平民化表述、培养网络意见领袖以利用名人效应等。[1]

张志安、晏齐宏认为，要遵循网络舆论引导信息系统、心理系统、社会系统的运行规律，"从管理控制主导转向信息沟通主导，从短期信息调控转向长期心态调适"[2]。在网络时代，对舆论的引导不应一味采取短期的信息传播行为，而应以沟通为手段来调适网民的社会心态，当网民的社会认知与其他社会子系统相协调时，舆论引导效果自然会显现出来。具体说来，网络舆论引导主体应当发挥主体能动性，以话语的理性表达调节网民的情绪性表达，重视舆论引导的方法策略，以舆论引导的科学性提升舆论引导的效果，同时尊重舆论引导对象，积极回应、满足网民的合理性诉求。[3]

杨洸认为，在网络商议中，意见领袖要促进理性舆论的形成，应当尽力地提供反映各方诉求的多元性意见，促进不同意见群体的争论，在网络议事中应当以事件事实为中心组织辩论，避免过多的主观情绪带入和价值观判断的带入；应当引导网民去尊重异己的看法，以协商的精神展开意见的沟通、碰撞；对讨论的议题避免落入传统的固化的认知框架中，以新的认知框架组织话题讨论，引导网民理性思考舆论客体。[4]

维纳在控制论中提出熵的概念，认为熵让系统逐渐无序，而负熵则让系统归于平衡，在熵与负熵的循环之中，系统处于动态平衡的状态中。[5]陈龙从熵的视角探讨了网络舆论的治理，认为在网络舆论生态系统中，熵是这个特殊系统中存在的混乱状态，社交网络技术带来了信息冗余和碎片化，加快了网络系统中熵的积聚，网络舆论经常处于无序状态，因此需要网络规则，网络规则能够对无序状态的网络舆论进行规范，来保障有序

---

[1] 曹茹、王秋菊：《心理学视野中的网络舆论引导研究》，人民出版社，2013，第230~287页。
[2] 张志安、晏齐宏：《网络舆论的概念认知、分析层次与引导策略》，《新闻与传播研究》2016年第5期。
[3] 张志安、晏齐宏：《网络舆论的概念认知、分析层次与引导策略》，《新闻与传播研究》2016年第5期。
[4] 杨洸：《社会化媒体舆论的极化和共识——以"广州区伯嫖娼"之新浪微博数据为例》，《新闻与传播研究》2016年第2期。
[5] 陈卫星：《传播的观念》，人民出版社，2004，第25~30页。

性。另外，营造负熵环境，让网络传播系统开放，促进负熵的增加，亦能够实现网络舆论生态系统的稳定。①

在媒体融合的信息传播环境中，主流媒体、市场化媒介、用户参与网络舆论场的博弈，舆论引导的格局已经由传统的单一性的主体演变为多元主体参与其中、多种利益并存的局面，但主流媒体依然是一股主导性的舆论引导力量，"肩负着正面引导舆论、弘扬正能量的重任"②。

陈辉、李钢、李威认为，媒体融合环境下，主流媒体要凝聚社会共识，需要"重塑传播理念，发挥优势，占据主动""改革传播机制，快速反应，融会贯通""创新传播内容，主流引导，个性表达""搭建传播平台，构建'矩阵'，科技先行""锻造传播团队，培养'大V'，提升素养"③。

全媒体传播指运用文字、图形、图像、动画、音频和视频等多种信息传播符号进行信息传播，同时还要融合报纸、杂志、电视、广播、互联网、手机等不同媒介形态，进而通过质变衍生出一种新的传播形态。④ 应当以系统论的思维理解全媒体时代的舆论引导实践。

胡钰、陆洪磊、虞鑫认为，从本质上看，舆论场是一种动态的信息形态、社会能量系统，相比于传统媒体时代系统要素之间线性的、决定论的关系，全媒体时代，系统要素之间的关系是非决定性的、非线性的，"关联性取代了因果性，相对性取代了绝对性，自组织性取代了组织性，成为全媒体时代舆论场的运行规律"⑤。在全媒体时代应当创新舆论引导观念，应当秉持"多样的一致""正向的批评""理论的讨论""动态的发布""创意的内容"。⑥

---

① 陈龙：《舆论熵的控制与防范：一种关于网络治理的认识方法论》，《新闻与传播研究》2018年第8期。
② 雷跃捷、李汇群：《媒体融合时代舆论引导方式变革的新动向——基于微信朋友圈转发"人贩子一律死刑"言论引发的舆情分析》，《新闻记者》2015年第8期。
③ 陈辉、李钢、李威：《主流媒体的网络舆论发声与引导策略研究》，《现代传播》2017年第7期。
④ 于都：《满怀信心，迎接全媒体时代挑战》，《军事记者》2010年第8期。
⑤ 胡钰、陆洪磊、虞鑫：《网络舆论教程》，清华大学出版社，2020，第96页。
⑥ 胡钰、陆洪磊、虞鑫：《网络舆论教程》，清华大学出版社，2020，第96~99页。

# 第二章 自媒体时代的网民

社交自媒体时代，普通网民不再是简单的信息传播受众，而是借助网络自媒体积极参与网络公开传播之中。① 网民通过信息传播参与网络议事的质量对网络舆论实践有着重要影响。考察网络谣言、网络舆论反转对实现网络舆论引导的积极效果有着重要的启发价值。

## 第一节 网络讨论中的网民

网民新闻指非机构化的普通网民借助互联网自媒体在互联网空间发布的新闻信息。网民新闻的生产主体是非专业性的普通公民个体，其新闻内容通常被称为"用户生产内容"（User-Generated Content，UGC），包含"在线调查、用户评论、用户讨论、编读互动、读者博客、自媒体等多种形式"。

网民新闻网络信息传播重塑了新闻生产的生态，改变了以往新闻记者主导新闻生产的格局。借助社交媒体，公民个体将经历的一线新闻现场公开传播，获得公众关注乃至转化为传统媒体的新闻内容。传统的"新闻记者→受众"的单向新闻传受关系转变为"新闻记者⟷受众⟷受众"的多向、开放的传受关系。②

内容生产的主体性激活了公民的参与意识，公民个体借助自媒体抛出争议性话题供公众讨论，或围绕传统媒体的报道话题在互联网空间展开讨

---

① 解庆锋：《深度认知促进新冠疫苗新闻策展：社交媒介策展新闻中的新闻精细处理中介模型》，《国际新闻界》2022年第8期。
② 闫岩：《公民新闻：参与的幻象》，《新闻与写作》2015年第6期。

论。网民新闻不仅传递了社会事件的状态,也表达了内容生产者对公共话题的社会意见。网络空间成为不同传播个体交流看法、辩论争鸣的舆论生产场域。

## 一 舆论是公众讨论的结晶

公众是舆论主体,围绕公共话题临时聚集,伴随讨论的结束而散去。每一次的公众构成都是不同的,依据对议题感兴趣的人群而定。社会成员并非均属于公众,由一致情绪体验而形成的群体与基于个体利益松散集合而成的大众都不是公众,公众是在参与讨论中产生的,由争辩、协商的社会成员组成。

### (一)公众的结构

公众并不是同质化的群体,相反,它以参与讨论成员的差异化为特征。组成公众的社会成员来自不同社会阶层,性别、年龄、受教育程度、经济收入存在差别,呈现不同的利益诉求、价值取向,民主素养及政治参与能力也参差不齐。参与讨论的公众成员处于不同层级,对公共议题的关注度与参与机会并不均等。

普赖斯依据政治参与的热情程度,将公众分为一般公众、选举公众、热心公众、积极公众四个层级。[①] 选举公众指在总统大选、议员选举、地方长官选举中投票的社会成员,并非所有的一般公众都会参加投票。热心公众是非常关心公共事务的人,"深思熟虑地参与公共议题,并不时与他人谈论这些议题"。与热心公众通过讨论而非行动参与政治不同,积极公众以行动参与政治,如政治献金、院外游说、参与竞选,并有目的地与热心公众互动以形成舆论来实现政治目标。四级公众的成员数量占总人口的比例是逐渐减少的,仅有一小部分人是积极公众。依据政治参与的积极与消极,李普曼将公众分为参与者、旁观者,参与者指力图直接影响政治事务的进程,他们确定问题,提出解决办法,并劝说他人相信他们的观点,而旁观者是参与者的观众,是被参与者劝说的对象,以不同程度的兴趣与

---

① 〔美〕Vincent Price:《传播概念·Public Opinion》(中英双语),邵志择译,复旦大学出版社,2009,第 47~54 页。

行动追随参与者。①

李普曼对旁观者的评价较低，认为他们依据地方经验、刻板成见想象公共事务，受参与者的竞选演讲影响便会草率形成政治看法，成为参与者舆论操纵的对象。② 出于政治博弈的需要，参与者将旁观者的意见视为工具性的手段，以获得更多支持，取得相对其他政治参与者的舆论优势。公众内部存在结构性力量，不同层级的公众群体政治参与能力、掌握的传播资源悬殊，营造舆论、强化主张以实现政治目标的效果差别较大。"一人一票"式的西方政治舆论形态掩盖了不平衡的公众结构，也掩饰了操控舆论形成的政治经济力量。

在中国，政府不被视为舆论主体③，公众主要由社会力量构成。政治社会力量包括"连接政治与市场的利益集团、政府和民间的社会组织以及政治社会身份相对模糊的媒体"④，加上以个体状态存在的普通公民。中国公众的构成也是复杂的，包含多种社会力量。在结构上，网民主要分布在社会中间阶层，社会高层和底层人群较少，占中国总人口较大比例的农民或外出务工人员群体，在网民中占比较低。⑤ 网民结构与中国人口结构差异较大，网络舆论并不能等同社会舆论。

不均衡的公众结构使公众讨论并不对等，信息流向不平衡，共识的达成受到强势力量的干扰而具有倾向性，且以集体意志的面孔示人，导致舆论泡沫的出现。

（二）公众讨论的理性

从认识论看，舆论是公众认识事物的方式，借助舆论来知晓其他公众成员的看法，依此来审视或完善对舆论客体的认识。公众对舆论客体的认识包括感性认识与理性认识。感性认识通过感觉、知觉、表象等形式来认

---

① 〔美〕Vincent Price：《传播概念·Public Opinion》（中英双语），邵志择译，复旦大学出版社，2009，第41页。
② Walter Lippmann, *Public Opinion* (New York: Dover Publication, Inc., 2004), pp. 146 - 149.
③ 陈力丹：《关于舆论的基本理念》，《新闻大学》2012年第5期。
④ 杨光斌：《政治学导论》（第四版），中国人民大学出版社，2011，第214页。
⑤ 郑雯、桂勇：《网络舆情不等于网络民意——基于"中国网络社会心态调查（2014）"的思考》，《新闻记者》2014年第12期。

识事物的现象、外部联系；理性认识借助概念、判断、推理对感性认识进行加工、整理、概括，形成对事物本质、内部联系的认识。① 理性的公共讨论，是形成明智舆论的前提。在嘈杂的社会争论中，公众需秉持理性精神以便在信息的交换、碰撞中逐渐完成对公共事务的认识。

在对世界进行理解、把握时，应当超越生物性的遗传本能与诸如情绪、欲望、直觉、激情、意志等人类的非理性活动，而以理性的认知逻辑看待社会事物，理性是人所特有的，在社会劳动实践中形成的，表现为进行概念化、判断、推理、归纳、演绎等抽象思维活动的能力，以及创设法律规范、道德准则、社会制度设施、社会组织机构等具有高度组织社会的能力。② 理性是公众制定、遵守争论规则实现完整、深刻认识公共事务的能力。在公众讨论中，泄愤、谩骂显示了公众缺少进行理性争辩的道德素养，个人化的肤浅观点表征了公众解读公共信息能力的薄弱，蔑视少数意见则显示了公众表达的盲目性。公众往往站在主体立场将其他参与讨论的公众成员视为客体，力图单向地说服他们，让其接受自我的看法。上述争论行为都破坏了公众讨论的理性精神，形成的舆论含有更多非理智的成分。

哈贝马斯超越了理性的主客体范式，以双主体性提出交往理性，认为交流双方拥有平等关系，借助语言媒介并遵守机会对等、表达对等、规约对等的规则进行争论，以实现彼此理解，达成共同行动。交往理性是公共讨论得以实现的基础，也是公众应当具有的对话素养。每个人由于资源禀赋、生存能力、价值取向的不同，利益的诉求有所不同，但话语的表达应当遵循正当性，考虑别人的利益而实现自身利益的有效部分。遵循一定的对话程序和规则是论辩理性的要求，③ 这包括"话语的真实性、可靠性、正当性以及承担达成共识之后须尽的义务"④。

---

① 陈先达、杨耕：《马克思主义哲学原理》（第 3 版），中国人民大学出版社，2010，第 144 页。
② 李成旺：《何谓"理性"？"理性"何为？——完整理解"理性"内涵对当代中国社会发展的启示意义》，《学习与探索》2015 年第 3 期。
③ 卢风：《论辩理性与民主政治》，《天津社会科学》2004 年第 2 期。
④ 王晶：《哈贝马斯政治哲学视角下公共领域理性生活方式的构建》，《理论月刊》2014 年第 8 期。

在哈贝马斯看来，公共舆论的形成要避免外界的干扰，任何潜在的压力与威胁都不得公开使用，由于压力或威胁而获得的支持都是虚假的。[①] 在公众讨论中，公众的自主性必须得到保障，这是公众作为舆论主体得以存在的条件，否则公众会演变为乌合之众。当公众争论的自主性受到威胁时，法律体系要为公众论辩理性提供保护，惩罚实施恐吓、威胁的成员，促使公众遵守争论的规范。

佐藤卓己提出"世论"概念，认为世论是情绪性的共感而产生的大众性公共圈，街头运动的即时性议论便是世论。[②] 在情绪性的氛围中，意见的交流缺少理性，甚至没有交流。当某一意见顺合了众人的感觉，满足了众人的情绪，便成为一种压倒一切的声音，在这样的氛围中，人们即时决断而没有理性讨论。互联网空间为网民提供了一种类似的共感空间，追求感觉、满足情绪使得网民容易被挟裹进入一种迷失心灵的氛围中，头脑发胀、精神紧张地让自己跟着众意顺流而走。自主性与理性被某种气氛淹没。这种感觉被佐藤卓己称为"大众民主主义的参与感觉"。

## 二 网民网络讨论的局限

网络空间的匿名性极易使参与意见表达的网民产生集体无意识，在言论表达中丧失理性，盲从意见环境，缺少辨别力，在广场效应的作用下，产生偏激、极端、不理智的群体声音，"网络意见大多是直观、感性、情绪化的，而不是经过深思熟虑的理性表达"[③]。从数量上看，参与讨论的网络公众并不是全体网民，且代表性不足。网民参与深度争辩的信息使用能力尚待提升。虽然微博、微信增加了用户生产内容的机会，但是由于无法忍受网络议事中的粗俗语言，大量的网民并不在网络上发表意见，从而成为沉默的群体，在一些网络事件与议题讨论中表现活跃的网民仅仅代表着

---

① 王晶：《哈贝马斯政治哲学视角下公共领域理性生活方式的构建》，《理论月刊》2014年第8期。
② 〔日〕佐藤卓己：《舆论与世论》，汪平、林祥瑜、张天一译，南京大学出版社，2013，第23~24页。
③ 雷跃捷、薛宝琴等：《舆论引导新论》，社会科学文献出版社，2018，第36~37页。

一小部分网民的意见。① 参与讨论的网络公众仅是网民的一小部分，网络舆论并不能代表全体网民的意见。

参与讨论仅仅是获得影响舆论形成的机会，话语权才代表着参与主体言论的社会影响力。不同的思想观点对公众的吸引力差别较大。话语权是指用言语表达具有特定知识价值和实践功能的思想观点的能力，这种能力与公众的经验、阅历、学识、视野相关，在更深层次上与公众所属社会阶层的结构有关。知沟理论揭示，不同社会阶层的公众使用媒体获取知识存在差距，知识是认识事物能力的体现，是形成话语表述的基础，知识之间的差距使得基于知识的更高一级的话语表达的差距会进一步扩大。由于技术能力、经济收入、参与机会的差异导致的不同社会群体的数字鸿沟使得网络话语权的阶层分布失衡。网络舆论更多的代表了社会中间阶层的"民意"，而不能完全代表社会舆论，"占有中国人口总数64.8%的'产业工人'、'农业劳动者'、'无业失业半失业人员'阶层只拥有12%的网络话语权；而占人口总数33.13%的社会中间阶层拥有68%的网络话语权；占人口总数2.04%的社会上层拥有20%的网络话语权"②。总体上，社会阶层拥有网络话语权的多少与其掌握的经济、文化、政治资源呈正相关，现实的社会阶层结构映照在网络空间中，考虑到网络讨论对设备配置、参与者技术能力的要求，社会阶层之间的差距在网络空间中会被进一步拉大。

为维护共同利益，资源禀赋相似的社会成员会形成利益集团。当利益集团希望获得特殊利益时，它会动用掌握的优势社会资源来营造利己的舆论话语，从而破坏理性的公共讨论。如一些行业协会出资收买网络水军制造舆论声势，以期影响政府决策的制定或实施，从而获取行业高额利润。言论的经济收买满足了造势者与"帮凶"的市场利益，却损害了大多数社会成员的公共利益。为获得舆论支持，在网络议事中，利益集团可能会提供虚假信息，煽动公众情绪，从而在一定程度上破坏公众对公共议题的理

---

① 郑雯、桂勇：《网络舆情不等于网络民意——基于"中国网络社会心态调查（2014）"的思考》，《新闻记者》2014年第12期。
② 赵云泽、付冰清：《当下中国网络话语权的社会阶层结构分析》，《国际新闻界》2010年第5期。

性讨论。①

除网络讨论的社会阶层分布失衡外，公众成员个体的议事素养与哈贝马斯交往理性的要求相差甚远，这突出地表现在网民的传播技能与参与意识方面。

第一，网民信息把关的个人化。把关通常表现为对即将发布的信息进行去粗取精、去伪存真地加工和整理。②从深层次看，把关的实质是对信息传播的控制，包括内容的选择、流向的约束、传播范围的框定以及信息传播的伦理。在传统媒体环境中，把关是新闻工作者的权利，象征着传媒精英依据公共需要的标准来生产、传播信息供受众挑选，是传播者主动、受众被动的体现。传统媒体对信息的把关主体明确、责任明确，加上把关实践中新闻工作者具有较高的专业素养，能够依照统一的准则来选择、传播信息，把关行为制度化、组织化。

而在社会化媒体传播环境中，传播主体个人化、分散化、匿名化，选择信息的标准千差万别，往往随着传播个体状态的变化而情境化。虚拟空间的网络被视为现实的替代物，网民无所顾忌地释放欲求，寻找满足，放松了对自我传播行为的约束。③自我感性的释放使得网民在生产信息内容时追求刺激化、煽情化、低俗化，自身情绪的波动与认知的倏忽变动使传播的信息缺少逻辑性，甚至前言不搭后语，网络舆论呈现过程的断裂性。个人主义是公民社会的特征，但这一理念是以秉持多元主义为前提的，排他性的个人主义不是公民社会的构成要件，只是极端的利己主义。即便少数网民出于社会责任努力地传播客观事实，然而网民个体新闻调查能力有限，加上能够动用以寻求事实真相的社会资源的贫乏，网民难以生产客观全面的新闻信息。在公众争论中，杜威认为"收集信息的物质及外在手段的重要性要远远超过理性探究过程及其结果的结构"④。争辩所需信息资源

---

① 〔美〕Vincent Price：《传播概念·Public Opinion》（中英双语），邵志择译，复旦大学出版社，2009，第35~36页。
② 靖鸣、臧诚：《微博对把关人理论的解构及其对大众传播的影响》，《新闻与传播研究》2013年第2期。
③ 宋永琴、武文颖：《网络伦理表征下的媒介素养构建》，《现代传播》2014年第6期。
④ 〔美〕Vincent Price：《传播概念·Public Opinion》（中英双语），邵志择译，复旦大学出版社，2009，第23页。

的贫乏使得网络讨论失去客观争论的条件。

2016年2月发生了"上海女孩因年夜饭逃离江西农村"事件。该事件源于一位江苏女网民因与其丈夫就是否回丈夫老家过年而吵架,心生郁闷,为泄私愤而在网上炮制了这则虚假网络新闻。然而这一原本虚假的网络新闻却引起网民大量转发、热议,并把议事的重点从对"上海女孩"的道德声讨逐渐转向城乡差距这一公共议题。然而,后来经网信部门查实证明这则网络新闻是虚假的,网民议事的热情才消退。①

建立在虚假网络新闻基础上的看似热情的网络新闻议事竟然是一场舆论泡沫事件,根本经不起实践的检验。更令人啼笑皆非的是,在网上以上海女孩的江西男友身份发布回应网帖的网民与发帖的江苏女网民根本不认识,其完全是为了引起关注、挑起话题而"碰瓷"江苏女网民发帖所引发的热议话题。虚假信息与虚假信息互动,把舆论泡沫吹得更大,煽动起来了虚假舆论风暴。可见,在网络新闻议事中,存在虚假舆论泡沫的现象,可能形成基于虚假网络新闻的伪舆论,虽然争论是理性的,关心公共事务,但触发网络公共议事的信息却是虚假的、带有误导性。

第二,网民公共意识的薄弱。哈贝马斯的交往理性要求参与讨论的网民应当具有公共意识,包括权利意识、义务意识、责任意识,关注公共事务,维护公共利益,体认共同体,以理性、协商、妥协的交往原则参与公共事务处理。② 社会化媒介使公众成员个体以主体身份参与公共事务讨论,人人都倾向于以维护自身利益而表达社会意见,过于分散化的众多观点会撕裂社会有机体。出于自我的立场,考量别人正当利益的参与意识成为社会化媒体空间中讨论的应有精神。网络为民众提供了自由交流、理性争辩

---

① 关于"上海女孩因年夜饭逃离江西农村"事件部分网络新闻议事及该事件的舆情状况可以参见微信公众号"白金岛"的《上海姑娘逃离江西农村年夜饭的真实原因竟然是……》(最后访问日期:2017年11月3日);也可以参见微信公众号"搜索四川美食"的《"上海女孩因年夜饭逃离江西农村"系营销炒作?揭开背后的四大疑点》(最后访问日期:2017年11月3日);也可以参见《"上海姑娘逃离江西农村"引热议 有网友评姑娘任性》,安徽网,网址 http://www.ahwang.cn/china/20160212/1493759.shtml,最后访问日期:2017年11月3日。
② 宫承波、范松楠:《试论网络文化建设中网民公共意识的提升》,《当代传播》2012年第6期。

的公共空间,然而网民较弱的民主意识使得"言论的自由市场并未导致真理的产生,相反,对立双方往往开启冲突模式而非对话模式,通常伴随大量情绪性和侮辱性词汇"①。

2016年2月的哈尔滨"天价鱼"事件源于一位网民在微博上爆料他及其亲友去哈尔滨旅游在当地鱼店消费时遇到的不公正对待。这则网络新闻立即引发大量网民转载、热议,从这则网络新闻信息来看,应该形成较为一致的网民意见,然而在网民议事中,意见分为鲜明的两派:一派是声讨宰客的鱼店;另一派是谴责该网民耍赖,吃不起别吃。伴随鱼店员工出面作伪证,关于此事的网络新闻议事更加分裂。②

网民新闻评论中的谩骂、威胁、地域攻击使得理性争辩退步,迫使有民主素养的公众逃离,以保护耳目免受污染,低劣的言论驱逐了理性的声音,争论的空间失衡。一边倒的恐吓之声实质上是多数的暴虐,掩盖了原本欲表达的真实声音,争辩的沉默使得公共讨论失去成立的条件。充满暴戾之气的网络无法走上实现"对立—思考—妥协—共识"的公共舆论结晶之路。对讨论参与者的人肉搜索已越过公共事务的边界演变为对公民私权利的侵犯,使公众成员个体感到恐惧而噤声。这种"寒蝉效应"使得公众个体屈从"强势"主体的暴虐,公众成员的自主性得不到保障,产生的舆论只能是泡沫,经不起实践检验。

弱势的民众为吸引社会关注往往以极端的民粹主义言论动员社会舆论,以解决实际困难。当这一做法奏效而引起效仿后,民粹主义话语表达成为网络争论的伎俩。然而,网络民粹主义用偏激甚至暴力性的语言进行非理性表达,加剧了不同社会群体的对抗,③ 破坏了慎议民主所要求的

---

① 闫岩:《公民新闻:参与的幻象》,《新闻与写作》2015年第6期。
② 关于哈尔滨天价鱼事件部分网络新闻议事的情况及该事件的发展过程,可以参见新浪网的新闻专题《哈尔滨"天价鱼"事件追踪》的一系列报道及相关网民评论,http://hlj.sina.com.cn/zt/news/tianjiayu/,最后访问日期:2017年11月3日;还可以参见凤凰聚焦《反转再反转——哈尔滨天价鱼事件始末》的报道及其后的网民议事,http://news.ifeng.com/a/20160217/47466629_0.shtml,最后访问日期:2017年11月3日。
③ 陈尧:《网络民粹主义的躁动:从虚拟集聚到社会运动》,《学术月刊》2011年第6期。

"公共对话应该允许异议的表达,并包容多种视角和观点"①。反权威、反主流的话语表达会产生网络争论的反智主义,采信平民叙述,怀疑专家言论;喜欢极端个案,抵触普遍规律;喜欢直观悲喜、粗鄙言辞,厌弃文明教化的理性表达;粗粝的意见被视为更真实可信。②袁光锋认为转型期社会不公造成基层民众的弱势感,并被固化为社会情感结构,导致官民冲突、贫富冲突不断发生,弱势感情感结构影响底层民众社会意见表达的倾向,③使得底层民众社会舆论价值诉求负面化。网络民粹主义并不是公共意识,仅仅是极端维权的权宜之计,但这一偏激的意见表达方式破坏了争论应当具有的平等、尊重氛围。

网络议事中,经常充斥着愤怒,尤其是在讨论负面公共议题或恶性公共事件时,极端的谩骂与言语攻击充斥网络空间,然而,网络空间的愤怒并不能引导理性的叙事,无法就涉及的公共议题展开进一步的讨论以推动新的理性认识的生成。④疾恶如仇可以表明一种态度,然而一味憎恨负面与邪恶,却无法生成一条有效预防、治理负面与邪恶的路径。网络空间议事的愤怒仅能表达一种态度,却难以生成一条推动社会理性治理的有效建议,对高质量理性舆论的生成而言,并无实质性的价值。

情感动员是一些网民组织网络舆论的重要手法,借助悲情叙事以期引起网民的关注与同情,从而聚集网络社会力量。但当情感被当成一种工具来使用时,对客观事实的顾及可能被忽视,对事实真相的寻找可能被忽略,这会导致网络讨论在很大程度上只剩下喧闹而无实际价值。不基于客观事实或忽视对客观事实的追求,只能让讨论犹如肥皂泡,看着绚丽却很容易破裂,对社会进步缺少实质性的推动作用。

根据简单数理统计出的网络意见只能是众论,而不是公共性的舆论。众人议论夹杂着不同社会群体的立场、成见、利益,单纯依靠数量统计得

---

① 胡泳:《众声喧哗:网络时代的个人表达与公共讨论》,广西师范大学出版社,2008,第215页。
② 闫岩:《公民新闻:参与的幻象》,《新闻与写作》2015年第6期。
③ 袁光锋:《公共舆论建构中的弱势感》,《新闻记者》2015年第4期。
④ 〔德〕韩炳哲:《在群中:数字媒体时代德大众心理学》,程巍译,中信出版社,2019,第12~13页。

出的简单多数仅仅是意见的叠加，缺少网民之间有机地传播互动与意见交流。舆论应当是公共议题涉及的全部主体彼此之间理性交流的结果。简单的众人意见仅仅是公共议题的一方主体意见，公共议题涉及的其他主体也应当有更好的环境与机会来发表意见以便与其他意见交流，在众主体社会意见有机碰撞、理性交流中方能结晶出代表公共利益的舆论。刻板成见阻碍公共舆论的生成，带有刻板成见的网络群体借助人数优势而情绪化地吼叫、进行道德谴责，甚至进行人身威胁，违背理性交流的精神，是对通过网络对话以取得公共协商的阻碍、损害。

此外，网络讨论容易产生群体极化，[①] 不同群体的偏向造成网络社区间的壁垒，网络空间并非畅通无阻，而是存在不少障碍与隔阂。用户参与网络讨论在一定程度上激发了公众参与对话的热情，促进了多元社会意见的表达，但网络议事的缺陷制约了网络空间公共舆论的质量。网民的信息内容生产在一定程度上可以为主流媒体提供有效信息资源，成为专业新闻媒体的有效补充，[②] 理性的公共舆论形成必须发挥传统媒体的新闻舆论功能，将网民信息生产与媒体新闻议事有机结合起来。

## 第二节 从舆论主体、客体、本体论舆论反转

舆论反转首先反映了网络时代信息呈现的迅速性，不断生成的新信息借助网络媒体迅速传播，并颠覆既有的信息的性质，进而扭转公众对事物的认识。舆论反转实质是公众对事物认识的大幅度变化。站在信息影响受众认知的角度看，舆论反转实则是新信息对旧信息属性的颠覆。舆论反转反映了公众认识事物的过程性，这种过程可能是波浪式的起伏。在网络信息环境中，公众对事物的认识不具有稳定性，多样化、多源性的信息，起伏不定地改变着公众对事物的认识。

这在一定程度上也启示我们，在舆论反转的意见环境中，传统媒体更

---

[①] 〔美〕凯斯·桑斯坦：《网络共和国——网络社会中的民主问题》，黄维明译，上海人民出版社，2003，第47~49页。

[②] 林靖：《质疑"公民新闻"》，《国际新闻界》2009年第6期。

需要对网民舆情进行动态引导。在舆论反转的情境中，传统媒体的舆论引导也呈现动态性、过程性，这种动态性、过程性体现在传统媒体对起伏不定的网民情绪、公众意见进行适时的引导，使传统媒体的意见也可能表现出一定程度的起伏，但这种起伏不定的变化是向着寻求真相的目标而前进的。从传播学的角度看，舆论反转实则是新信息对既有信息的负反馈。

舆论主体是特定舆论的持有者。陈力丹认为公众是舆论主体，舆论客体是公众注意、议论的社会现象或问题，而舆论本体①是公众对所议论问题持有的信念、态度及表达出来的意见。② 舆论反转是公众对所议论的具体话题持有的态度、表达的言论发生方向性转变的一种舆论演变现象。舆论反转是舆论本体发生变化，实质是舆论主体对舆论客体的认识发生改变。舆论主体、舆论客体、舆论本体三方面的特点均会影响到舆论演变的方向。

## 一 舆论主体的认知特点

帕克与布卢默认为，公众是在面对某一争议性议题需要通过讨论达成解决办法的情景下临时形成的，公众往往缺少有机的组织性，并没有明确的规则进行公共讨论；布卢默认为公共讨论可能是非常情绪化和充满偏见的，也可能是非常理智而审慎的。③ 面对某一议题（舆论客体）暂时形成的公众虽然因为对立、讨论而联系在一起，但这种联系是动态而松散的，对舆论客体的认识片面、存在偏见。

### （一）公众的刻板印象

刻板印象是人们在经验的基础上形成的对社会事物的认知图式。刻板印象使得公众对议题的关注在一开始便带上了定势思维。定势思维会约束人们对信息感知、解读的方向，使信息产生符合人们心理感受、认知框架的意义。社会舆论是民众对事物意义认知的反应，对社会事物有倾向性的意义判断汇聚成特定的社会舆论。

---

① 陈力丹用"舆论自身"来表述，舆论本体与其同义。
② 陈力丹：《舆论学——舆论导向研究》，中国广播电视出版社，1999，第11~17页。
③ 转引自〔美〕Vincent Price：《传播概念·Public Opinion》（中英双语），邵志择译，复旦大学出版社，2009，第34~35页。

"天之骄子""弱女子""恶有恶报"往往反映了民众的定式思维。当河南大学生因掏鸟被判刑十年、当女司机被男司机暴打的信息刺激民众认知时,围绕上述议题形成的公众便在定式思维下形成对司法判决、对女司机被打不满的最初社会舆论。可是,当大学生故意贩卖国家珍贵鸟类、女司机故意变道伤害男司机的信息被公布后,"恶有恶报"的认知图式使得公众不再为大学生鸣冤,不再为女司机鸣不平。当不断传播的信息激活公众不同类型的定式思维后,不同类型的定式思维促使公众改变对舆论客体原初的态度与看法,在外在呈现上表现为舆论的反转。

典型的社会事例往往使公众对类似事件产生刻板印象。近些年来,从躲猫猫事件到呼格案等一系列冤假错案让公众对司法公正产生怀疑,司法中民众弱势成为公众的刻板印象。大学生掏鸟获刑十年的新闻正好吻合了公众的这一刻板印象。对司法判决不公的疑虑演化成公众为大学生掏鸟获刑喊冤的社会舆论。社会舆论在既有的社会意识环境中形成,受社会意识环境中认知偏见的过滤而带有倾向性。

(二)公众对信息的选择性注意

《郑州晚报》在报道大学生掏鸟获刑十年时,交代了大学生所掏之鸟是国家二级保护动物鹰隼,然而受众对此事的起始关注主要集中在大学生获刑十年方面,几乎没有民众自发讨论对于鹰隼的保护。"从传播内容上来讲,受众一般选择能够支持其信念和价值观的信息,以减轻认知上的不和谐。"[1] 在大学生掏鸟获刑十年事件的信息传播中,公众将目光聚集在大学生身上,大学生因为掏鸟而坐牢十年激发了公众的悲悯和惋惜之情。

对议题信息的选择性注意,使得公众对舆论客体的理解不可避免地产生了倾向性,原初产生的舆论也随之具有更多的片面性。部分媒体为迎合公众的认知倾向,在一系列转载中不断突出大学生获刑十年这一信息焦点,使得社会舆论不断在这一点上强化。然而,伴随有关舆论客体的更多信息被披露出来,舆论客体的全貌逐渐显现,公众的认知偏差也在信息完形过程中不断被矫正,由此促使社会舆论发生根本性的反转。

信念是受众选择性注意信息的基础,大学生掏鸟获刑十年的初始舆论

---

[1] 胡正荣、段鹏、张磊:《传播学总论》(第二版),清华大学出版社,2008,第212页。

完全倒向为大学生喊冤，这在很大程度上是由于民众对动物保护的法律意识非常淡薄。民众更多地关注人的幸福，对动物的法律保护认识不到位。当大众传媒联动式地报道中国珍贵鸟类面临滥捕绝境后，为大学生喊冤的公开言论则渐渐发生转向。

### （三）公众的认知能力

舆论主体并非天然就是理智的，对社会事物的认识可能朦胧、可能肤浅甚至可能荒谬。尤其是对于距离较远、较抽象的法律公共事务，专业知识的缺乏使得公众对舆论客体的认识更多地停留在情感的层面，产生的认识情绪性比较重。公众客观认识舆论客体的能力决定了舆论本体的质量。

普通民众对议题认识的基础往往是地域经验、生活常识，尤其对较少接触大众传媒的民众来说更是如此。信息是公众认识舆论客体的依据，在公共事务上，公众获取到的相关信息并不丰富，也不权威。参与公共话题讨论需要较高的知识素养与思辨能力，而这与公众的受教育水平相对应。一般说来，在较抽象的公共议题方面，公众的自主认知能力是比较薄弱的；形成的社会舆论往往掺杂不少非理智成分，甚至根本上就是非理智的。

舆论主体对舆论客体的认识能力较弱，使得自身持有的社会意见容易受到外界其他因素的影响。大众传媒的权威信息、意见领袖的言论均可能改变公众的态度，从而使得舆论本体处于动态演变过程中，伴随舆论主体对舆论客体认知情况的变化而变化。当舆论主体的社会认知发生较大转变时，社会舆论便发生反转。

## 二　舆论客体的复杂性

舆论作为舆论主体对舆论客体认识的反映，舆论客体的情况会对舆论主体的认识产生制约，从而使得舆论演变带有不确定性。舆论客体虽然通常以具体议题来呈现，但最终指向公共事务，具体问题不过是认识所涉公共事务的窗口而已。哈尔滨"天价鱼"事件反映的是旅游市场管理问题，女大学生扶老人被讹求助反映的是社会公共道德问题。

### （一）部分公共事务关涉多方，利益复杂

哈尔滨"天价鱼"事件的舆论反转在于旅游市场管理关涉旅游服务提

供者、游客、地方市场管理者等多方主体，不同主体的利益诉求存在差异。当争议性的事件发生后，对立的主体出于维护自身利益而为自身辩护，可能破坏理性的公共讨论。"天价鱼"事件初始，鱼店向公众提供虚假信息，"言之凿凿"地为自己辩护，以图混淆公共讨论，以致乐于维护当地形象的管理部门单方面采纳了鱼店的意见，而游客不愿升级事态，为避免骚扰而"失联"，提供的真相信息差一点烂尾。

参与争论此事的公众也是分化的，不少网民为游客鸣不平，甚至情绪化地进行地域攻击，而事发地的不少网民认为"游客赖账，吃不起别吃"；在公众讨论中，情绪化色彩强烈，理性讨论气氛较弱。即便调查结果公布后，网民对此事的议论亦是分化的。在公共事务议题上，公众往往是分化的，出于不同情感与利益诉求而坚持某种立场，使得社会意见纷争杂乱。

（二）具体议题的真相呈现并不容易

舆论客体并非静止不动，而是处于持续性的变化中，且对舆论客体的认识正确与否会受到社会环境信息的影响。这使得关于认识舆论客体的信息纷繁复杂，有关舆论客体的真相不会轻易出现。公众关于舆论客体的认识与意见处于不断变化中，舆论反转便在情理之中。如引发舆论广泛关注的胡鑫宇案，由于从胡鑫宇在校园失踪到其遗体被发现，经历了数月时间，其间地方相关部门发布信息，称对胡鑫宇事发学校周围展开过地毯式搜寻，并未发现其踪迹与下落，且在这一段时间里，一些不良的自媒体人为了吸粉引流、博取眼球以获得经济利益，不断借胡鑫宇案来制造谣言，误导公众认识，使得公众对胡鑫宇案的认识处于不断的起伏变化之中，造成了胡鑫宇案网络舆论的反转。

争议性事件涉及方出于维护自身利益的需要，可能故意呈现虚假信息来欺骗公众，骗取公众的支持，使舆论充满非理智因素，如安徽女大学生确实撞了老人仍通过微博诉苦寻求支持自己的证人。作为旁观者的公众往往出于情感的角度表达意见，一方情绪化的虚假信息可能使公众意见倾斜。争议各方"你方唱罢我登场"式的信息提供使得公众意见左右摇摆，舆论反转不断。

政府部门是公共事件权威的裁断者，出于维护处理结果的权威性，政府部门的调查往往需要一定时间。在此期间，情绪化的公众可能出于刻板印象、情绪情感而臆断式地表达社会意见,导致初始舆论是非理智的。

更有甚者,公众争议的公共事件本身就是虚假的,如女子救儿童被狗咬伤骗捐事件、上海女孩去农村男友家年夜饭逃离事件。公众费力探讨它们,不断争论,最后发现社会舆论是建立在虚无之上的泡沫。

在一些舆论反转事件中,一方面,舆论客体与舆论主体的空间距离、社会距离均较远,这使得舆论客体只能被远眺,舆论主体在认知上难免存在偏颇,当纠正性的信息传播开来,舆论反转便自然产生。另一方面,舆论客体真相的浮出受到多种因素、力量的影响,具有过程性,这使得舆论主体对舆论客体的认识处在动态变化中,且受到不同信源的影响,不同信源之间力量的动态关系亦让舆论主体对舆论客体的看法处在变动中。

### 三 舆论本体的功能属性

舆论的功能属性体现在两个方面:第一,作为社会意见的舆论是公众认识事实的手段;第二,舆论通常代表着公众对社会行为的褒贬评价。第一个方面意味着意见与事实是分离的,对立的多种社会意见是公众逐渐认清事实的工具;第二个方面显示了舆论的道德评价功能,公众通过舆论抑恶扬善。

(一) 意见的认识功能使公共舆论结晶具有过程性

意见代表着人们对社会事物的认识,如"这是我的个人意见"。不同社会团体的人们对社会事物的认识有深浅、有侧重,表达出来的社会意见自然有差异。舆论的认识功能要求公众通过有差异的社会意见来形成对某一议题的整体认识,在公众讨论的过程中淘汰非理智意见,保留理智声音,不断形成对所讨论议题的理性认识,促使理智舆论的结晶。在这一过程中,社会舆论处于动态变化之中,倘若公众先前的认识是肤浅的、片面的,舆论反转成为一种不可避免的客观存在。

从舆论的认识功能属性看,舆论反转是公众在认识公共议题过程中去伪存真、去粗存精以到达真相的反映。舆论反转有其功能性的价值。然而,在实际的舆论演变过程中,公众往往没能在公共讨论中保持争论、探讨的理性精神,并没有自主地将对立的社会意见视为认识真相的途径,并客观地运用它们以寻找真理。反而,在公共讨论中时常攻击、辱骂讨论对象,这是由于公众赋予舆论更多的道德功能,以人品褒贬的角度来评议舆论客体。

(二) 道德评价功能使舆论伴随道德指向的改变而反转

陈力丹认为:"舆论对公众事务的评价,相当程度上不是哲理性的,而是道德意义上的,诸如善恶、美丑、是非等。"[1] 道德是社会行为规范,维护社会秩序的稳定。是非判断是人们比较容易做出的简易社会认知,公众通过舆论的简单二元对立评价公共事件是节约认知成本的需要,亦是依据意见气候表明态度的需要。吴世文对争议性事件中的公众意见表达进行研究,发现"公众书写主要使用道德评价框架,以提供观点为主,价值框架突出,道德话语实践倾向明显"[2]。

在社会公共道德事件中,信息呈现的维度会影响公众的道德评判方向,新的信息可能促使公众道德指向的转变。在成都男司机暴打女司机事件初始,围观群众聚集起来不让男司机离开,网民一致谴责男司机,这源于男司机的行为违反了维护公民人身安全的社会公德,更何况,被打的是弱女子。然而当女司机别车在先的行车记录仪视频信息被公布后,女司机的行为违反了遵守驾驶规范维护公共安全的社会公德,女司机反转成为被舆论谴责的对象,由此社会舆论反转。

公众既存的对某类典型事件的道德认知框架会影响其对类似事件的道德评价。安徽女大学生撞倒老人通过微博寻找证人的信息披露后,大多数公众均站在女大学生一边,在未了解事实真相的情况下认为老人讹诈,再一次感叹老人道德滑坡,直言扶不起。这源于全国发生了一系列扶老人被讹诈的真实事件,加上一些事件进入司法程序后由于举证困难导致扶老人者蒙受冤屈。倒地的老人被公众贴上了道德沦丧的标签,当女大学生通过网络透露自己遭遇时,对倒地老人的既有的道德认知偏见使公众简单化地谴责倒地老人。然而,事实真相却是女大学生确实撞倒了老人,女大学生因骗取公众支持转而成为违反道德的被谴责对象,社会舆论发生反转。

---

[1] 陈力丹:《舆论学——舆论导向研究》,中国广播电视出版社,1999,第 56 页。
[2] 吴世文:《争议性事件中的公众书写与新闻专业主义实践——以"邓玉娇事件"为例的考察》,《当代传播》2013 年第 3 期。

## 四　社会舆论向公共舆论的转化

### （一）新闻媒体记者是特殊的意见主体

媒体意见是新闻媒体组织及其工作人员（记者、编辑）对舆论客体所持有的信念、态度及表达的言论。新闻记者是一类特殊的意见主体，拥有法律赋予的调查公共事件以还原事实真相、澄清公众认知的权利。此外，新闻记者拥有专业的采访调查技巧与信息挖掘能力。新闻舆论具有较高的社会公信力，成为公众认识社会事物的重要依据。

媒体在公共舆论发展过程中扮演的一个关键角色是，通过新闻报道，媒体提供有关议题各方面和议题带来的重大事件的动态解释。当社会事物发展趋势被媒体报道时，对该社会事物感兴趣的公众和政治行为体会依据媒体新闻报道来调整他们对自身和其他人在关于该社会事物方面的立场的感知。① 由于公众存在的一些缺点，社会舆论的初始形成可能是有偏见的，但专业化的媒体意见能够推动社会舆论演变成理性的公共舆论。

### （二）新闻媒体的权威信息消解社会舆论中的非理智因素

在公共舆论结晶的过程中，媒体意见往往与社会舆论相互交锋、争论，彼此吸纳。由于新闻媒体组织的法定地位以及新闻记者专业的采访调查，媒体意见的质量往往较高，理智因素非常明显，在与社会舆论的作用过程中往往会矫正社会舆论的非理智因素，深化社会舆论的理智因素，推动社会舆论的演变乃至转变。

新闻的客观性要求新闻媒体更多地通过事实报道来表达意见，相较于公众情绪化的认知想象，事实信息更真实也更理性，为公众全面客观认识舆论客体提供了信息基础。公众对舆论客体的认识之所以经常片面、肤浅，重要原因之一是公众缺乏有关舆论客体的权威公共信息，对舆论客体的认识往往基于刻板印象之上的想象，社会舆论充斥着偏见与偏激。

专业化的新闻记者能够凭借媒体赋予的权利合法获取关于舆论客体的权威公共信息，扩展和深化公众讨论的广度与深度。在一些热点舆论事件

---

① Van Leuven, J. K. & Slater, M. D. "How Publics, Public Relations, and the Media Shape the Public Opinion Process", *Public Relations Research Annual*, 3, 1991, pp. 166 – 168.

中，新闻媒体可以综合各方面信源所传播的信息，设置更有社会价值的讨论点，并在实地采访中不断核实、深化讨论点的相关内容，推动公众的理性讨论，促进理性舆论的形成、演化，甚至可以针对事件中引发公众质疑的焦点内容，深入呈现客观信息，发表有针对性的意见，促进焦点议题得到更好的解决，从而平复公众的情绪，让公共舆论更具理性。

（三）部分新闻记者专业素养的薄弱可能导致社会舆论剧烈波动

然而，由于少数新闻工作者精力的有限性与新闻专业理念的薄弱，虚假新闻也可能进入公众讨论的范围，如上海女孩年夜饭逃离江西农村事件。新闻记者个人持有的价值判断可能导致个别记者对舆论客体的认识在初始时便片面化、带有个人倾向。

## 五 结语

在互联网信息传播环境中，意见到达公共空间是瞬时的，然而事件真相的呈现却是一个耗时较长的过程。一些激起社会舆论关注的公共事件的权威调查结论的得出需要公共管理部门付出较长时间才能得出。在等待真相的过程中，舆论不断聚集能量，产生广泛的社会影响，而当公布的权威调查结论与爆料人陈述的事实不符时，网络舆论开始转向，舆论反转便自然发生。事实真相浮现的耗时性与网民情绪瞬时性之间的张力可能引发网络舆论的反转。

在互联网时代，由于互联网舆论的强大影响力，有人会将互联网舆论当作工具，以此实现合法或者不合法的利益与目的。当互联网舆论被拿来实现不合价值取向的利益时，伴随事实真相的浮出，网民的认知被改变，网络舆论自然而然地发生反转。在网络舆论可以被引发的环境中，网络舆论是一个客观事物，不同的人有不同的使用目的，有人使用网络舆论伸张正义，有人使用网络舆论实现一己私利。在一些情境下，网络舆论可能被玩弄，通过操纵公众的情感而达成个别人不可告人的私人利益。在鲍某某性侵养女的网络舆论反转事件中，其养女韩某某玩弄网络舆论的信息传播实践似乎更符合利用网络舆论的情境。

黄远、刘怡君从社会物理学的视角探讨了网络舆论反转的形成，在网络社会空间，网民是运动的粒子，正常状态下是无序的，他们自由地运动，一旦网络公共事件发生，网民内在情绪受到外在信息的刺激，表现出选择性盲从盲信、质疑评判，并在一系列社会心理效应的作用下，群体情绪形成，网民粒子开始有序运动，其群体性、组织性增加，意见逐渐趋同，舆论得以形成，当反转信息出现后，网民情绪被反向挑动，个人情绪被反方向激发，反向群体情绪形成，舆论原有的稳定状态被打破，网民粒子再次进行有序运动，群体组织性突出，反向舆论得以形成，网民情绪能量被大量释放。①

"舆论反转是就公众态度而言，泛指公众意见随着焦点事件的发展变化而发生前后反转的现象。"② "首发信息与事实真相之间的矛盾是舆论反转产生的基础。"③ 对于普通网民而言，公共事件的信息影响着其对公共事件的看法。很少有网民会独立地核查事实真相。关涉某公共事件的信息本身是多元化的、过程性的。当新的信息不断被披露出来，公众对公共事件的认知可能会被强化，也可能会被改变。当一种新的信息改变了公众对公共事件的认识，舆论的性质与方向便会发生变化，舆论反转的发生便在情理之中。在互联网信息传播环境中，当信息的发布不是结论性的，而是过程性的，公众的认知会伴随信息的不断发布而不断变化，不同性质与方向性的信息便会带来舆论的反转。

## 第三节 网络谣言：众声喧哗的舆论生成

基于互联网平台衍生出的信息传播渠道为普通的社会成员参与社会信息的生产与传播创造了机会。微信、微博、BBS 等网络空间容纳了普通社会成员制作、传播的信息，社会成员借助网络信息传播载体汇聚社会信息、分享社会信息，通过社会信息建立了虚拟的社会联系，彼此影响。互联网空间的虚拟言论影响到现实世界中的普通社会成员的行为。以手机为主要载体的微信将现实社会关系网络化，并通过不同微信群实现社会成员

---

① 黄远、刘怡君：《网络舆论反转效应研究》，《管理评论》2016 年第 8 期。
② 韩运荣：《舆论反转的成因及治理——通过新闻反转的对比分析》，《人民论坛》2019 年第 30 期。
③ 黄远、刘怡君：《网络舆论反转效应研究》，《管理评论》2016 年第 8 期。

的交叉联系，微信群成员发布的信息经过数次转发可以产生较大社会范围的影响，更不要说被众多社会成员关注的公众号。借助社会成员的陌生性、来源的多样性、分布的多样性，微信公众号的社会空间很容易实现对现实进行较大社会范围的信息的扩散与传播。

新兴媒体在为普通社会成员提供生产信息、传播信息的空间的同时，也为谣言的产生与传播提供了更多的土壤、机会与空间。大多数谣言是在互联网、手机等新兴媒体空间内产生，并由网民、手机用户借助新兴媒体传播渠道进行转载进而产生社会影响的，微博、微信、QQ空间、BBS论坛成为谣言最主要的传播载体。谣言的产生有其心理机制，因为谣言的制造者、传播者的心理有其特点。谣言产生的心理规律在新兴媒体传播形态环境中顺延了下来，同时互联网、手机等传播载体形态对使用者的思维、认知与心态产生新的影响。谣言形成的心理过程有其特点，也遵循谣言产生传播的一般心理规律，毕竟"谣言的本质内核与社会人心有关"[1]。

## 一 文献回顾

在西方，谣言现象较早地受到学者的关注。两次世界大战在推动传播研究的同时，也推动了谣言的研究，奥尔波特等人在对军队中谣言研究的基础上对谣言产生、传递的心理机制进行了总结，写出了著作《谣言心理学》。[2] 奥尔波特等人对谣言的界定非常宽泛，认为与事实不相符合的信息或在传播过程中被有意或无意改变了的信息均可以称为谣言。奥尔波特等人对谣言的定义关注了信息的变化，对谣言的意图与动机没有集中关注。与奥尔波特等人对谣言的宽泛界定不同，我国的谣言研究者对谣言的界定要狭窄得多。刘建明认为："谣言是没有任何根据的事实描述，并带有诽谤的意见指向，因此，它不是中性的传闻，而是攻讦性的负向舆论。"[3] 郭庆光也认为："谣言则是有意凭空捏造的消息或信息。"[4] 可见，中国的相当一部分学者关注了谣言的意图，认为有意捏造或敌意性地编造以达到不

---

[1] 周裕琼：《当代中国社会的网络谣言研究》，商务印书馆，2012，第24页。
[2] 〔美〕奥尔波特等：《谣言心理学》，刘水平、梁元元、黄鹂译，辽宁教育出版社，2003。
[3] 刘建明：《社会舆论原理》，华夏出版社，2002，第211页。
[4] 郭庆光：《传播学教程》（第二版），中国人民大学出版社，2011，第88页。

可告人的目的是衡量谣言的重要标准，谣言是"有目的的捏造，一般怀有恶意，为的是造谣生事"①。

在奥尔波特等人看来，制造、传递谣言的社会个体的心理主要体现在三个方面：简化、突出与同化。同化心理起基础性作用，会对简化、突出心理产生影响。② 谣言的制造者会依照已有的心理认知结构逻辑来制造谣言，谣言的传播者同样会依据自身已有的心理认知结构来有倾向性地删减部分信息或突出部分信息，由是，谣言在经过一系列的传播链后，信息可能变得更简短或可能变得面目全非。奥尔波特等人经过实验重点阐述了谣言在经过社会个体的简化、突出与同化心理处理之后，变得更简短、主题更突出，也可能会更改谣言主题的属性，甚至使谣言涉及的内容变得面目全非。

## 二　网民的造谣心理

由于境内外一些敌对势力的意识形态渗透，加上社会转型期部分人的心理失落感，谣言制造者的动机与目的是多样的。在自媒体时代，网络成为谣言的温床：一方面，网民个体缺乏信息，单凭想象对一些事件、行为下结论，无意识地成为谣言的制造者；另一方面，网民个体在网络上为发泄情绪而虚构信息，如"上海女孩年夜饭逃离江西农村"新闻。此外，个别网民别有用心地在网络上炮制谣言，以达成不可告人的目的。

### （一）引起别人或社会注意

每个人都有引起别人目光或注意的心理需求。互联网的产生，为一部分人实现自身在更大范围内的影响提供了技术条件。在虚拟的社会网络空间里，一些网民急于表达自己，以博取别人的点赞或关注，然而社会信息资源是有限的，并非每个人都能率先获得引起社会注意的信息。为获取社会注意，一些虚假的刺激性的信息被一些网民炮制出来，以达到引起别人关注的目的。"微博等自媒体的产生为网民的自我表达提供了途径，任何

---

① 转引自周裕琼《当代中国社会的网络谣言研究》，商务印书馆，2012，第15页。
② 〔美〕奥尔波特等：《谣言心理学》，刘水平、梁元元、黄鹂译，辽宁教育出版社，2003，第45~78页。

人都有可能通过提供'猛料',充当重要信源,来引起其他网民或现实公众的关注和热烈讨论。"[1]

斯特拉森和斯图瓦德认为想象是产生谣言过程中的重要一环。[2] 谣言成为部分网民引起社会关注的工具,也许造谣者并非有意识地制造社会混乱,破坏社会秩序,而是在造谣时主要想象了谣言所能够产生的社会关注。造谣者得意扬扬地想象着将获得的显著的自我存在感与社会关注,却忘却了信息传播的伦理与价值取向。

(二) 投射自身对生活的不满

中国社会处于转型期,社会结构和社会利益不断被调整,传统的社会制度、生活方式、利益格局也在改变。一些人在社会转型期因未能与社会转型同步,在社会群落中产生了被疏离感、被剥夺感,因而对社会产生了不满情绪。也许是相当一部分人"不患寡而患不均",在自身落后于社会发展之时,思量的不是努力去赶上,而是以不友好的态度对待超过自己的人。谣言是诋毁别人的工具。一些对社会不满者便利用谣言来发泄自己的不满情绪,妄图实现心理平衡。

不良的情绪与动机往往会导致更大程度的不良情绪的产生,对社会不满者在不良情绪的恶性循环中不断制造出更多更大的谣言以表达、宣泄自身对社会的不满。人往往有归因心理,为自身行为寻找一个合理的理由,以实现对自身行为心理认知的合理化。对社会不满者在为自身不满情绪寻找始作俑者时,却发现没有具体的社会对象能够恰如其分地扮演其不满情绪产生的根源这一角色,于是在无端迁怒心理的作用下,便将整体性的社会视为其所寻找理由的"替罪羊",不满情绪的发泄对象变得不明确、无厘头。对社会不满者便借助网络对社会发泄不满,作为社会公共事务管理者的政府便成为对社会不满者宣泄不满社会情绪的主要对象。

(三) 个别网民为了吸粉引流

社交媒体用户生产内容并依靠流量获得经济收入,这成为一些内容分

---

[1] 袁会、谢耘耕:《公共事件网络谣言的造谣者研究——基于影响较大的118条公共事件网络谣言的内容分析》,《新闻记者》2015年第5期。

[2] 〔美〕斯特拉森、〔美〕帕梅拉·斯图瓦德:《人类学的四个讲座:谣言、想像、身体、历史》,梁永佳、阿嘎佐诗译,中国人民大学出版社,2005年。

发平台的经营模式，普通网民为了赚取流量，会在内容生产、发布上博人眼球，甚至故意制造谣言。在一些社会热点引发广泛关注的事件上，在权威调查结论出来前，公众往往以焦灼的心理等待事实真相，并伴随一些猜测，个别网民抓住社会公众疑惑的心态，歪曲事实，故意造谣来预判事件结果，以刺激公众不稳定的认知状态。借助刺激性、煽情性、夸张性的谣言来蛊惑人心，吸引关注，进而实现吸粉引流，骗取收入。

这类谣言危害巨大，一方面淹没了真实信息和理性声音，干扰网络公众对有关事件的理性思考；另一方面干扰了政府相关部门对有关事件的处置，为政府的依法处置、科学处置带来不良的意见环境。对于此类为赚取金钱而博人眼球的造谣行为应当依法依规严肃处理。

（四）出于人际关系

然而在生活中，人们往往凭借联想与想象来判断可能出现的社会情况，并杜撰与此相关的社会信息来告诉自己的社会关系成员。也有些人为了阻止社会关系成员的某种行为而炮制虚假的、具有恐惧性的谣言。如广东某市民为了劝说妻子买车便谎称妻子常乘坐的公交车上有炸弹，并将这则信息告诉其社会关系成员，借此影响妻子，不曾想社会关系成员在使用社交媒体传播这则谣言时产生了传递外溢，使相当多的社会成员知晓，产生了极其恶劣的社会影响。

谣言往往借助QQ、微信、微博等社交媒体进行信息传递，也许由于传播者的媒介素养不高，信息最终外溢到社会公共空间中，给社会造成了极其不良的影响。人们往往利用谣言来达到自身的目的，因此谣言往往成为支持或否定某一社会看法的证据。谣言在某些时刻也被用来加强人际交往，然而制造谣言者往往没能意识到谣言在社会层面将会产生的不良后果，或者不曾预料谣言会在传播过程中溢出人际传播的边界，在社会空间内大肆传播。

### 三　网民的传谣心理

谣言的制造者可能只是一位，然而谣言的传播者很可能是非常多的社会成员。很多的社会成员不制造初始谣言，却加入了传播谣言的过程中，成为谣言传播链上的一环，谣言的传谣心理也是多样化的，表达不满与满足自身特定意图等在造谣中的心理表现同样出现在传谣的过程之中。在谣言的传播过程中,不同的社会成员出于不同的需要与目的而加入传谣的行动之中。

(一) 社交活动中丰富谈话内容的需要

谈资是人们进行社交活动的重要内容,为了推动社交活动的开展,丰富的谈话内容成为一个人顺利与别人交谈下去的重要条件。谣言是人们在社交活动中重要的谈话内容。谣言被相当数量的社会成员关注,成为一时的社会焦点。人们为了避免在社交活动中谈论话题的陈旧或希望涉及双方均可能关注的话题,时下在社会上流行的谣言便成为人们进行社交活动的谈资。

在社交中人们可能借助谣言来展开想讨论的话题,谣言成为引向另一个话题的由头;人们也可能借助讨论谣言来向对方表达关心,传达问候。虽然人们可能明明知道这是一则不真实的信息,但作为社交活动中的谈资时,真实与不真实并不重要,重要的是,其能推动谈话的展开,促进彼此的交流互动。可见社交活动中,谣言借助人际传播获得了更大范围的传播。参加社交活动的部分成员可能携带着谣言到达另一个社交场合,谣言便在另一处社会空间内传播开来。在较为亲密的人际交谈中,比如宿舍的卧谈会、好朋友饭间的谈话、邻里间的闲聊等,谣言会随着谈话的深入与互动,而凭空增添很多细节,更加有鼻子有眼,更加具有"合理性"。在长时间的交谈中,人们可能寻找谣言涉及的社会行为的原因。归因心理是人们普遍拥有的心理。在对谣言涉及的话题的社会原因的寻找中,人们按照当地思维的逻辑不断将谣言合理化,不断为谣言加入想象的细节来让其听起来更加合情合理,更加符合人们的社会认知结构。于是,谣言在经过人们穷尽式的谈论后,可能更具合理性地在社会的另一处空间内被传播。当然在社交活动中,对谣言辨别力强的人也可能会阻止谣言的一时传播,但往往无法阻止谣言在别处传播。

(二) 实现社会归属的需要

人往往是组织的一员,也是身份群体的一员。当一位社会成员所在的工作单位或学习单位内大部分人在讨论一则谣言时,这位社会成员出于显示组织归属的需要会主动加入聆听别人所谈谣言、与别人交流谣言的队伍中，因为一位社会成员如果不去关心大多数组织成员关心的话题，就会渐渐与所在的社会组织产生疏离，而这是任何社会成员都不愿看到的，因为社会成员的很多利益是通过所在的社会组织来实现的。社会成员往往会与组织中的普遍话题保持一致，借助普遍话题来实现自身与组织的强联系，显示自己的社会归属。

除现实的组织成员外，社会成员也是身份群体的一员，如农民、工人、学生等群体身份名称。在参照性社会群体中，谣言同样具有这样的传递心理机制。在互联网空间中，网络群体也会因为兴趣、价值取向、身份认同而在互联网上连接为社群。当身份群体成员传递谣言时，具有同样身份的社会成员可能会饶有兴趣地关注谣言，也可能出于显示想象中的归属身份而传递谣言。在谣言的传递过程中，桑斯坦认为谣言在经过群体的讨论后，会更加集中于某一方面，或谣言中涉及的相关事物的表述更偏激、更极端，这种谣言传播现象被称为"群体极化"[①]。

### （三）在别人面前获取权威的需要

在社会生活中，总有人竭力在别人面前获取影响力，让别人认同自己传播的看法，以满足心理上对权威感的需要。让别人注意自己的一个重要条件是掌握别人没有的信息或率先讲出别人没有讲出的信息，通过信息的新鲜性获得别人的关注。谣言便成为获取别人关注的工具。

在城市社区或乡村，一些人往往被周围人称为"百事通"，而这些"百事通"们为了不辱虚名，会千方百计探寻社会上新鲜的信息来传递给身边的人，以便更好地维护自己的"百事通"的社会称号。然而，"百事通"们急于向身边人传递新鲜信息，往往不太关注信息的真假，加上即便传递了虚假信息，在小范围内也不会产生多坏的影响，也不会被人指责。凭借这样的心理，谣言便可能轻而易举地进入某一社会空间，以满足某些"百事通"获取社会权威感的需要。

在互联网传播的时代，互联网空间很容易与社会空间实现交叉，一些社会成员便可能把从所谓的"意见领袖"处获取的已经不知被改变了多少次的谣言放在互联网空间内。这些社会成员在互联网传递这则谣言时，心

---

① 〔美〕卡斯·R. 桑斯坦：《谣言》，张楠迪扬译，中信出版社，2010，第55~65页。

理可能是非常稳定的,因为它来自身边的权威人士,所以他们深信不疑。在谣言的传递过程中,其可能被传递者当作一种工具,以便帮助传递者获取所希望获取的其他东西,这种东西对谣言传递者而言往往具有某种用处,可能是心理的,可能是经济的,也可能是政治的。在中国的社会生活中,以"百事通"著称的小群体的"意见领袖"的数量是非常庞大的,这可能源于中国人更相信身边的人的信息或中国人出于种种现实原因而不愿批判身边人传递的不实信息。

(四) 对谣言的好奇心

人对新鲜事物具有好奇心,同样对偏轨的社会行为具有好奇心,因为人具有窥探的心理需求,面对与自己不一样的事物,或不太符合一般社会规定的事物,总想探究个明白。一些网民传播谣言是出于好奇,好奇心促使部分网民关心某些谣言并力图传递给别人,让更多人知道这件新鲜事。谣言往往具有新鲜性,因为一则谣言从产生到消亡的时间较短,不断涌现的谣言如走马灯式地刺激着人们的感官。"以'人们对外界的变动始终怀有好奇心'为前提,流言传播可被视为一种寻求解释社会事物的过程。"[1] 人们依据自身已有的认知结构与诠释规则来理解新鲜的信息,便可能在传递谣言的过程中制造出新的谣言。谣言与即时新闻同属一类,[2] 在给受众带来新鲜感的同时也刺激受众的好奇心,出于好奇心,人们传递谣言,使谣言产生了较大范围的社会影响。

从上文可知,谣言的传递心理并非都是阴暗的、歹毒的。人们有多种多样的需要,谣言在很多时候能够帮助人们实现自身的需要或本身就满足了人们的某些心理需要。

倘若人们抱着阴暗的、有特别意图的动机来传递谣言,谣言产生的危害也许更难被控制。有的人利用传递谣言来攻击、诋毁别人;有的人利用传递谣言来表达对社会的不满。对社会不满的心理既能成为造谣的心理动力,也能成为传谣的心理动力,同时也是信谣的心理基础;同样,满足私人利益的动机也会成为传递谣言的心理基础。总之,利用谣言来满足自身

---

[1] 陈力丹:《舆论学——舆论导向研究》,上海交通大学出版社,2012,第12页。
[2] 张静:《西方传说学视野下的谣言研究》,《民俗研究》2016年第3期。

阴暗的心理需要、获得私人利益是传谣者的重要心理基础，在很多谣言被广泛传递的背后，都可能看到传谣者有意的、阴暗的心理世界。

可见，由于人们这样那样的心理，谣言在传递过程中获得了较大的社会动力，而抵制谣言也成为一件费心费力的事情，尤其是对自然社会成员个人来说，抵制谣言的传播绝非易事。在群体中抵制谣言需要较高的成本，个体抵制社会谣言更加需要无畏的勇气。

### 四　网民的信谣心理

谣言能够产生广泛的社会影响，有相当数量的社会成员相信谣言。在现代社会，社会成员个体由于自身认知能力的局限，加上自身的一些需求，对谣言经常宁信其有，不信其无。在很多时候，谣言自身也不是"蹩脚货"，谣言内在的逻辑也会为人们相信谣言提供基础。

**（一）貌似合理的信息让人产生认可倾向**

因为对于谣言来讲，"一定数量的事实是必需的，否则一切无从谈起"①。徐占品认为一些看似荒谬的谣言往往包含部分真实的论据，并努力地使自身合理化。② 谣言的制造者也可能是信息传播的高手、说服别人的好手，其编造谣言的逻辑能力并不差，会尽量运用一些看似准确的信息，或运用一些迎合人们心理认知的信息来证明谣言的可信性。谣言的受众在已有的心理倾向下容易接受谣言荒谬的观点，再加上谣言的受众距离谣言涉及的具体社会问题较远，使得谣言自身更具说服力。

谣言的传播者为了增强自身传递的信息的合理性，满足自身在信息传播方面劝服别人的需要，往往喜欢在谣言中添加一些能唬住人的"证据"，如某一名人也相信了这则谣言，或某一大众媒体也报道了这则谣言，或者是引用一些符合当地人认知逻辑的"证据"。这些都增强了谣言的"合理性"。合理是产生认可的基础。人们不会排斥符合当地逻辑的合理性的东西。谣言往往不包含与受众的批判观念相冲突的细节，从而不会招致受众

---

① 〔美〕斯特拉森、〔美〕帕梅拉·斯图瓦德：《人类学的四个讲座：谣言、想像、身体、历史》，梁永佳、阿嘎佐诗译，中国人民大学出版社，2005，第106页。
② 徐占品：《安全恐慌下的谣言传播特点》，《青年记者》2012年第35期。

的怀疑，不会引起受众仔仔细细地审查谣言的内容。[①] 谣言实质上是荒谬的，但其本身也努力地披上合理化的外衣，以迷惑人心。

（二）固有的认知偏见

由于地理、气候与生产生活实践方式的差异，不同地域的文化存在较大的差异。处于不同地域文化中的人们的认知方式、思维倾向也有差异。人们总爱以当地的认知逻辑来遥望别处的人们的行为。在不同地域文化环境中形成的人们的心理反应是不同的，但人们总爱凭借已有的符合当地逻辑的认知结构来认识别处的信息符号意义，由是人们便形成了认识的"刻板印象"。刻板印象是指人们由于片面性的经验或道听途说的碎片化的信息而形成的对某特定事物的认知倾向。

一段时间以来，网络媒体上出现较多的感慨乡村传统社会秩序的解体、道德失范、传统价值观在乡村没落的信息。网络媒体通过信息传播给公众塑造了一个乡村解体、道德失范的乡村刻板形象。由是，有的人没有去乡村实地考察，仅凭想象在网上制作和发布有关乡村生活的谣言、不实信息，从而引起争议。谣言中炮制的乡村道德失范的虚假信息非但没有引起质疑，反而引发不少网民进一步感叹乡村价值观念的解体。一些网民相信这样的谣言，这在很大程度上源于他们头脑中存在的关于乡村道德失范的刻板印象，尽管这一刻板印象的形成源自信息环境，而非亲身经历。同时，一些发布关于乡村不实信息的传播者对乡村生活的想象亦受到关于乡村道德失范的刻板印象的影响，毕竟任何想象都是头脑认知的一种反映。

（三）涉及自身生活且谣言话题重要

一些谣言涉及的话题与人们的社会生活相联系，且相关话题会嵌入人们的真实生活中，对人们的安全、健康等核心关切产生潜在影响。与谣言话题相关的潜在风险、利害与自己的衣食住行、人身安危联系紧密，促使人们不得不关注这些谣言，产生宁信其有的心理以规避可能产生的威胁。在新冠疫情期间，一些涉疫网络谣言很容易被一些网民相信。

"公众对于信息的信任是谣言传播的重要原因，但信任背后则是因信

---

① 〔法〕让-诺埃尔·卡普费雷：《谣言——世界最古老的传媒》，郑若麟译，上海人民出版社，2008，第79页。

息所引发的个体心理变化。"① 当议题与自己生活密切联系,且对自己有着重要意义时,尤其关于该议题的权威信息供给不足时,网民更容易相信涉及该议题的网络谣言,以便满足自己的信息需求,减少自己的疑虑。"对事件产生的高度不确定性而引发的焦虑、恐惧等情感交织,使公众极易对一些看似可靠的信息产生信任,从而加速了谣言的传播。"②

(四)验证自身对某些事物的判断

每个人都有相对稳定的心理认知结构,偏见也被包括在内。一旦人们已形成对某些社会事物的认知,并努力在社会交往中向身边的社会成员传递相关信息时,人们在碰到涉及相关社会事物的谣言时,一般会利用谣言来进一步验证、支持自身对相关社会事物已有的看法。人有时是种固执的社会动物,当人们广泛传递自身对某些社会事物的看法时,碰到支持自身看法的信息便不遗余力地肯定并反复逢人就说,而碰到否定自身看法的信息时便千方百计压制这一信息,从各个方面来否定这一信息的正确性与合理性。

(五)形成对事物的意义解读

对社会事物赋予特定的意义,是人们认识社会事物的基础,也是在社会交往中进一步谈论相关社会事物的前提。人们总是要形成对社会事物较为稳定的意义解读来保持社会群体成员心理认知的稳定,尤其是在忧虑的心理状态下,对事物的意义的解读成为稳定心理、减少心理恐慌的信息基础。社会事物的意义之间往往相互联系、相互影响,甚至一种事物的意义是在参照其他事物的意义的基础之上形成的。

谣言往往在人们心理恐慌与忧虑时被人相信,因为人们需要谣言来形成自身对有关社会事物的意义解读,从而使不安定的心理情绪重新获得平衡稳定的状态,哪怕只是一种虚幻的心理稳定感。可见,谣言在某些恰当的情景中可以成为心理的抚慰剂,暂时消除人们的忧虑与恐惧。

以上是笔者关于信谣心理的论述。在人们相信谣言的原因方面,一些

---

① 匡文波、武晓立:《重大公共卫生事件中网络谣言传播模型构建与信息治理——基于对新型冠状病毒肺炎的谣言分析》,《现代传播》2021年第10期。

② 匡文波、武晓立:《重大公共卫生事件中网络谣言传播模型构建与信息治理——基于对新型冠状病毒肺炎的谣言分析》,《现代传播》2021年第10期。

研究者进行了论述。桑斯坦认为处于困境中的人以及受"先入为主"的信念驱使的人会更容易相信谣言,人们已有的认知结构对是否相信谣言影响较大,"你是否相信一则谣言,部分取决于这则谣言在多大程度上符合你已有的知识。"[①] 在论述人们相信谣言的原因方面,卡普费雷认为谣言的可信性"在于传谣者自身及其所传递信息的非常特殊的性质"[②]。卡普费雷认为谣言中包含可靠的信息来源,谣言中看似真实的信息以及谣言中部分包含了人们希望看到的信息,这增加了人们对于谣言的可信性,使得人们容易相信谣言。卡普费雷重点从谣言的特质方面论述了谣言对人们的吸引力与可信性。已有的信谣原因的研究成果对理解谣言的信谣心理机制同样具有重要的参考价值和借鉴意义。

### 五 网络谣言与网络舆情

当舆情主体与舆情客体的日常关系处于紧张状态时,谣言可能是舆情的一种形态,以表达舆情主体对舆情客体的愤怒,斗争成为舆情主体同舆情客体互动的状态,谣言变成斗争的工具,舆情处在高度的张力关系之中。在群情激愤的状态下,以讹传讹成为一种信息传播状态,一些自媒体将一些网络谣言当成传播的对象与依据,并力图使编造的故事圆满。

一些校园食堂食品不卫生的谣言迎合了校园食品安全频发状态下公众对校园食堂的想象,而孩子身体出现的一些日常的不适也很容易被归咎于校园食堂餐饮出了问题,由此,恐惧、害怕在不断地议论与想象中增强,并有可能衍生出一些群体问题。有市场的谣言必定产生于公众既有的认知与想象之中。在一些不理智的舆情演化中,谣言甚至扮演着组织者、动员者、煽动者的角色。

谣言不仅能够引发网络舆情,还能够增强网络舆情,为网络舆情主体提供心理能量。

谣言往往会顺着公众的认知倾向而被炮制出来。因为,当谣言与公众

---

① 〔美〕卡斯·R.桑斯坦:《谣言》,张楠迪扬译,中信出版社,2010,第28页。
② 〔法〕让-诺埃尔·卡普费雷:《谣言——世界最古老的传媒》,郑若麟译,上海人民出版社,2008,第72页。

的认知倾向一致时，谣言会增加舆情的能量，使公众强化自己的既有认知，通过强化公众的正义感想象来促进公众发表强度更高的言论，以表达自己更强烈的情绪感受。

在网络舆情的形成、发展过程中，谣言在一定程度上扮演着组织者的角色，在某些情况下能够激发舆情、强化舆情，甚至动员、推动更多公众参与到意见表达之中，汇聚成一股社会力量，对舆论声势乃至现实的社会行动产生重要影响。谣言的能量不容小觑，因此，防范谣言，引导公众的认知在互联网环境中变得尤为重要。

谣言之所以被称为一种畸形的舆论[①]，一个重要原因是它能够引发广泛关注，形成舆论性的社会现象，在某一特定社会空间中的相当数量的公众被某一信息吸引，关注该信息反映的情况，尽管它在事实上是虚假的，然而，对于普通公众来说辨别其真假并不是件容易的事情。谣言的炮制者似乎有着天然的社会直觉，往往针对公众关注的、想知道的疑惑性问题来炮制谣言。在现代快捷的辟谣机制下，谣言的生命也许不长，但其能量不容小觑。

谣言本身便是一种舆情，只是它是一种非理性的看法、意见，或者说某些情景下它是某些人故意制造的为达成特定不良目的的看法。刘毅认为多种意见、声音的混杂状态构成舆情。[②] 谣言是舆情中的一种声音。在认知混乱或者缺少权威信息的情境中，谣言构成了舆情的内容，尤其是在社会紧急的状态中。

## 六　网络谣言的防范及引导

（一）党和政府及时发布信息、澄清信息

谣言大多涉及的是有关公共事务的话题，而政府是公共事务信息最大的拥有者，也是最权威的拥有者。政府往往握有对公共事务的解释权，同时也在管理着公共事务的运行。在近些年发生的谣言大都与公共安全有关，公共安全的提供者是政府有关部门，政府拥有最准确的有关社会公共

---

[①] 陈力丹：《舆论学——舆论导向研究》，中国广播电视出版社，1999，第102～104页。
[②] 刘毅：《略论网络舆情的概念、特点、表达与传播》，《理论界》2007年第1期。

安全的信息，政府的及时辟谣，能够消除民众由于缺少准确信息而产生的恐慌与忧虑。

斯特拉森和斯图瓦德在论述恐惧与想象话题时，认为人们出于对不幸事件的伤心，在情绪化的心理状态下，总会努力想象导致不幸事件发生的原因，寻找应当承担责任的邪恶者，猎巫行为便可能因此而发生。[①] 其实，在很多时候，在很多人的观念中"善"与"恶"都是相对的，是依据看问题的视角而定的，尤其在人们遇到不幸的事件、现实的伤害之时，人们容易制造谣言、传播谣言、相信谣言以帮助自己简单地寻找不幸的"替罪羊"，从而发生在行动者想象中是"正义"但在实际中是荒诞的所谓的猎巫（所谓猎巫，是指惩罚想象的邪恶者）行动。

由于观念的差异、经济利益的纠纷与沟通的无奈，群体冲突、社会冲突可能会发生，甚至由于个体冲突而可能引发社会群体冲突。当社会冲突发生时，谣言往往伴随其产生，政府有关部门应当及时准确地发布有关事件的权威信息，尽可能减少有关人员在想象中为不幸寻找替罪羊的可能。应正视的是，在当前社会中，任何的社会冲突都可能极大地刺激人们的"不良"社会想象，在想象中让人们越来越焦虑、越来越恐惧。

因此，党和政府要在社会事件发生后第一时间里传递权威信息，将谣言消灭在可能的萌芽状态。辟谣信息务必真实、准确，在辟谣方面一旦出现朝令夕改、出尔反尔的言辞与做法，辟谣信息的社会影响力将大打折扣，甚至出现越辟越谣的恶性情况。

（二）大众传媒要广泛传播辟谣信息，多方求证，增强说服力

李普曼提出拟态环境的概念，[②] 认为信息构成人们周围的拟态环境，人们往往是依据周围的信息环境来认识社会、认识有关事物的。伴随现代化的大众传媒的发展，传媒生产着人们日常生活中接触的大多数信息，信息环境成为影响人们认知事物的重要因素，人们往往根据有关事物的相关信息的数量来判断事物的重要程度，也倾向于接受更多被相同信息反复佐

---

① 〔美〕斯特拉森、〔美〕帕梅拉·斯图瓦德：《人类学的四个讲座：谣言、想像、身体、历史》，梁永佳、阿嘎佐诗译，中国人民大学出版社，2005。
② 〔美〕沃尔特·李普曼：《舆论》，常江、肖寒译，北京大学出版社，2018，第14页。

证的看法。麦库姆斯等人的议程设置理论同样也显示：大众传媒传播的某一事物的信息能够让受众关注这一事物而忽略其他事物，同时大众传媒对事物属性方面的信息的传播也能影响受众对有关事物属性的认识。

上述的传播原理也适用于压制、消解谣言方面。大众传媒联动地、集体地、高度地报道党和政府的辟谣信息，能够在信息的数量上突出辟谣信息，使辟谣信息处于社会认知的显著位置，从而使辟谣信息更容易成为受众的谈资以及人们关注的话题。大众传媒传播的海量的辟谣信息，能够将谣言淹没于辟谣信息的海洋里，消解谣言的显著性，减少谣言被受众接触的机会，从而能够在很大程度上消解谣言传播的社会影响，使辟谣信息成为社会信息的主流，从而产生较好的社会影响。当辟谣信息以瀑布式的信息流量在受众群体中传递，人们的认知倾向也会顺着信息瀑布的流向而变得集中，且有良好的传播效果。当谣言产生后，各大传媒应当及时、联动地报道党和政府的辟谣信息，形成辟谣信息的洪流。

很多谣言在互联网中产生，在互联网中传播。在自媒体信息传播环境中，当谣言发生后，互联网媒体要及时、大量地转发、传播辟谣信息，形成辟谣信息的流瀑。互联网空间，无数草根式的自媒体用户是信息传播主体的长尾，亦是形成辟谣信息流瀑的主要影响因素。一些谣言识别意识高的自媒体用户往往会积极参与网络辟谣，对于这些辟谣信息，主流网络媒体要积极转发、推送，甚至对这些信息进行策展，让辟谣信息有更大、更广的传播空间，增强辟谣信息流瀑的规模。

除在信息数量上取得优势外，大众传媒还应当注重提高辟谣信息的质量，不要让辟谣信息仅仅是一句简单的话，传播者应当关注谣言所涉及的相关主体，全方位地对有关主体进行详细求证，增加细节，增加具体的事实，从而提高辟谣信息的真实性、吸引力和说服力。细节往往是真实的支撑，细节能增加可信性，激发人的兴趣，辟谣信息同样需要细节。

（三）提高风险社会环境中人们的谣言意识

在互联网时代，信息素养、媒介素养是公民必不可少的基本素养。社会学家贝尔将现代社会称为风险社会，认为在工业化、现代化时代，社会危机出现的频次增加，人处在较高风险的社会环境里。在有风险的社会环境中，人们的神经容易脆弱，对周围抱有不信任感。谣言最容易走进疑神疑鬼的人们的心里。可见,在充满风险的社会环境中,增强人们的谣言意识就显得尤为必要。所谓谣言意识是指人们应当具有的对接触的非官方信息的怀疑意识,对周围社会环境中存在的信息是否符合客观实际的逻辑判断意识,以及不轻易依靠想象、道听途说来编造信息、传播信息的意识。对于自媒体用户而言,具备谣言意识要求其在参与互联网信息传播时,要增强自身的信息责任意识,考虑不实信息可能产生的社会危害性,要准确无误地在互联网空间发布信息。

现代社会,人的自主性的一个重要方面应是对周围信息环境中各种小道消息的怀疑能力,否则在信息泛滥的今天人可能异化为信息的奴隶,精神受到信息的压迫,从而在精神上产生认知的焦虑与茫然。在信息时代,信息素养成为人的自主性的一个重要的构成维度。只有对信息有较清醒的辨别意识与较高的把握能力,现代人才能在信息泛滥、各种小道消息满天飞的环境中保持自身较高的自主性。

谣言是一种不实的信息,它会给人们的正常生活与社会的稳定秩序带来不良的影响与冲击。可见谣言会影响人的自主性,影响人们的正确判断与理性行为。在风险社会中,谣言总是会伴随各种各样的风险信息、风险事件而恣意生成,而且谣言自身往往就是一种不实的风险信息,谣言往往给人带来恐惧与不安,让人更加焦虑。谣言往往与安全联系在一起,在关涉人身安全的语境中往往更容易让人产生焦虑感。加上大多数民众对一些社会情况的真实状况并不了解,更容易相信谣言,对谣言的免疫力较低。

由于话题的热点性与敏感性,国家相关部门应当高度重视话题的社会信息状态,因此任何可能被社会广泛关注的话题都应当成为政府相关部门关注的重点,政府应及时发布权威信息来向社会公布有关情况。在有关话题上,民众应当以政府发布的信息为准,因为对于危害公共安全、破坏社会秩序的谣言,政府对相关信息的掌握是最准确的,也是最全面的。

(四)增强对民间意见领袖的信息影响力

在谣言的生成、传播过程中,民间意见领袖扮演着重要的角色。民间意见领袖往往产生于社群之中,与社群成员有着较强的社会关系连接,通常被社群成员所信任,其传播的信息对社群成员有着较高的影响力。谣言作为一种蕴含特定意图的话语表达,也往往会被民间意见领袖来利用以达到自身的各种各样的社会目的。传播学者拉扎斯菲尔德提出两级传播理论,① 认为意见领袖更多地接受大众传媒的信息,从而再把有关信息传递给普通民众。

意见领袖概念产生于传统媒体信息传播环境中,伴随互联网媒体的发展,尤其是社交自媒体的勃兴,信息的公开性流动不再局限于大众传媒,而是面向普通受众,社交媒体用户之间的信息流动亦可以变得公开、可见。在多元化的信息传播环境中,意见领袖不仅仅存在于大众传媒与普通受众之间,在社交媒体信息的传播过程形成的信息传播链条中,意见领袖同样起到重要的作用,也就是意见领袖会影响社交媒体信息传播的强度与规模,对社交媒体信息传播的效果产生增强或减弱作用。社交媒体时代的谣言更多地产生于社交自媒体的信息传播之中,并伴随社交媒体的信息传播链条而在社会空间快速传播,意见领袖可能在此过程中扮演重要角色。

虽然民间意见领袖群体看似匿名、隐蔽性较高,但在具体话题方面,这一群体具有一些社会特征,可供传播者把握。大众传媒在发布信息辟谣时,也应对民间意见领袖有所了解,尽力利用民间意见领袖促进辟谣信息的传播。伴随社交性媒体的快速发展,网络大V往往是民间虚拟社会空间的意见领袖,粉丝数量有数百万乃至上千万的网络大V的信息传播力是相当惊人的。谣言往往产生于社交性媒体中,并凭借社交性媒体的信息传播系统而被快速传播。利用社交性媒体中的网络大V来辟谣成为有效辟谣的选择路径。大众传媒应当积极利用网络大V的信息传播能力来辟谣,既有助于谣言被及时澄清,也是社会名人承担社会责任的体现。大众传媒是实施媒介素养教育的重要渠道。主流媒体机构可以通过信息传播来对民间意见领袖展开媒介素养教育,增强其信息传播的社会责任意识,提升其辨识信息真伪的能力,提高民间意见领袖自觉抵制谣言的意识。

(五) 严惩造谣者

不应仅对抱有敌对意图的造谣者进行惩罚,而应对一切谣言制造者进

---

① 〔美〕保罗·F. 拉扎斯菲尔德、〔美〕伯纳德·贝雷尔森、〔美〕黑兹尔·高德特:《人民的选择:选民如何在总统选战中做决定》(第三版),唐茜译,中国人民大学出版社,2012,第128~129页。

行一定程度的惩罚,谣言产生的社会危害越大,对造谣者的惩罚也应该越严厉。规则与惩罚关系的理论知识告诫人们,良性的社会秩序与社会规则离不开适当的社会惩罚,社会惩罚的示例作用会让社会成员在心理上戒除某一行为或不轻易从事某一行为。在心理上,社会成员更倾向于让自身自由、被社会认可,而社会惩罚会让社会成员在心理上产生畏惧感,产生挽留住自身已获得的权益的社会心理。通过对谣言造谣者的惩罚,其他的普通社会成员能够在心理上对炮制谣言行为具有畏惧感,从而能在很大程度上阻止谣言的产生。

对谣言的规制是否有违言论自由?任何自由都是有边界的,言论自由同样如此,言论自由的目的是让社会变得更好,而不是给社会带来危害。仅仅以失实为标准来界定谣言是不妥的,应当以产生的社会影响来作为界定谣言内涵的重要标准。基于此,对已经产生了恶劣社会影响的造谣者进行惩罚是不违背言论自由精神的。

我国的法律对谣言有着明确的规制,《全国人民代表大会常务委员会关于维护互联网安全的决定》规定对于"利用互联网造谣、诽谤或者发表、传播其他有害信息、虚假信息,破坏国家安全、扰乱金融秩序或诽谤他人等行为",构成犯罪的,追究刑事责任。[1]《互联网信息服务管理办法》也规定,通过"互联网制作、复制、发布、传播谣言的",构成犯罪的,追究刑事责任,尚不构成犯罪的给予处罚。[2]

---

[1] 中央网络安全和信息化委员会办公室政策法规局、国家互联网信息办公室政策法规局编《中国互联网法规汇编》(第二版),中国法制出版社,2020,第3~4页。

[2] 中央网络安全和信息化委员会办公室政策法规局、国家互联网信息办公室政策法规局编《中国互联网法规汇编》(第二版),中国法制出版社,2020,第64~66页。

# 第三章　心理认知与网络舆论形成

舆论内涵中的态度、情绪、信念都是心理学的重要概念。公众的社会心理对舆论的形成有着重要影响，在某种程度上，舆论是公众群体性社会心理认知的反映。在网络舆论形成上，网民意识环境、对社会事物的认知图式、社会记忆均发挥着重要作用，同时，对他人反应的想象会影响公众的行为反应。

## 第一节　心理场体现舆论的意识环境

在国内，刘建明最早将"场"纳入舆论形成的研究中，提出"舆论场"概念，"所谓舆论场，正是指包含若干相互刺激因素，使许多人形成共同意见的时空环境"[1]。国内研究者对舆论场的论述更多从物理环境、信息环境等角度进行，关注了时空因素，而忽略了心理因素。[2][3]

若是仅考虑时空因素，则处于相同时空环境中的人们产生的社会意见应当相同，但事实并非如此，在相同时空环境中，不同的人有着不同的社会心理感知。心理场是一种社会心理环境。虽然刘建明没有明确提出心理场概念，但刘建明在分析舆论产生的环境中论述了意识环境对舆论形成的作用。

---

[1] 刘建明：《当代舆论学》，陕西人民教育出版社，1990，第105页。
[2] 张涛甫：《当前中国舆论场的宏观观察》，《当代传播》2011年第2期。
[3] 刘九洲、付金华：《以媒体为支点的三个舆论场整合探讨》，《新闻界》2007年第1期。

## 一 刘建明、余秀才对心理场的论述

（一）刘建明：意识环境对舆论形成起作用

刘建明认为，物质环境与心理环境共同组成了舆论场，"舆论是在社会环境中形成的，人们的思想意识、物质交往和心理反射，构成心态和意见的一致"①。刘建明、纪忠慧、王莉丽对意识环境进行了界定，"意识环境是无形的精神文化的交错状态，包括知识、道德、法律、信仰、科学、艺术、风俗等各种形式"②。信息是意识存在的形态，社会意识以信息的形式作用于人的精神认知。刘建明认为，舆论自身便是一种社会意识，其他意识形式提供的知识和思维模式为舆论活动提供了思考方式和认识方式，舆论是在其他形式的社会意识滋补下形成的，并日益从意识环境中吸取信息养分而逐步完善。

从刘建明等人对意识环境的界定中可知，意识环境是广义上的心理场，是指社会群体的集体心理意识与文化规范。意识形态是一定社会群体认识世界的思想体系，是社会群体对周围世界整体性的认识与判断。社会的意识形态体系对于舆论的形成有着重要的影响，甚至决定着舆论的形成，意识形态为人们认识社会事物提供了观念依据，是舆论产生的意识根源。不仅舆论的产生受到社会意识环境的作用，舆论的传播与演化同样受到意识环境的制约。不同社会群体多样化的意识形态观念，使得社会舆论呈现多元化的利益诉求与价值诉求。

刘建明举例说明不同心理环境影响人们对同一信息的认知，在电影院中与在广场上人们同样听到失火的信息，心理的反应会截然不同。个体的心理场会影响对接收到的社会意见的判断。个体心理场是舆论场的有机组成部分，受到舆论场中其他因素的作用与制约。

（二）余秀才：心理场是网络舆论场的组成部分

余秀才认为网络舆论场不单指时空环境，而是由行为环境、心理环境与社会环境糅合在一起的复杂环境。③ 人可能处于同样的地理环境、同样

---

① 刘建明：《舆论传播》，清华大学出版社，2001，第57页。
② 刘建明、纪忠慧、王莉丽：《舆论学概论》，中国传媒大学出版社，2009，第48页。
③ 余秀才：《网络舆论场的构成及其研究方法探析》，《现代传播》2010年第5期。

的社会群体之中，但人的心理认知与外在行为却会表现出较大的差异，可见人的心理感知与行为并不是地理环境唯一作用的结果。人们头脑中想象的环境会直接作用于人们公开的言论与行为。媒体会为人们塑造一种行为环境，媒介场域会影响到人们对环境的社会想象。由于网络媒体的特点，余秀才认为网络媒介场不同于传统媒体媒介场。网民在网络中发表社会意见的心理状态不同于接触传统媒体时的心理状态，不同形态媒体信息场使受众产生的心理反应是不同的。受众与不同形态媒体舆论场共处时拥有差异明显的心理场。比如，一些网民会在网络中进行言语地域攻击，但在被电视媒体采访时往往回答得很理性。

余秀才认为，网络舆论发生时存在一个心理场，即心理环境，不同个体与不同群体间的心理场因时因地各不相同。[1] 网络舆论表现出最大幅度的差异与多元。在面对同一社会事件，在网络舆论的形成过程中，心理场大致相似的网民会逐渐形成一个群体，群体成员获得想象的心理支持，通过其他社会成员所传播的支持性信息来增强自己的心理能量，进而形成一种群体激化现象，其实这是一个由个体心理逐步汇聚成群体心理的过程。由此看来，心理场是网络舆论场的组成部分，不同社会群体的心理场不同，该群体产生的社会认知与社会意见存在较大的差异，群体的社会舆论自然不同于其他群体的舆论。在媒体融合环境中，信息跨屏传播，不同传播界面给受众带来的心理刺激是不同的。同一社会个体在不同媒介场中表达社会意见的心理状态是有所差异的，社会个体的社会意见表达由于心理场力量的变化而变得不稳定。

## 二 勒温的场域理论与布尔迪厄的场域理论

### （一）勒温的场域理论

勒温对心理场的认识体现在场域理论中，场域理论揭示了个体心理场与其他场域力量互动对社会意见表达的影响。勒温曾是格式塔心理学研究的成员，"格式塔心理学研究个体直接经验的主观过程；它涉及整体，涉

---

[1] 余秀才：《网络舆论场的构成及其研究方法探析》，《现代传播》2010年第5期。

及个体所知觉的环境如何影响个人的行为"①。勒温所说的场域主要是指心理场,是个体心理感知到的环境力量。勒温提出了"生活空间"的概念。勒温的"生活空间"由多种心理力量组成,生活空间中的心理力量是相互作用、相互依靠的,勒温的"生活空间"概念对社会个体及其社会处境呈现了一种整体的视角。② 个体所处的场域是在一个动态平衡的过程中,生活空间中每一种心理力量的变化均会导致场域的改变,从而使个体感知到的心理环境发生变化。

勒温在对社会行为的改变进行研究时,场域理论仅是其中一个独立的观点,其他三个独立的观点分别是群体动力、行为研究以及行为改变。③ 勒温将行为视为环境的产物和个体解释外部刺激的方式。"勒温认为个体的心理因素是群体动力的组成部分,对环境力量的感知影响个体的行为。"④

诺依曼的"沉默的螺旋"假说揭示群体信息环境对个体心理场的作用。⑤ 外在场域力量会作用于内在心理场力量,影响个体认知与判断。在孤立被个体感知到将会带来痛苦时,孤立行为才有社会效果,社会场域对置身其中的个体才能产生实际作用。心理感知是场域外在力量实现内在作用的条件。勒温的食品习惯改变实验,研究考察了群体场域中个体之间的意见交流对个体行为改变的作用。个体心理场是社会信息传播效果实现的有效因素。个体心理场是群体场域的组成部分,与其他个体心理场有机互动,使得群体场域具有了自身的力量,通过信息传播作用于个体内在心理力量而对个体行为产生影响。

社会意见表达是个体心理力量与周围社会环境力量交换的结果,社会

---

① 〔美〕E. M. 罗杰斯:《传播学史——一种传记式的方法》,殷晓蓉译,上海译文出版社,2001,第335页。
② Bernard, B. & Bill, C., "Kurt Lewin's Field Theory: A Review and Re-evaluation", International Journal of Management Reviews, 15 (4), 2013, pp. 412 – 413.
③ Donald, J. S. & Andrew, S. C., "Sharpening the Focus of Force Field Analysis", Journal of Change Management, 14 (1), 2014, pp. 29 – 32.
④ Donald, J. S. & Andrew, S. C., "Sharpening the Focus of Force Field Analysis", Journal of Change Management, 14 (1), 2014, pp. 29 – 32.
⑤ 〔德〕伊丽莎白·诺尔-诺依曼:《沉默的螺旋》,董璐译,北京大学出版社,2013。

舆论是特定场域力量合力的结果。置于特定时空环境中的社会成员表达社会意见时的心理活动可能是激烈的、不稳定的，特别是在危机环境中，场域发生急剧变化，个体心理力量重组，应急性的社会意见表达使得社会舆论的形成、演变呈现动态性。场域理论显示人所处环境的内外部力量整合状况与人行为之间存在直接的关联。

勒温的场域理论并非忽视结构性力量，只是关注的重点在结构之中的社会个体心理场。勒温的核心假设是个体与团体面临他们的世界结构的限制，人必须遵守生物的、社会的、自然的法则，这些心理和非心理力量一起影响人的行为和感知。[1] 勒温认为心理生活空间是一个有限结构的空间，个体是生活空间内一个分化的区域。勒温认为公式 B = f（PE）中，P、E不是独立变量，环境的结构及其内势力的布局随欲望及需要或人的一般的状态而变。[2] 个体心理力量与自身处境是相互作用的，社会意见的表达取决于个体力量与环境力量的分布状态、强弱比较。

勒温的场域理论偏向心理层面，研究个体心理场、群体意识环境对社会意见形成的影响，呈现了群体讨论对成员心理、行为的作用，以及成员在群体心理场、信息场中的适应方式，从成员个体间的信息传播与心理感染来呈现群体行为的动力机制。

（二）布尔迪厄对场域的论述

布尔迪厄的场域理论偏向研究社会结构所形塑的社会场对置身其中的人的社会行为的影响，将权力结构、资本结构置于社会场的论述中。布尔迪厄是从宏观视角探讨社会心理结构形成的外在环境力量，以及社会心理结构力量对社会成员社会意见表达行为的作用。布尔迪厄认为，"一个场域可以被定义为在各种位置之间存在的客观关系的一个网络，或一个构型"[3]。布尔迪厄认为勒温的场域理论也是探讨人的客观社会关系。

---

[1] Christophe, E., Jessie, P. & Michel, K., "The Influence of Individual, Contextual, and Social Factors on Perceived Behavioral Control of Information Technology: A Field Theory Approach", *Journal of Management Information Systems*, 28 (3), 2011, pp. 201 – 234.

[2] 〔德〕库尔特·勒温：《拓扑心理学原理》，高觉敷译，商务印书馆，2003，第167页。

[3] 〔法〕布尔迪厄、〔美〕华康德：《实践与反思：反思社会学导引》，李猛、李康译，中央编译出版社，1998，第133～134页。

布尔迪厄所谓的位置是社会结构的结点，这些结点被权力、资本所定义，并在历史的演化中变成认知常识，成为社会成员普遍认可的社会文化。布尔迪厄认为位置总是处于一定的社会处境之中。社会位置会影响、制约处于位置之上的社会成员，使得位置之上的行动者以应当有的角色理解与其他位置上行动者的关系，由此形成较为稳定的社会场域。结构化的社会场域会对置身其中的社会成员产生心理认知上的影响。在分析场域时，应当关注行动者的性情倾向，性情倾向的获得是社会行动者将从社会位置上获得的合法性社会认可予以内化，形成社会认知的惯习。建立在社会组织制度层面的社会结构形成社会场域，场域中的结构性力量与制度性力量对社会成员心理认知与行为产生约束性的规范作用。布尔迪厄场域理论启示：在宏观社会结构场域下各社会群体产生了适应社会权力、资本的有差异的心理场。

在社会舆论的传播中，传者与受者、引导者与被引导者均处于不同的社会场域之中，对社会意见的认知惯习存在群体性差异。依据组织、经济、文化资源被获取的情况，中国社会被划分为十大阶层[1]，每个社会阶层都在中国社会场域中形成相对稳定的群体性情。Mark 认为价值观、社区成员身份、接触他人以建立友谊是人的社会行动的动机，集体背景、与社区的心理联系、联系社区其他人的社会需要亦会促使社会行为的发生。[2]社会认知惯习会影响社会群体对社会意见的判断与接纳，使得不同社会群体对同一舆论客体表达出多元化的社会舆论。社会群体心理场的差异使得舆论场是呈现多元社会意见的存在。

任何社会成员均处于群体规范或社会文化之中，心理渲染、共同意识使得心理场具有群体性、社会性，对社会公共意见或公共行动起到催化、规范作用。无论是勒温的群体动力场论还是布尔迪厄的社会场域理论，均揭示心理场对群体意见交流、社会舆论形成产生压力性作用。心理场是社会舆论形成的动力性环境机制之一，成为社会舆论场构成的有

---

[1] 李强：《社会分层十讲》，社会科学文献出版社，2011，第 231~240 页。
[2] Mark, S., "In the Footsteps of Kurt Lewin: Practical Theorizing, Action Research, and the Psychology of Social Action", *Journal of Social Issues*, 65（1），2009, pp. 225 – 245.

机部分。

## 三 心理场与舆论生成、传播

郑希付认为人的心理是有能量的,会将这种能量辐射出去作用于其他人的心理,不同社会成员个体心理能量相互开放、相互作用便形成了社会成员群体的心理场。[①] 心理场是舆论场的构成部分,在舆论的生成、传播过程中心理场扮演着什么样的角色?

媒体舆论场信息力量推动个体心理场力量骤升。格式塔心理学揭示在认知框架内人会依据已有的情形来对未来的发展趋势做出顺合认知框架的判断。大众媒体对社会议题的选择及议题属性的设置会影响民众的社会知觉,使民众形成关于社会议题的相对稳定的认知框架。当社会议题有新的情况时,民众会通过媒体立场来认知社会议题的发展趋势。当社会事物发展趋势被媒体报道时,感兴趣的公众和政治行为体会依据媒体新闻报道来调整他们对自身和其他人立场的感知。[②] 议程设置理论显示大众传媒联动地、持续地设置社会议题报道,媒体信息环境成为社会环境的重要组成部分。[③] 置身媒体信息环境中的社会个体不断吸取信息力量来增强自身心理认知力量,推动自身社会认知的增强或变化,带来个体社会意见表达的变化。

媒体在公共舆论发展过程中扮演着两个关键角色:首先,通过新闻报道,媒体提供有关议题各方面和议题带来的重大事情的动态解释;其次,借助对公众如何围绕议题进行组织的描述,媒体提供了组织化的参与和感兴趣的公众。[④] 媒体舆论场与民众心理场相互开放,媒体舆论场的信息传播影响民众心理场的变化,从而推动社会舆论的表达与演变。民众心理场能量是社会舆论动态演变的动力之一。

---

[①] 郑希付:《心理场理论》,《湖南师范大学社会科学学报》2000 年第 1 期。
[②] Van Leuven, J. K. & Slater, M. D., "How Publics, Public Relations, and the Media Shape the Public Opinion Process", *Public Relations Research Annual*, 3, 1991, pp. 166 – 168.
[③] 〔美〕马克斯韦尔·麦库姆斯:《议程设置:大众媒介与舆论》,郭镇之、徐培喜译,北京大学出版社,2008。
[④] Van Leuven, J. K. & Slater, M. D., "How Publics, Public Relations, and the Media Shape the Public Opinion Process", *Public Relations Research Annual*, 3, 1991, pp. 166 – 168.

个体内在心理力量促使社会意见强劲表达。"人贩子一律死刑"曾微信刷屏,① 民众之所以极端地表达"人贩子一律死刑"的社会意见,是因为新闻媒体不断报道人口拐卖给受害者及其家人带来的巨大痛苦,加上生活中不断听闻的强抱小孩的事件更是让父母们感到害怕。社会信息环境不断向民众个体的心理场输入不安全的信息力量,对人贩子憎恨的心理能量不断聚积。朋友圈中存在的希求大家接力扩散"人贩子一律死刑"的口号为社会民众宣泄对人贩子的憎恨情绪提供了意见表达的机会,积聚的内在心理力量瞬间在微信朋友圈中流通,并将其他个体的心理能量引爆,形成了压倒性的社会舆论。

律师们普遍认为"人贩子一律死刑"是有违法治精神的,可能对儿童的保护带来负面影响。但这种极端的社会意见却得到了社会民众的支持,形成社会舆论洪流。人贩子破坏家庭幸福、社会危害极大的心理认知螺旋式地增强了"人贩子一律死刑"社会意见的传播力,在万民主张"人贩子一律死刑"的社会舆论中民众的心理场力量伴随这种社会意见的传播不断被增强,大家均希望这种万民支持的意见能够转化为现实的对人贩子惩罚的措施。

"人贩子一律死刑"这一社会意见表达极端、情绪化,但社会民众内在强烈的心理力量却是客观的。"人人自危"的心理感知是推动"人贩子一律死刑"这一社会意见极端表达与迅速传播的内在心理动力。普通民众个体均有被人贩子伤害的可能性,出于维护自身安全的起码需求,采取措施成为社会个体首要的心理认知倾向,一致的心理倾向汇聚成一股强劲的社会心理力量。针对社会个体对人贩子被惩罚偏轻导致人口犯罪猖獗的想象,朋友圈存在的"人贩子一律死刑"的言论符合了个体心理场力量发展的趋势,微信朋友圈刷屏成为当天中国民众整体社会意见表达的状态。勒温认为所有行为产生于人生活空间的心理力量,这些心理力量变量是人行为变化的动力。强劲的内在心理场力量促进了这一社会舆论的感染式传播。

---

① 雷跃捷、李汇群:《媒体融合时代舆论引导方式变革的新动向——基于微信朋友圈转发"人贩子一律死刑"言论引发的舆情分析》,《新闻记者》2015 年第 8 期。

## 四 群体聚集中的心理场

刘建明认为渲染气氛是舆论场构成的重要因素,环境诱惑、鼓动气氛能够增强某种意见的感染力。[1] 勒庞对"乌合之众"的论述,[2] 揭示群体心理场对群体社会意见表达的影响。在群体聚集性的社会情境中,群体心理感染力量让身处其中的成员不由自主地产生某种非预期的行为,相互间的心理感染促使非预期行为成为群体应景式的社会舆论。非理性的群体意见放大群体心理感染的力量,群体心理场处于非正常的亢奋中,犹如心理泥石流,不由分说将个体心理裹挟入某种舆论情境中,应激认知与言论表达不自主地交互,使得非理性社会意见的形成与传播处于应激想象的心理场域中。

郭庆光认为,"群体过程形成群体意识和群体结构,而这种意识和结构一旦形成,又反过来成为群体活动的框架,对个体成员的态度和行为产生制约,以保障群体的共同性"[3]。群体活动中,身处其中的社会个体建构着动态的社会意见表达心理,使得社会个体心理场朝单一化、极致化方向发展。聚众游行行为中,群体意识是一种应景性的场景生成,在嘈杂的社会意见混杂情境中,心理场的演变更具飘忽性,使得群体成员的意见表达与行为飘忽不定,应景式的群体舆论不经意间在某个信息刺激中生成。

## 五 结语

刘建明、余秀才、勒温对心理场的论述以及布尔迪厄的场域理论显示了心理场对舆论形成的影响。强调心理场是舆论场的构成部分,对舆论研究有着重要价值:丰富了舆论场概念的内涵与外延;为舆论形成、传播提供了心理场研究视角;为实现舆论引导效果提供了形塑心理环境的大众媒体信息传播策略。

公众的心理场受到信息环境的影响,积极的信息会帮助公众形成向上

---

[1] 刘建明:《社会舆论原理》,华夏出版社,2002,第37页。
[2] 〔法〕古斯塔夫·勒庞:《乌合之众——大众心理研究》,冯克利译,中央编译出版社,2005。
[3] 郭庆光:《传播学教程》(第二版),中国人民大学出版社,2011,第80页。

的心理认知，如主流媒体对典型人物先进事迹的报道弘扬了良好的社会风气，帮助公众形成积极向善的心理意识环境；而一些网络谣言则会给人带来负面认知，容易使公众陷入恐惧、臆想的意识场景中，如胡鑫宇事件中，一些自媒体账号发布的不实信息误导了公众，使公众在对胡鑫宇事件的认识上陷入恐惧、害怕、臆想、妄想的心理意识情景中。可以说，信息传播会影响公众心理场，而心理场会影响公众舆论的形成、传播，上述因素存在多元影响关系。

由于生活环境、成长经历的不同，每个人的心理场存在较为明显的差异，对公共议题的信念有着不同的感受，因此有差异性、多元化的信念使得互联网舆论场存在多元化的影响舆论形成的心理能量，这使得互联网舆论表现出多样性、多元性。

## 第二节 刻板印象与社会意见表达

在公众的认知中，时常存在刻板印象，对某些公共事物的认识带有先天的认知倾向。这种认知倾向在某些情境中被激发，使得激起、形成的社会意见存在偏向。在网络舆论的形成、演化机制中，应当评估刻板印象产生的作用，进而在舆论引导中采取有针对性的措施。

### 一 刻板印象的客观性

刻板印象是人们认知特定社会事物的图式，呈现固定化的信念、期望或看法。刻板印象往往具有客观性，是人潜意识里的一种社会认知取向。虽然是一种偏见，但不是有意的偏见。刻板印象指涉的社会事物往往具有类属性，不同社会群体自身的刻板印象与对外群体的刻板印象差异明显。

刻板印象包括他人刻板印象和自我刻板印象，前者指对外群体的刻板印象，后者指对内群体的刻板印象。元刻板印象将自我刻板印象与他人刻板印象联系起来，指"个体关于外群体成员对其所属群体（内群体）所持刻板印象的信念"，元刻板印象强调了群体性，个体群体成员身份意识被激活时，才能感知外群体身份成员对所在群体成员的认知图式。①

依据刻板印象被认知的情况，刻板印象分为内隐刻板印象和外显刻板印象。② 内隐刻板印象是内省无法确知（或不能准确确知）过去经历影响着个体对一定社会范畴事物的特征评价；外显刻板印象是内省能够完全确知过去经历影响个体对一定社会范畴事物的特征评价。显性的刻板印象更多地体现在社会群体对外群体的刻板成见上，是群体成员对其他群体成员类属性质的判断与认识，如其他社会群体对农民工群体的刻板成见、对富二代群体的刻板成见、对地域居民的刻板成见。刻板印象具有群际认知的特点。

刻板印象激活表现出来的评估和表征加工是自动化的，人的神经系统对社会信息进行快速、自动化的情绪和语义分类，并负责对违反刻板图式的信息进行冲突鉴别，并在意识干预下对违反动机、期望的刻板印象激活效应进行控制抑制。③ 刻板印象一旦形成，会潜意识地对接收的社会信息进行意义解读，使表达的社会意见呈现出认知倾向性。但人的认知神经也存在对刻板印象进行抑制的区域，这为减弱刻板印象提供了生理基础。

参照已有的刻板印象图式，内省接收到的社会信息，依照社会群体关系应有的正性属性，形成对社会事物属性的客观、公正的认识。社会群体关系的正性属性信息需要大众传媒通过新闻报道、情境描述来呈现给民众，使民众的认知有合法的依据与参考图式。李普曼（Lippmann）认为个人的生活圈子非常小，对有广泛影响的公共事务仅能了解某个片段或方面，而对公共事务的参与要求人们的意见应当涵盖更多的事物、更广的时空，这种矛盾性导致人们对公共事务的意见是来自别人的报道和自身想象的拼合。④ 想象是一种认知，并非没有结构。

刻板印象与"认知吝啬鬼"概念有着内在的知识联系。社会认知理论

---

① 贺雯、梁宁建：《元刻板印象的研究及其进展》，《心理科学》2008年第3期。
② 张凤娟、吴欢、吕军伟、王丹阳、刘茜茜：《中学生群体对贫困生的外显与内隐刻板印象》，《心理发展与教育》2022年第2期。
③ 贾磊、罗俊龙、肖宵、张庆林：《刻板印象的认知神经机制》，《心理科学进展》2010年第12期。
④ Walter Lippmann, *Public Opinion* (New York: Dover Publication, Inc., 2004), p.43.

中的"认知吝啬鬼"概念指,"生活在信息纷繁而又无法回避的环境中的人们为了节省认知资源,总是尽可能简化自己的认知过程,方法之一便是分类"①。社会事物的复杂性使得人对事物的全面认知需要耗费大量精力与时间,但快速判断社会事物的需要使得人们调用记忆中已存在的有关社会事物的信息来形成认知判断。记忆中的信息可能来自道听途说、文字记载,也可能来自与社会事物的简单接触,片面性比较高。认知吝啬通常表现为:表征性谬误、定锚谬误。表征性谬误指人们依据与同类事物或行为本质特征相似的程度,来判断认知具体事物或行为;定锚谬误是指人们根据最容易到手的例子,判断潜在结果出现的可能,据此做出选择。②

李普曼认为,刻板成见保护着我们的社会地位,为我们辩解,是个人传统信仰、风俗的核心,对刻板印象的干扰如同攻击宇宙的基本信条。"任何类型的刻板成见都不是中立的。它不仅让混杂、嘈杂的现实变得有序,它不仅是一条认识世界的捷径。刻板成见意味着更多的东西。它捍卫我们的自尊,是我们对自身价值观、地位、权利感知的投射。因此,刻板印象充满了人们赋予它的情感。刻板成见捍卫我们的传统准则,在它的保护下,我们一贯感到我们获取的社会地位是安全的。"③ 在李普曼看来,刻板印象不限于人们认知世界的方式,还是社会秩序的建构者。刻板印象给社会群体带来好处,人们对它充满感情。

## 二 刻板印象使社会意见表达呈现倾向性

Tajfel 论述了刻板印象功能的五个方面:聚焦认知、价值判断、事件归因、行为合理化、社会差异区别。前两个方面属于个人层面,后三个方面属于社会层面。④ 刻板印象的功能在个人社会意见表达、群体舆论形成中扮演着重要角色。

刻板印象影响社会意见表达的机理在于,刻板印象规定了对类属事物

---

① 张中学、宋娟:《偏见研究的进展》,《心理与行为研究》2007 年第 2 期。
② 白洁:《论认知吝啬》,《西北师大学报》(社会科学版) 2013 年第 1 期。
③ Walter Lippmann, *Public Opinion* (New York: Dover Publication, Inc., 2004), p. 52.
④ 转引自 Carroll, J. G., Susan, H., Carrett, J. O. & Robert, Y. S., *Public Opinion* (Westview Press, 1999), pp. 155 – 158.

认知的结构性倾向。由于认知的结构性,事物的具体属性被剪枝去叶模具式地整装进类属事物最大公约数的属性之中。社会意见的表达是这种类属化认知倾向的反映,体现出鲜明的立场与价值判断,缺少中立、客观、理性特质。在某些情境下,所谓的舆论可能并不具有社会公共性,通常是群体刻板印象的映射。

程婕婷、张斌、汪新建通过实证研究证实道德是中国群体刻板印象内容的构成维度之一。[①] 刻板印象让中国民众在认识其他社会群体成员时往往带有道德评判倾向,先论是非善恶,再来选择事实信息。吴世文对"邓玉娇事件"中的公众意见表达进行研究,发现"公众书写主要使用道德评价框架,以提供观点为主,价值框架突出,道德话语实践倾向明显"[②]。刻板成见往往具有道德性,反映了社会的价值判断,从而具有号召力。

刻板印象的形成受文化规范和社会传统的影响。性别、种族、阶层、职业、财富、年龄、地域均是划分社会群体刻板印象的因素,刻板印象主要存在于不同社会群体之间。社会群体之间的部分刻板印象是社会传统的一种构成。以文化规范形态体现出来的部分刻板印象成为社会群体潜意识里的共识,从而内化为其认知结构的一部分。当刻板印象成为文化的一部分,刻板印象便具有惯性,让人无可避免地在潜意识中保持着对事物认知的偏向,促使其表达出来的社会意见变成社会意向。

每位社会成员都属于某个群体,甚至具有多个群体身份,外界对所在社会群体的刻板印象会渐渐被部分群体成员吸纳,内化为自身群体认知结构的一部分,使得自身群体具有了某种象征性的标签,而体现出社会文化性。"自我刻板印象作为涉及个体关于内群体及自我的知识、观念与预期的认知结构,其运作方式在很多时候应是自动化的或内隐的。"[③] 当社会群体成员卷入社会事件中,群体成员内隐的自身群体刻板印象促使社会群体成员沿着某一有利于自身的方向来表达社会意见,从而使得社会群体的意见天然地内含着特定的立场。群体自身的刻板印象使得自身丧失了社会意

---

[①] 程婕婷、张斌、汪新建:《道德:刻板印象内容的新维度》,《心理学探新》2015年第5期。

[②] 吴世文:《争议性事件中的公众书写与新闻专业主义实践——以"邓玉娇事件"为例的考察》,《当代传播》2013年第3期。

[③] 连淑芳:《内隐刻板印象中反刻板印象信息的干预研究》,《心理学探新》2013年第6期。

见表达的自主、客观、中立。不同群体的意见表达呈现了较鲜明的立场差异。

借助刻板印象能够花费更少的心理努力来快速地形成让自身心理认知前后一致的社会判断。由于刻板印象的群体性，以刻板印象来认识其他社会类别群体能够获得本群体成员的支持，促进自身与群体成员的关系联通。在群体社会意见交流中，群体刻板印象使个体在意见交流中获得其他群体内成员的支持，消除了孤独感，从而更有心理力量来推动社会意见的扩散，但也更注意社会意见的共识性，以迎合群体的刻板成见。群体刻板成见推动社会意见在群体成员互动中越来越取得共识、趋向集中，社会舆论逐渐形成。

社会群体内的信息交流使得刻板印象极端化，也使得涉及相关议题的意见的形成极端化，表现出舆论极化。社会意见经大多数持相似刻板成见的群体成员讨论后变得更加简单、极端；意见内容的丰富程度逐渐降低，形成的群体舆论单一、贫瘠，表现为一些单调的口号性语言。群体的刻板成见削去了群体传播信息的棱角，对信息的不断讨论使得信息去掉更多不符合刻板印象的内容，以顺应群体成员的心理认知。人们有限的记忆力使得经讨论剩下的信息更加简单而刻板。

在网络空间中，存在社群，它是一种类型的社会群体。刻板印象对网络社群意见的表达的作用机理契合刻板印象对一般社会群体意见的作用机理。

刻板印象让知觉者对特定的社会事物有着固定的倾向性的态度与价值判断，在冲突性的社会事件中，不同主体的刻板印象会让公众据此有倾向性地表达关于不同主体的社会意见，群体舆论先于事实真相之前产生。旁观者会依据冲突主体的刻板印象与事件产生的结果来认定事件的责任者，而可能不会依据事件的具体情况。

刻板印象的归因功能让人们不愿付出精力寻找原因或根本不愿寻找原因，社会事件产生的原因先天地存在于人们的认知结构中，通过归因，人们为后续行为提供合理化的支持，使社会行为具有群体合法性基础。不良的社会行为发生后，人们把原因归于负面刻板印象的人身上，而将高尚的社会行为归因于积极刻板印象的人身上，以便区分社会群体的差异。表达出来的社会意见的属性便因为归因对象的不同而不同。刻板印象强烈地影响了人对事件的解释和记忆。①

由于刻板印象，社会冲突中的两个个体的冲突可能被视为是两个群体的冲突。社会个体往往归属于某一社会群体，或在心理上将自己归属于某一社会群体。由于社会距离或心理距离的存在，社会群体之间可能存在刻板印象，简单化地认识别的群体。当两个不同社会个体发生冲突时，由于社会群体意识的存在，匿名存在的其他社会成员可能会视其中一个为同一群体的成员，社会成员被归类为两个群体。由于群体之间可能存在的刻板印象，归类后的社会成员会受到刻板印象的影响而对另外群体形成特定倾向性的意见，由此两个个体之间的冲突演变为两个群体之间的冲突。"经常，我们不仅意识到其他人拥有特定的刻板印象特征，而且还会以其他人好像具有这些特征为依据来对个体或群体采取行动。"②

### 三 大众传媒与刻板印象

刻板印象是处理信息的方式，通过刻板印象对其他人群特征进行概括归纳，强化周围世界的信念。在刻板印象的形成上，"刻板印象并非总是直接经历的产物，很多刻板印象是经由别人或大众传媒告诉我们的"③。

张国礼、王沛研究发现，刻板印象在记忆中的表征单元遵循典型样例优先，其次才是抽象范畴，典型样例和抽象范畴在后续信息加工中均有同化效应。④ 大众传媒对典型事物的突出报道，尤其是对负面典型的突出报道，会塑造或强化人们的刻板印象。新闻媒体对"扶老人引起纠纷"事件的渲染性报道导致人们形成"老人倒地讹诈"的负面刻板印象。王艳认为，大众传媒对消极刻板印象的消解举步维艰，但对积极印象的改写却立

---

① 〔美〕戴维·迈尔斯：《社会心理学》（第 11 版），侯玉波、乐国安、张智勇等译，人民邮电出版社，2016，第 85 页。
② Carroll, J. G., Susan, H., Carrett, J. O. & Robert, Y. S., *Public Opinion* (Westview Press, 1999), p. 151.
③ Carroll, J. G., Susan, H., Carrett, J. O. & Robert, Y. S., *Public Opinion* (Westview Press, 1999), p. 148.
④ 张国礼、王沛：《刻板印象的心理表征：范畴还是样例》，《心理与行为研究》2009 年第 3 期。

竿见影,这源于人们在形成整体印象时对负面性信息比对正面性信息给予更多的注意。① 大众传媒在报道负面新闻时,要避免渲染,避免过度关注。

当安徽女大学生真的与老人有接触而将老人带倒在地时,某报轻率地刊出题为"目击者证实大学生未撞到老人"的新闻,网民在互联网空间的声音更多地表现为对老人讹诈的指责。作为公众议题的设置者,大众传媒在报道负面新闻时,如果片面报道或过度渲染某些消极内容,会导致民众对新闻涉及的人、事、物形成负面刻板印象。②

温芳芳、佐斌通过实验发现,先前的事物暴露让受众产生熟悉感,从而减少了分析性的加工,增加了刻板印象。③ 大众传媒简单地将扶老人被讹诈事件归类为老人道德问题,而不深究事件中到底是谁的责任,将使人们形成有关类似事件的刻板成见,先入为主地判断类似事件。南京彭宇案是最早一起扶老人被讹诈的新闻事件,其后诸如此类的新闻经常被大众传媒报道。在人们直呼"老人扶不起"的舆论场中,大众传媒倾向化地报道"扶老人被讹诈"事件起到推波助澜的作用。大众传媒应当坚持新闻报道的客观、中立、均衡,而非为迎合大多数人想要的结果去呈现社会事件,深度全面地报道各涉事主体在事件全过程中的真实状况。

简单的群际接触产生的熟悉性,对减少群际偏见是不够的,应当加强不同群体间真正的交流和情感联结。④ 大众传媒应当建设性地呈现社会群体的形象,而不是简单地给社会群体贴标签,通过理性的报道各社会群体的真实图景,推动各社会群体借助大众传媒进行彼此解读、彼此交流,消解贴在各社会群体身上的偏见标签,使得社会群体间的认知更客观、更理性。在这样的大众传媒推动群际交流的传播策略下,社会群体对涉及彼此的社会事件的认知将更理智、更客观,表达出来的社会意见更具公共性。

例子尤其是典型例子是强化刻板印象的因素,亦是抑制刻板印象的因

---

① 王艳:《表征变迁、大众传播与改写中的刻板印象——以媒介对高校教师的报道为例》,《现代传播》2007年第3期。
② 张艳秋、丁颖:《社会道德负面新闻谨防造成刻板印象》,《中国记者》2011年第12期。
③ 温芳芳、佐斌:《熟悉性对刻板印象的影响》,《中国临床心理学杂志》2008年第5期。
④ 温芳芳、佐斌:《熟悉性对刻板印象的影响》,《中国临床心理学杂志》2008年第5期。

素。大众传媒是社会事物的聚焦镜和放大器，普通的社会事物或行为被大众传媒联动式的报道后便可能成为社会典型事物或行为，成为人们认识同类社会事物的参照对象。面对可能导致或强化社会刻板印象的新闻，大众传媒应当全面、客观地报道社会事件，防止推动受众有偏见地认识社会事件。对于反刻板印象的新闻事件，大众传媒应当强化报道，联动式地传播，让大量反刻板印象事例信息不断形塑人们的社会感知，促进积极的联动式社会想象。

张晓斌、佐斌的实验研究发现，刻板印象激活对社会分类的影响是一种单向影响，只影响与该刻板印象有关的社会分类，而不会扩散到与刻板印象无关的社会分类；当刻板印象激活结果与现实确认不一致时，感知者会经历社会分类反应冲突，[1] 带来心理不悦。费斯汀格的认知不协调理论启示：当经历心理不协调时，人会努力通过改变自身认知来使得心理认知重归平衡。[2] 同样，当刻板印象激活不断带来社会分类反应冲突时，人也会努力消除自身的认知成见使自己免遭心理冲突的压力。因此，在面对汹涌的网络舆情时，大众传媒应当守住立场，坚持客观、平衡、中立的新闻报道理念，不迎合民众的刻板成见，不惧怕网民的压力，将事实真相报道出来，借助事实真相来矫正网民的认知，帮助网民在社会分类反应冲突中修正自身的认知，减弱乃至消除刻板成见，推动网民社会意见的理性表达，提升网络民意的质量，推动网络舆论的良性生成。

## 第三节　社会记忆与舆论形成

人的认知具有社会关联性，且在类比的认知思维模式下，社会成员经常把此前发生的社会事件与当下的社会事件进行联系，并比照此前类似事件的演变、处置情况来想象当下事件，基于此前类似情况的处置而发布有关当下事件的社会意见。社会记忆能够影响公众对时下公共事件的认知，

---

[1] 张晓斌、佐斌：《刻板印象激活效应对社会分类的影响》，《心理与行为研究》2012 年第 1 期。
[2] 转引自马德峰《态度改变：费斯汀格的认知不协调理论述评》，《华中理工大学学报》（社会科学版）1999 年第 4 期。

进而影响社会舆论的形成。

## 一 舆论形成中社会记忆的作用

人是社会记忆的载体。张俊华认为，社会记忆是群体性的，有塑造群体身份的功能，形成"我们""你们"的心理认知，社会记忆具有持续性，由于社会记忆载体的规模性、群体性，在社会中，社会记忆有一定的代表性，甚至是"一个社会中对某一历史事件占主导地位、似乎已根深蒂固的记忆"，"社会记忆对人们的行为和决策有着不可低估的影响"，这种影响更多是隐性的、下意识的，有时也是显性的。[①]

社会记忆的载体"人"在调取记忆资源时具有认知类比的能力。[②] 对某一社会事件的记忆资源在碰到类似社会事件时会被调取、激活，下意识地影响人对具体情境中类似社会事件的认知框架，进而形塑人对类似社会事件的意见与态度。稳定的社会记忆的形成具有过程性。起初，当一两件同类社会事件进入公众讨论的视域，关于该类社会事件的社会记忆开始形成，公众对此类事件有了初步的感知，并形成一定的解读倾向。随后，当类似的事件不断发生并成为公众关注的热点事件，对此类事件的社会记忆不断被强化，稳定的社会记忆被框架化，固定下来。稳定的社会记忆会诱发公众在碰到类似事件时即时形成特定倾向性的态度与意见。承载社会记忆的认知模型是稳定的，在具体的网络舆论的形成情境中，社会记忆激活的认知模型被下意识地调取了。由是，社会记忆会促发爆炸性网络舆论的形成。

曾庆香、李秀莉、吴晓虹研究了关于"江歌案"的信息传播与网络舆论引爆点的关系，发现介绍刑事案件模式下的"江歌案"的信息报道并未引发"江歌案"网络舆论的形成，反而是以"恩将仇报"的原型叙事这一特定的社会记忆模式来报道"江歌案"中刘鑫的道德缺失引发了"江歌案"的网络舆论高潮，使"江歌案"成为被网民广泛关注、深度

---

[①] 张俊华：《社会记忆研究的发展趋势之探讨》，《北京大学学报》（哲学社会科学版）2014年第5期。

[②] 张俊华：《社会记忆研究的发展趋势之探讨》，《北京大学学报》（哲学社会科学版）2014年第5期。

讨论的网络舆论热点事件。①

对于社会成员个体而言，其社会记忆的形成过程乃是特定社会空间内的群体，通过多种多样的"文化造型"活动，借助习俗、戒律、法律等规则体系以及家庭、阶级、宗教等构成权力关系的社会结构体系来形成、巩固社会成员的观念价值体系，使得社会群体的认知图式、价值观念、行为习惯沉淀、内化在社会成员个体的心智结构之中，达到社会成员个体本能反应的深度，使得社会记忆在社会个体的认知中、社会群体的知识中得以持久固定。②借助文化原型所激起的社会记忆"培养了集体成员的各种各样的情感兴奋点，如笑点、泪点、幽默点、痛点"③，在具体的网络舆论事件中，笑点、泪点、痛点会引起舆论兴奋，激起网络舆论高潮。可以说，在网络舆论事件上，社会记忆形塑了网民对事件的诠释框架，会唤醒特定倾向性的情绪兴奋④，这会促成特定倾向性的网络舆论形成。

在媒体新闻报道实践中，一直将知恩图报作为具有积极意义的新闻框架而向公众传播，如被救者寻找施救者并进行回报；而将忘恩负义和恩将仇报建构为缺德的、为社会所不齿的负面新闻框架。借助同类的持续的新闻报道实践，知恩图报乃有情有义、恩将仇报乃忘恩负义逐渐沉淀为稳定的社会记忆，成为指导公众认识同类型新闻事件的社会心理认知基模。

社交媒体传播的"江歌案"突出了恩将仇报的陈述框架，认为有侠义意气的江歌救助他人被杀，却被救助者无视。网民的情绪瞬间被恩将仇报的社会记忆所点燃，纷纷借助网络空间来表达对被救助者忘恩负义的指责。网络公众生产的海量的痛斥忘恩负义、恩将仇报的意义文本进一步强化了网络公众的应当痛斥忘恩负义的社会记忆；而大众传媒对该事件的进一步报道让痛斥忘恩负义的社会记忆进一步被调取并不断强化，从而不断

---

① 曾庆香、李秀莉、吴晓虹：《永恒故事：社会记忆对新闻框架和舆论爆点的形塑——以"江歌案"为例》，《新闻与传播研究》2020年第1期。
② 曾庆香、李秀莉、吴晓虹：《永恒故事：社会记忆对新闻框架和舆论爆点的形塑——以"江歌案"为例》，《新闻与传播研究》2020年第1期。
③ 曾庆香、李秀莉、吴晓虹：《永恒故事：社会记忆对新闻框架和舆论爆点的形塑——以"江歌案"为例》，《新闻与传播研究》2020年第1期。
④ 曾庆香、李秀莉、吴晓虹：《永恒故事：社会记忆对新闻框架和舆论爆点的形塑——以"江歌案"为例》，《新闻与传播研究》2020年第1期。

激起网络公众情绪的兴奋点,网络舆情不断高涨。网络媒体、传统媒体对"江歌案"的聚焦,进一步强化了公众的关于忘恩负义的社会记忆。"这种文本、记忆和兴奋点之间互相建构、激活,从而形成了一波又一波的舆论高潮。"[1]

人们在调取社会记忆资源来认识当下的具体事件时,会借助想象、推理、情境设定等心理认知来形成对具体新闻事件的情绪感受。社会记忆与当下的想象会彼此支持,使得对事件的社会阐释在社会记忆的框架内不断演化,来为公众的讨论提供能量与持续的刺激点,使得网络舆论较长时间处于较高的热度状态。

在公共事件发生后,公众会寻找解释公共事件议题的认知框架,也便是为公共事件归因。在互联网上,一些自媒体传播者在组织网民对舆论事件展开讨论时,会运用一些归因策略来将公众对舆论事件的理解引导到特定的认知框架上,进而影响网络公众的情感。[2] 社会记忆往往是人类情感的沉淀,蕴含着人类某种持久的、能穿越历史而不变的情感。因此,在公共事件网络议论中,唤醒社会记忆的归因表述最容易激起公众的特定情感,使得某种带有情感倾向的网络舆论得以形成。

一系列的网络舆论事件表明,自媒体传播者通常会调用网民共同的社会记忆来阐释网络舆论事件,对舆论事件进行归因阐释,使得公众对网络舆论事件的理解与阐释更容易、更省力,且更稳定。社会记忆对公众归因公共事件有着显著的影响,会让公众沿着特定的倾向来解释公共事件,从而使得特定态度倾向的舆论形成。

## 二 原型与舆论形成

原型是一种特殊状态的社会记忆。原型是一种群体记忆,是一种集体无意识,是"具有一定稳定性的、典型的、反复出现的意象、象征、人物、母题、思想或叙述模式即情节,具有约定俗成的语义联想,是可以独

---

[1] 曾庆香、李秀莉、吴晓虹:《永恒故事:社会记忆对新闻框架和舆论爆点的形塑——以"江歌案"为例》,《新闻与传播研究》2020年第1期。
[2] 洪杰文、朱若谷:《新闻归因策略与公众情感唤醒——当代热点舆论事件的情感主义路径》,《武汉大学学报》(人文科学版)2016年第4期。

立交际的单位,其根源既是社会心理的,又是历史文化的"[1]。如"恩将仇报"便是一种原型,让公众想到获得益处却伤害给予其益处的人。

"原型是集体无意识的显现,可以对公众产生广泛的影响力。"[2] 原型记忆对公众舆论的产生具有重要的激活、引领认知倾向等作用。但原型激活的舆论既含有理性的因素,如"侠客抗暴"这一沉淀在民众头脑认知中的原型所激发的关于昆山案的网络舆论,公众一致认为在面临被施暴者杀害的情况下,反杀施暴者天经地义;也可能含有非理性的因素,如"血亲复仇"这一原型,导致相当一部分网民认为张扣扣故意杀人的行为"正当"。

## 第四节　第三人效果与网络舆论

第三人效果揭示信息传播对社会成员认知的影响,在涉及群体性认知时,第三人效果会对社会群体的认知产生影响,进而影响舆论的形成。第三人效果显示了信息与社会心理的相互作用,而社会心理对公众社会意见的表达影响显著,对公共舆论的形成具有重要作用,因此,第三人效果会通过信息传播来影响社会心理进而影响社会舆论的形成。

### 一　信息传播中的第三人效果

第三人效果是由戴维森通过对一些社会案例的思考及四个简单实验提出的,认为媒介信息对"我""你"影响不大,但对"他们"产生较大的影响;其实质是自我对第三人产生了夸大化的期望或预测,这反而成为自我行动的参照对象,导致自我行动意愿的增强。[3]

戴维森并没有明确界定"你"的所指,从其论述可以知道"你"是"我"熟知的人。对第三人的指认更多是根据社会距离划定的,朋友、同学、亲戚与自己社会距离近,具有较高的信任度,且同质性高,通常不被划入第三人的范围,社会距离较远的陌生人通常被归入第三人的范围,以

---

[1] 曾庆香:《新闻话语中的原型沉淀》,《新闻与传播研究》2004年第2期。
[2] 汤景泰:《偏向与隐喻:论民粹主义舆论的原型叙事》,《国际新闻界》2015年第9期。
[3] Davison, W. P., "The Third-Person Effect in Communication", *Public Opinion Quarterly*, 47 (1), 1983, pp. 1 – 15.

"他们"指代。社会距离更多是指心理距离，是个体与个体、群体与群体或个体与群体之间相互了解、相互认同的程度。①

第三人效果包含认知、行为两个层面：在认知层面上，自我认为媒介信息对于第三人的影响大于对自己的影响；而在行为层面上，自我对媒介信息较大程度地影响第三人的估计将导致自我采取某些行动。②从戴维森所举案例（日军煽动美军黑人士兵投降，竟导致美军白人士兵主动撤离）也可以发现，第三人效果产生的影响体现为两个层面：认知和行动。在认知上，戴维森认为第三人更受媒介信息的影响，从而使自己采取行动。

有研究者认为，认知层面的第三人效果包括两个阶段：第一个阶段是受众对媒介信息的认知，评价自己受媒介信息的影响程度；第二个阶段是受众对第三人受媒介信息影响的预期，而这种预期是对第三人行为层面的预期，"因为只有对其他人的行为产生预期，才有可能判断自身可能受到的影响"。单纯的两个独立阶段是不会产生认知层面的第三人效果的，只有受众比较自己的信息认知与对他人行为预期后才会产生第三人效果，二者的差距越大，则越可能产生第三人效果，若二者差距一般或不大，则第三人效果产生的可能性比较低。③

第三人效果的行动层次是指自己的后续行为，是在对第三人行为预期的基础之上自己产生的后续行为或所期望的制度性社会行为，而上述行为是信息传播通过受众的第三人认知心理产生的外在传播效果。

信息内容会影响第三人效果的产生，负面性的信息内容在传播过程中容易产生第三人效果。④另外，信源的说服动机强弱程度也会影响第三人效果，"越是说服或宣传色彩强烈的信息（如广告或竞选宣传），越容易引发'第三人效果'"⑤。

在戴维森看来，谣言传播会产生第三人效果，认为股票市场的波动是

---

① 郑素侠：《网络环境中的"第三人效果"：社会距离与认知偏差》，《新闻大学》2008年第1期。
② 刘海龙：《大众传播理论：范式与流派》，中国人民大学出版社，2008，第214页。
③ 禹卫华：《中国大众媒介信息流程中的第三人效果研究》，博士学位论文，复旦大学，2007。
④ 郭庆光：《传播学教程》（第二版），中国人民大学出版社，2011，第223页。
⑤ 郭庆光：《传播学教程》（第二版），中国人民大学出版社，2011，第223页。

由于参照了谣言或新闻报道，产生了第三人效果，预期第三人会买（或卖）某股票，从而使自己去买（或卖）该股票。[1] 谣言是预测行为的重要参照，在第三人效果作用下，谣言会得到更大范围的传播，甚至促使群体行为的发生，形成非理性舆论。谣言传播中存在认知偏差，认为谣言对其他人的影响大于对自我的影响，这种高估的预期会产生后续的恐慌行为，谣言传播会产生第三人效果。[2]

Schweisberger、Billinson 和 Chock 研究了用户在社交媒体 Facebook 背景中感知新闻故事的第三人效果，发现社交媒体背景会影响用户对新闻故事的感知，用户会更强烈地感知与个人相关的新闻故事，在认知层面，与用户个人低相关的新闻故事会更容易表现出第三人效果。[3] 也就是说，在社交媒体背景中，用户对与自己低相关的新闻故事更容易在认知层面表现出第三人效果。

第三人效果研究包含四组要素，即"媒介信息特质以及其他中介变量、中介过程、第三人效果认知、第三人效果后续行为"[4]。媒介信息在第三人效果产生中的作用是第三人效果研究关注的重点之一。

## 二 舆论形成、传播、引导中的第三人效果

Perloff 认为第三人效果探讨了人们对舆论的感知及由此产生的对受众的影响。[5] 当人们在接收信息时，认为信息对他者产生了某一倾向的影响，他者会形成相对一致的认知，产生某种可能的集体行为，迫于想象到的潜在舆论产生的可能性，人们会采取某种应对，由此在"人们"的群体内又产生了某种舆论，支持"人们"采取集体性的回应。

---

[1] Davison, W. P., "The Third-Person Effect in Communication", *Public Opinion Quarterly*, 47 (1), 1983, pp.1-15.

[2] 禹卫华:《从手机谣言到恐慌行为：影响因素与社会控制——基于第三人效果框架的历时研究》，《新闻与传播研究》2011 年第 6 期。

[3] Schweisberger, V., Billinson, J. & Chock, T. M., "Facebook, the Third-Person Effect, and the Differential Impact Hypothesis", *Journal of Computer-Mediated Communication*, 19, 2014, pp.403-413.

[4] 禹卫华:《"第一人"效果：现状、问题与应用》，《国际新闻界》2010 年第 7 期。

[5] Perloff, R. M., "The Third Person Effect: A Critical Review and Synthesis", *Media Psychology*, 1 (4), 1999, pp.353-378.

第三人效果关注的是对舆论的感知及其影响,它重点关注自我与他者心理互动的结构关系,[1] 认为他者会受其所读、所听信息的影响,对这种影响产生的效果的判断,也许会改变自我意见的演化趋向,可以说,在影响公共舆论进程上,传播不需要直接影响意见。[2] 早在20世纪30年代,奥尔波特在描述舆论时,便认为舆论是想象的大众群体的反应,舆论的力量产生于他者对舆论的感知,[3] 因此,舆论的力量来自参与意见讨论者的沟通或精神性沟通,即意识或想象他者做何反应。

在网络讨论中,参与者与其他参与者建立了一种想象性的社会联系,他者的意见会对自己的意见表达产生影响,通过感知他者可能表达或实际表达的意见来引导自己参与网络讨论。[4] 网络空间的意见氛围会对参与讨论的每个人产生影响,亦会对围观者产生影响,而意见氛围产生于网民的感知与想象中。

在第三人效果中,"人们会评估媒体对他人的潜在影响,并由此改变自己的态度或行为"[5]。这显示信息传播可能引发舆论现象。诸如,当日本福岛核泄漏会影响食盐生产的信息被疯传时,人们会认为其他人会抢购食盐,这会让食盐短缺,无法满足自己的需求,由此自己便加入抢购食盐的行为队列中,当千万个"自己"都采取这一抢购行为时,抢购食盐的舆论便形成,无论是在态度认知上,还是在行为上,均表现出一定程度的一致性。

由于第三人效果心理的存在,在谣言的传播中,谣言可能导致非理性

---

[1] Perloff, R. M., "The Third Person Effect: A Critical Review and Synthesis", *Media Psychology*, 1 (4), 1999, pp. 353 – 378.

[2] Mutz, D. C., "The Influence of Perceptions of Media Influence: Third Person Effects and the Public Expression of Opinions", *International Journal of Public Opinion Research*, 1 (1), 1989, pp. 3 – 23.

[3] 转引自 Mutz, D. C., "The Influence of Perceptions of Media Influence: Third Person Effects and the Public Expression of Opinions", *International Journal of Public Opinion Research*, 1 (1), 1989, pp. 3 – 23。

[4] Mutz, D. C., "The Influence of Perceptions of Media Influence: Third Person Effects and the Public Expression of Opinions", *International Journal of Public Opinion Research*, 1 (1), 1989, pp. 3 – 23.

[5] 张卓:《两种范式的对话:西方媒介效果研究的历程与转向》,武汉大学出版社,2020,第194页。

舆论的产生，从而对社会秩序产生压力。非理性舆论的产生还可能与话题有关，与受众距离较远的话题容易引发受众的非理性的认知与行为，因为人们缺少实际经验来验证话题信息的真伪。

从舆论引导的视角看，要避免第三人效果产生的非客观性、非理性的认知与行为。首先，媒体、政务传播主体需要在与公众距离较远的话题上针对受众认知的不稳定性，及时传播真实、客观的信息，防止由于信息的片面、负面而让受众产生第三人效果的非理性认知、声音与行为。其次，要加强对网民信息素养的培养，当网民拥有了较高的信息素养时，负面的信息不易让网民产生第三人效果的行为，这对舆论的稳定有着重要作用。

第三人效果显示，公众对他者可能产生的舆论性行为的想象会影响自己的言行，进而导致舆论性行为的产生。例如，在谣言的传播上，一些社会成员会认为别人会转发这一谣言，在大家都会转发的心理预期下，导致自己参与转发；当群体性的第三人效果发生后，会带来规模性地转发谣言这一舆论性社会行为。因此，第三人效果心理与舆论的形成有着紧密的联系。

由于第三人效果心理更多地发生在公众对负面社会事物的认识上，因此在防范、打击一些阴暗事物的公共议题的舆论引导上，大众传媒应当借助受众的第三人效果心理来提升舆论引导效果。如在营造清朗的网络环境时，当网络空间中负面信息被展现出来，受众会认为负面信息会对他者产生很大的负面影响，可能间接影响自己家人的安全，便会更为积极地支持净化网络空间的实践，自己也会更严格地约束自己在网络空间的言行。对受众的舆论引导，需要把握受众的心理认知特点，顺应其心理认知特点，以便实现润物细无声的舆论引导效果。第三人效果心理应当是舆论引导者在舆论引导实践中需要考虑的受众心理。

在同样的信息传播实践中，不同群体的第三人效果心理的表现有所差异，受教育程度高者与受教育程度低者可能有所差异，因此，在舆论形成与舆论引导的研究上，还应当进一步细化第三人效果心理在舆论形成与引导中的机理与作用。此外，即便在负面议题这一大类中，不同领域的负面话题对受众诱发的第三人效果心理的表现也可能不同，因此，在不同议题的舆论引导上，利用第三人效果心理的策略可能有所不同，这亦需要进行分门别类地细化研究。

# 第四章 互联网对司法公正感的影响及媒介/舆论审判感知的中介效应

媒介审判是一种传播活动。对媒介审判传播效果的研究聚焦于媒介审判对司法实践的影响，缺少从对受众影响的视角来探讨媒介审判的传播效果。公众对媒介/舆论审判对实际司法判决影响的感知可以被概念化为"媒介/舆论审判感知"。笔者以公众司法公正感为研究对象，通过探寻媒介/舆论审判感知对公众司法公正感的影响来探讨媒介审判对公众的传播效果。

通过对中国综合社会调查（CGSS）2015年度的数据进行回归分析，笔者发现，媒介/舆论审判感知会显著地负向影响公众不同维度的司法公正感；同时，单纯的媒介使用对公众不同维度的司法公正感并不能产生显著影响，但报纸使用、广播使用、电视使用、手机定制信息使用会在媒介/舆论审判感知对不同维度司法公正感的影响之关系中发挥调节效应。此外，互联网使用会正向影响媒介/舆论审判感知。本研究的价值在于拓展对媒介审判传播效果的探讨，将媒介/舆论审判对公众的影响纳入探讨的范围，丰富媒介/舆论审判传播研究的理论知识。

## 第一节 研究问题与文献综述

### 一 研究问题的提出

公众的认知很大一部分是通过媒介对类似社会事件的报道而获得的，[1]

---

[1] Combs, B. & Slovic, P., "Newspaper Coverage of Causes of Death", *Journalism Quarterly*, 56 (4), 1979, pp. 837-843, 849.

媒介是绝大多数公众了解司法案件情况的唯一途径。① 调查显示，在中国，"公众比较关注法治新闻报道，超过九成的被调查者对法治新闻报道有着不同程度的关注"②。可见，法治新闻报道可能对公众感知司法产生重要影响。

司法公正是"司法应然价值目标体系中的基本价值或第一价值"③。追求司法公正是中国法治建设的核心目标。习近平总书记指出："努力让人民群众在每一个司法案件中都能感受到公平正义。"④ 从司法实践看，司法公正有一套客观标准，如制度正义、程序正义、结果正义，但司法实践是存在于现实的社会环境之中的。新闻媒体、公众通过新闻报道、舆论等信息传播活动来表达对司法公正的认识。新闻媒体的司法新闻报道或反映舆论，或引发舆论，影响公众对司法实践是否公正的感知。以舆论形式表现出来的公众司法公正感会对现实的司法实践产生影响，⑤ 甚至表现为舆论左右司法审判。⑥ 可见，公众主观的司法公正感对司法建设具有重要的意义。

公众司法公正感实际上是公众对司法实践状况的一种主观评价。这一主观社会认知受到多种社会因素的影响，媒介的新闻报道、公众舆论是两个重要的影响因素。在影响司法实践的学术探讨中，通常把媒介新闻报道对司法的影响、舆论对司法的影响分别称为媒介审判、舆论审判。由于新闻可以反映、引发舆论，舆论也会引发新闻关注，因此媒介审判与舆论审判基本同义，在学术研究中通常可以互换使用。媒介审判的信息传播实践通常会影响公众成员对舆论影响司法的认知，这可能对公众成员的司法公正感产生影响。从议程设置的第二层属性设置功能看，媒介对司法新闻的

---

① Phil, D., "The Media's Role in the Criminal Justice System", *Social Alternatives*, 11 (3), 1992, pp. 26 – 28.
② 刘冰、钟圆：《受众眼中的法治新闻报道》，《青年记者》2016 年第 1 期。
③ 贲国栋：《论司法公正价值的整合》，《南京社会科学》2007 年第 3 期。
④ 《努力让人民群众在每一个司法案件中都能感受到公平正义》，人民网，2013 年 1 月 8 日，http://cpc.people.com.cn/n/2013/0108/c64094 - 20125182.html。
⑤ 一系列的案件也证实了这一点，如于欢案、赵宇案、孙小果案。
⑥ 譬如张金柱案。1997 年 8 月 24 日，河南省郑州市某公安分局原政委张金柱酒后驾车撞人后逃逸，在法院尚未对这一案件做出判决之前，新闻媒体对这样一种知法犯法、道德沦丧的行为给予了强烈谴责和声讨，引发公众形成了"当事人张金柱非杀不可，不杀不足以平民愤"的社会舆论焦点，迫于社会舆论的压力，法院最终不得不对张金柱做出死刑判决，而依照我国《刑法》第 133 条的规定，交通肇事罪最高刑为 15 年。参见蒙镭《对"媒体审判"应当进行必要规制》，《人民政协报》2011 年 12 月 12 日。

报道立场，可能会影响公众成员对司法议题属性的感知，从这一思路看媒介使用也可能影响受众的司法公正感。

媒介审判是一种传播活动。现有的关于媒介审判传播效果的研究，集中探讨媒介审判对司法实践的影响。其实，在探讨媒介审判的影响方面，从传播视角看，公众是媒介审判信息的受众，会受到媒介审判信息的影响，因此媒介审判对公众的影响应当是探讨媒介审判传播效果的另一个维度。从传播效果的视角看，媒介审判式的法治新闻报道也可能会对公众的司法公正感产生重要影响。

本研究聚焦探讨媒介审判对公众的传播效果，可以把这一维度的媒介审判传播效果称为媒介审判的社会影响，而把媒介审判对司法实践的传播效果称为媒介审判的司法影响。基于探讨媒介审判对公众的影响，本研究提出一个概念"媒介审判感知"，即公众对媒介审判影响司法判决的认知，进而探讨公众的媒介审判感知对其司法公正感的影响。此外，本研究还从传播学的视角探讨公众的媒介使用对其媒介审判感知的影响。

媒介对司法的报道以及产生的对司法实践的影响效果，会让公众感知到媒介/舆论审判对司法审理的影响程度，上述媒介使用、媒介审判感知均可能会对公众的司法公正感产生影响。本研究通过对中国综合社会调查2015年度的数据展开分析，试图回答公众对媒介/舆论审判影响司法的感知对其司法公正感的影响情况，检验公众媒介使用对其司法公正感的影响情况，并检验公众媒介使用对其媒介/审判感知的影响。

## 二 文献综述

（一）司法公正感的内涵及构成

司法公正是法治探讨中的一个核心概念。何家弘认为司法公正包含司法程序公正、司法结果公正。[①] 李瑜青、邢路、徐显明认为司法公正由三个维度构成：制度公正、程序公正、结果公正。[②] 司法制度公正关注的是

---

[①] 何家弘：《司法公正论》，《中国法学》1999年第2期。
[②] 李瑜青、邢路的表述为实体公正，但其"实体公正"表述的内涵指结果公正。参见李瑜青、邢路《司法公正的社会认同问题研究》，《上海大学学报》（社会科学版）2019年第5期；徐显明《何谓司法公正》，《文史哲》1999年第6期。

制定的法律制度要符合社会正义原则，司法程序公正注重诉讼过程公平，司法结果公正注重诉讼结果公平。徐显明认为司法制度公正是司法程序公正、结果公正的前提。[②] 在诉讼程序由法律制度规定、诉讼结果要与法律规定相一致的法治实践的要求下，制度公正是一项基础性的司法公正，若司法制度不公正，其他的公正就无法实质实现。徐显明、何家弘、李瑜青等人认为司法公正是一种客观的存在。

而有的研究者认为司法公正包含主观认知的成分，是一种主观的评价。姚莉认为寻求社会理解是司法公正的伦理属性，从这一视角看，公众的普遍理解和接受成为司法公正的重要属性。[③] 陈红心、程瑜认为司法公正本质上是一种观念活动，是价值评价活动，即判断"司法公正不公正"的问题。[④] 公众对司法公正的感知是司法实践的重要内容，因为司法实践需要在与公众的互动中实现社会公平正义。公众对司法公正的感受和评价会影响他们"对法律制度和程序做出什么样的行为反应，特别是服从还是不服从、自愿服从还是被迫服从"[⑤]。司法公正的实现需要在公众理解伦理正义的基础上，构建制度公正、程序公正，使司法实践取得权威性。[⑥] 司法要取得公众信任，必须要让公众具有较高的司法公正感。

可见，司法公正感是公众对司法实践公正程度的主观认知。结合司法公正的构成维度可知，司法公正感包括司法制度公正感、司法程序公正感、司法结果公正感。

为了有效区分司法公正与司法公正感，本研究认为司法公正是客观的司法实践，而司法公正感则是公众对司法实践公正程度的心理认知，属于主观范畴。主观的司法心理认知会对法治建设产生促进或制约作用，如司法信任受司法公正感的影响；同样，司法公正感会影响公众对司法案件审

---

① 李瑜青、邢路：《司法公正的社会认同问题研究》，《上海大学学报》（社会科学版）2019年第5期；徐显明：《何谓司法公正》，《文史哲》1999年第6期。
② 徐显明：《何谓司法公正》，《文史哲》1999年第6期。
③ 姚莉：《司法公正要素分析》，《法学研究》2003年第5期。
④ 陈红心、程瑜：《论司法公正的本质、属性及意义》，《兰州学刊》2009年第3期。
⑤ 戴昕：《心理学对法律研究的介入》，载苏力《法律和社会科学》（第二卷），法律出版社，2007，第17页。
⑥ 姚莉：《司法公正要素分析》，《法学研究》2003年第5期。

理的预期,[1] 影响其关于司法案件的情绪、态度与意见,这会对司法舆情产生显著影响。若公众对司法案件审理的预期为不公正,则其言论会表现出情绪化,充满嘲讽意味。

李瑜青、邢路认为:"司法公正必须通过社会认同方得确立。"[2] 公众的司法公正感恰是公众对司法实践是否公正的一种认知,探讨这种心理认知有助于司法主体、大众传媒与公众沟通,或矫正公众对司法的认知与司法实践事实的偏差,或启示大众传媒采取更恰当的方式来报道司法实践,或促进司法主体提升司法效能来更好地实现司法为民,从而共同实现理性的司法公正,达成多方的社会认同。

(二) 媒介/舆论审判与司法公正感

媒介审判概念产生于美国,指大众传媒对案件的报道会对陪审团对案件事实的认定产生影响,导致审判结果符合媒介新闻报道的预期,而媒介审判概念在引入中国的学术话语中时,其内涵发生了一定程度的调适,主要指媒介对案件的新闻报道引发舆论进而影响法官的独立断案。[3] 其实,美国法官也会关注媒体对自己审理案件的报道,并会彼此交流,有部分法官会受到新闻媒体对其案件判决评论的影响。[4] 在中国,从事司法断案的人士也认为,媒介/舆论对司法公正有影响,[5] 干预和影响审判独立与公正。[6]

媒介审判是一种舆论法庭,[7] 其可能会影响司法独立。相较于实际的司法审判过程,媒介审判是另一种司法程序,由新闻记者、自媒体用户、网络媒体和新闻受众作为代理法官和陪审团,借助于意见在重叠的媒介空间中进

---

[1] 李瑜青、邢路:《司法公正的社会认同问题研究》,《上海大学学报》(社会科学版) 2019 年第 5 期。

[2] 李瑜青、邢路:《司法公正的社会认同问题研究》,《上海大学学报》(社会科学版) 2019 年第 5 期。

[3] 纪莉、刘晶晶:《论"媒介审判"在中国的跨文化旅行及其概念变异》,《江汉论坛》2012 年第 11 期。

[4] 〔美〕理查德·戴维斯:《最高法院与媒体》,于霄译,上海三联书店,2014,第 119~121 页。

[5] 王晨:《司法公正的内涵及其实现路径选择》,《中国法学》2013 年第 3 期。

[6] 魏永征:《新闻传播法教程》,中国人民大学出版社,2002,第 113~114 页。

[7] Rae, M., "Trial by Media: Why Victims and Activists Seek a Parallel Justice Forum for War Crimes", *Crime Media Culture*, 16 (3), 2020, pp. 359-374.

行互动。① 在媒介审判中，媒体、舆论、司法会相互作用。② 媒介对司法案件的审判式报道会引发公众对司法案件以及案件关涉的司法公共议题的讨论，促进司法机关的行动。③ 媒介对司法实践的报道会引发舆论对司法实践的关注，媒介报道司法的框架会影响公众认知司法的框架，推动公众通过讨论来影响司法实践。因此，可以说，媒介审判就是一种舆论审判。在本研究中，若无特殊说明，"媒介审判"与"舆论审判"两个概念同义，可以互换。

媒介/舆论审判通常表现为两种：为犯罪嫌疑人开脱或抢先为犯罪嫌疑人定罪。④ 总而言之，媒介审判指新闻媒介越过司法程序抢先对案件做出判断，对涉案人员做出定性、定罪、量刑以及胜诉或败诉等结论。⑤ 在中国，媒介审判影响司法独立⑥的途径有两种：一种是媒介对案件的报道引发舆论，对法官的断案产生压力，影响法官断案的独立性；另一种是媒介的报道及引发的舆论引发国家权力部门的介入，对司法机关的独立断案产生干扰。⑦

学术界在对媒介/舆论审判的态度上，存在批判与肯定两种态度。

有研究者认为媒介审判的负效应主要体现在媒介审判会危害司法独立，导致案件的审理结果偏离法律制度的规定，影响审判公正，违背罪责法定原则，损害司法权威，不利于法治社会的建设。⑧ 有研究者认为媒介

---

① Greer, C. & McLaughlin, E., "Media Justice: Madeleine McCann, Intermediatization and 'Trial by Media' in the British Press", *Theoretical Criminology*, 16 (4), 2012, pp. 395 – 416.
② 张冠楠：《"媒介审判"下的司法困境》，《法学》2011 年第 5 期。
③ Chagnon, N. & Chesney-Lind, M., "'Someone's Been in the House:' A Tale of Burglary and Trial by Media", *Crime Media Culture*, 11 (1), 2015, pp. 41 – 60.
④ 王比学：《勿让"舆论审判"左右司法审判》，《人民日报》2013 年 7 月 31 日。
⑤ 王更喜：《小议"媒介审判"》，《人民法院报》2003 年 7 月 7 日；魏永征：《新闻传播法教程》（第三版），中国人民大学出版社，2010，第 97 页。
⑥ 司法独立指司法机关依据法律独立审判案件，"司法机关应不偏不倚、以事实为根据并依法律规定来裁决其所受理的案件，而不应有任何约束，也不应为任何直接间接不当影响、怂恿、压力、威胁、或干涉所左右，不论其来自何方或出于何种理由"。参见《关于司法机关独立的基本原则》（1985 年第七届联合国预防犯罪和罪犯待遇大会通过，1985 年联合国大会决议核可）。可见，媒介/舆论审判可能会妨碍司法机关断案的独立性。
⑦ 王更喜：《小议"媒介审判"》，《人民法院报》2003 年 7 月 7 日；纪莉、刘晶晶：《论"媒介审判"在中国的跨文化旅行及其概念变异》，《江汉论坛》2012 年第 11 期。
⑧ 路鹏：《论"媒介审判"现象的负面效应与防范》，《甘肃社会科学》2009 年第 5 期；冯宇飞：《从法理学的视角看"媒介审判"的负面效应》，《新闻战线》2002 年第 11 期；魏永征：《媒介审判何时休》，《中国记者》2001 年第 5 期。

审判违反新闻职业道德与职业规范，产生非法治的社会影响，甚至损害国家形象。① 法学研究者张冠楠认为媒介审判侵蚀司法的机理在于媒体的主观表达掩盖对事实的理性认识，注重主题渲染而轻视证据调查，口诛笔伐导致未审先判，片面呈现有罪证据来逼迫法官接纳，语言宣泄替换事实认定，抢先给犯罪嫌疑人贴标签可能导致疑罪从有。②

有研究者为媒介/舆论审判正名，周泽认为媒介审判是民众对司法是否公正的评判，是对司法公正的检验，媒介审判与有罪推定无关，不会误导司法，因为理性的法官以事实为依据、以法律为准绳进行案件审理。③虽然周泽为媒介审判辩护，但其同时也认为在现实的司法实践中，有的法官在案件的审理中确实会受到舆论的影响，但其认为，这是由于司法权力的配置及运行还不完善，与舆论审判无关。④

在舆论与司法的关系中，舆论监督与司法公正被诸多研究者探讨，认为对司法的舆论监督可以促进司法公正。⑤ 有的研究者认为"媒介审判"是媒体对司法实施舆论监督的一部分。⑥ 然而，一些研究者认为"媒介审判"与舆论监督是有边界的，"媒介审判"是媒体对"舆论监督权"的滥用，是媒体对舆论监督权力的异化。⑦

本研究进一步提出一个新的概念——"媒介审判感知"，指公众对媒介报道引发的舆论影响司法审判程度的判断。媒介审判感知有强弱之分。

---

① 陈力丹：《不能再搞"媒介审判"》，《新闻界》2013年第22期。
② 张冠楠：《"媒介审判"下的司法困境》，《法学》2011年第5期。
③ 周泽：《"媒体审判"、"舆论审判"检讨》，《中国青年政治学院学报》2005年第3期；周泽：《舆论评判：正义之秤——兼对"媒体审判"、"舆论审判"之说的反思》，《新闻记者》2004年第9期。
④ 周泽：《"媒体审判"、"舆论审判"检讨》，《中国青年政治学院学报》2005年第3期；周泽：《舆论评判：正义之秤——兼对"媒体审判"、"舆论审判"之说的反思》，《新闻记者》2004年第9期。
⑤ 慕明春：《舆论监督促进司法公正的"标杆"——以李昌奎案件再审为例》，《当代传播》2012年第3期；朱秋卫：《媒体监督对司法公正的功效》，《现代传播》2010年第9期；马骋：《新闻报道促进司法公正》，《检察风云》2006年第12期。
⑥ 刘太阳：《"媒体舆论监督"有悖法治精神吗？——与魏永征教授商榷》，《新闻记者》2002年第7期。
⑦ 庹继光：《"媒体审判"：防卫性权利的异化——对舆论监督司法的合法性解读》，《当代传播》2010年第5期；刘春园：《论舆论监督、媒体审判与刑事司法独立关系》，《南京师大学报》（社会科学版）2016年第5期。

媒介审判感知强指公众主观上感知到媒介报道引发的舆论在较大程度上影响了司法审判；媒介审判感知弱指公众主观上感知到媒介报道引发的舆论在较小程度上影响了司法审判。也可以说，媒介审判感知指公众主观上对舆论影响司法审判程度的判断。

媒介对案件的审判式报道会让公众在心目中形成一种超出犯罪嫌疑人犯罪行为法律界定的想象，媒介审判会使媒体对案件的新闻报道干扰正当的司法程序，导致真正的正义被忽视。[1] 公众对媒介审判作用于司法审判的感知强弱会影响其司法公正感，也就是说，公众主观上的媒介审判感知会影响其司法公正感。梅中伟、刘远志认为媒介审判会削弱公众对司法的信任，[2] 认为司法实践不公正，需要媒介/舆论来进行纠正、认定、干预。可见，媒介审判感知会削弱公众的司法公正感。由于媒介审判会侵蚀司法公正，从逻辑上看，对于媒介审判感知强的公众，其司法公正感应当更低。

结合司法公正感的构成维度，提出本研究的下列研究假设。

研究假设 H1a：媒介审判感知负向显著影响公众的司法制度公正感。

研究假设 H1b：媒介审判感知负向显著影响公众的司法程序公正感。

研究假设 H1c：媒介审判感知负向显著影响公众的司法结果公正感。

国内关于公众对司法审判受媒介/舆论审判影响程度的主观认知对其不同维度司法公正感影响的实证研究较少，这使得本研究具有较高的创新价值。

（三）媒介使用与司法公正感

媒介的法治新闻报道会影响受众对司法公正的认知，因此媒介使用可能会显著地影响公众的司法公正感。

徐剑、刘丛、谢添研究了庭审视频、裁判文书两种不同的媒介形态呈现的同一案件的审判信息对受众公正感的影响，[3] 他们论及的媒介是指物理性质的信息传播中介。本研究的媒介指报纸、杂志、广播、电视、互联

---

[1] Gupta, S., "Media Trial: Persevering Anomaly or an Inexorable Premise", *Vidhigya: The Journal of Legal Awareness*, 10 (1), 2015, pp. 8 – 19.
[2] 梅中伟、刘远志：《如何促进媒体监督与司法公正的良性互动》，《传媒》2016 年第 18 期。
[3] 徐剑、刘丛、谢添：《感受公正：媒介形态对公众司法公正判断的影响分析》，《新闻与传播研究》2019 年第 6 期。

网、手机定制信息，不仅包含媒介的物理形态，还包括接触媒介的信息内容。也就是说，本研究探讨的媒介使用对司法公正感的影响，既包含不同媒介形态的影响，也包含媒介承载的信息内容的影响。

徐剑、刘丛、谢添的研究发现，庭审视频与裁判文书对受众的程序正义感知的影响不存在显著差异，但多种媒介形态的接触（同时接触庭审视频与裁判文书）有利于公众感受到更强的程序正义感。① 庭审视频与裁判文书对受众程序正义感的作用机制不同，"庭审视频主要通过陈述权与一致性发挥作用，而裁判文书更有利于人们感知程序正义的中立性及伦理性"②。但是，徐剑、刘丛、谢添的研究仅仅是比较不同媒介形态对受众程序正义感影响的差异，对于是否接触媒介以及接触媒介的频次对受众司法公正感的影响是否显著并没有涉及，本研究将尝试回答这一问题。

王文军认为部分重大法治事件的新闻报道引发了公众对社会正义的质疑。③ 媒介使用影响受众的司法公正感。王文军认为，新闻记者在专业法律知识方面存在不足与理解偏差，媒介可能会刊登违背法治精神、带有法律知识"硬伤"的新闻，如媒介对不同地域的同案不同罪的判决结果的刻意表述会让公众产生司法不公正的猜疑。④ 媒体对司法案件的扭曲性报道影响公众对司法系统的认识，⑤偏颇性的新闻报道损伤公众的司法公正感。因此，媒介使用可能影响公众的司法公正感。另外，大众传媒对司法腐败等不良司法行为的负面报道也会引发公众对"法律、法规的怀疑、蔑视和抗拒等消极反应"⑥。也有学者认为新闻媒体无法像司法机关那样掌握案件的详细事实，难以对案件事实情节进行客观表述，容易忽略案件重要的细

---

① 徐剑、刘丛、谢添：《感受公正：媒介形态对公众司法公正判断的影响分析》，《新闻与传播研究》2019年第6期。
② 徐剑、刘丛、谢添：《感受公正：媒介形态对公众司法公正判断的影响分析》，《新闻与传播研究》2019年第6期。
③ 王文军：《法治新闻报道的传播学分析》，《法学》2011年第9期。
④ 王文军：《法治新闻报道的传播学分析》，《法学》2011年第9期。
⑤ Robbennolt, J. K. & Studebaker, C. A., "News Media Reporting on Civil Litigation and Its Influence on Civil Justice Decision Making", *Law and Human Behavior*, 27 (1), 2003, pp. 5-27.
⑥ 王文军：《传媒对司法行为的负面报道亟待规范》，《法学》2010年第10期。

节，这样的法治新闻报道及衍生的新闻评论会误导受众的判断，[1] 影响其司法公正感。

媒体在法治新闻报道中向公众提供的关于犯罪与审理的细节越多，公众会更多地参照新闻报道而不是实际的判决结果来给出期望的判决结果。[2] 新闻媒体对司法案件的报道会显著影响公众对司法审判的评价，影响公众的司法公正感。媒体对司法的报道，会影响受众对司法体系及司法程序的看法。[3] 公众会借助媒体对案件的新闻报道来形成对案件判决结果的预期，当实际判决结果与预期结果有差异，则其司法公正感被削弱，[4] 若二者一致，则其司法公正感被增强。可见媒介使用既可能增强受众的司法公正感，也可能削弱受众的司法公正感。

在对"媒介与司法"的学术探讨上，中国的研究者更多关注媒介新闻报道对司法实践的影响，对媒介新闻报道对公众司法公正感影响的探讨比较少，更少有将公众视为社会主体，探讨媒介使用对其司法公正感影响的专门研究。公众会通过观察的司法事实来阐释自己认知的司法公正，[5] 对公众而言，司法公正是一个心理认知过程。在这样的视野中，公众司法公正感对法治社会建设意义重大，会促进社会平等的实现。[6] 从传播学视角关注媒介使用对公众司法公正感的影响，具有重要的学术价值。

本研究中探讨的媒介使用包含报纸使用、广播使用、电视使用、杂志使用、互联网使用、手机定制信息使用，司法公正感包括司法制度公正

---

[1] 乔新生：《法治新闻评论应有分寸》，《青年记者》2012 年第 9 期。

[2] Hough, M. & Roberts, J. V., "Sentencing Trends in Britain: Public Knowledge and Public Opinion", *Punishment & Society*, 1 (1), 1999, pp. 11 – 26.

[3] Barthe, E. P., Leone, M. C. & Lateano, T. A., "Commercializing Success: The Impact of Popular Media on the Career Decisions and Perceptual Accuracy of Criminal Justice Students", *Teaching in Higher Education*, 18 (1), 2013, pp. 13 – 26.

[4] 杨宇琦、伍麟：《司法公正感的变迁：基于微博的舆情分析（2013—2016 年）》，《甘肃行政学院学报》2018 年第 5 期；王国龙：《判决的可预测性与司法公信力》，《求是学刊》2014 年第 1 期。

[5] Morris, M. W. & Leung, K., "Justice for All? Progress in Research on Cultural Variation in the Psychology of Distributive and Procedural Justice", *Applied Psychology: An International Review*, 49 (1), 2000, pp. 100 – 132.

[6] 〔美〕约翰·罗尔斯：《正义论》，何怀宏、何包钢、廖申白译，中国社会科学出版社，1988，第 497~499 页。

感、司法程序公正感、司法结果公正感。基于上述探讨,提出本研究的下列研究假设。

研究假设 H2a:报纸使用显著影响公众的司法制度公正感。
研究假设 H2b:广播使用显著影响公众的司法制度公正感。
研究假设 H2c:电视使用显著影响公众的司法制度公正感。
研究假设 H2d:杂志使用显著影响公众的司法制度公正感。
研究假设 H2e:互联网使用显著影响公众的司法制度公正感。
研究假设 H2f:手机定制信息使用显著影响公众的司法制度公正感。
研究假设 H3a:报纸使用显著影响公众的司法程序公正感。
研究假设 H3b:广播使用显著影响公众的司法程序公正感。
研究假设 H3c:电视使用显著影响公众的司法程序公正感。
研究假设 H3d:杂志使用显著影响公众的司法程序公正感。
研究假设 H3e:互联网使用显著影响公众的司法程序公正感。
研究假设 H3f:手机定制信息使用显著影响公众的司法程序公正感。
研究假设 H4a:报纸使用显著影响公众的司法结果公正感。
研究假设 H4b:广播使用显著影响公众的司法结果公正感。
研究假设 H4c:电视使用显著影响公众的司法结果公正感。
研究假设 H4d:杂志使用显著影响公众的司法结果公正感。
研究假设 H4e:互联网使用显著影响公众的司法结果公正感。
研究假设 H4f:手机定制信息使用显著影响公众的司法结果公正感。

(四) 媒介使用与公众媒介/舆论审判感知

媒介的司法案件报道会影响公众对司法案件的感知,增强公众对犯罪行为的惩罚性期待。[1] 当公众接触媒介形成的对案件判决结果的预期与实际判决结果一致时,这可能会增强公众的媒介审判感知。结合一些重大案件的舆论形成过程及司法审理情形,可以看到媒介使用会增强公众的媒介审判感知。

---

[1] Chagnon, N. & Chesney-Lind, M., "'Someone's Been in the House:' A Tale of Burglary and Trial by Media", *Crime Media Culture*, 11 (1), 2015, pp. 41 – 60.

媒介对案件的报道能够形成和改变公众道德判断的标准,[1] 激发公众对司法案件的关注。蒙镭、许身健均认为,在张金柱案中,由于新闻媒体对犯罪事实进行渲染与诱导,才使得舆论逐渐升温,使该案成为社会热点,迫于媒介/舆论审判的压力,最后张金柱被判死刑。[2] 可见,新闻媒介对司法案件属性的议程设置会影响公众对案件的感知,在彼此的推动中对实际的司法审判产生了现实的影响。杨涛甚至认为对于河南"天价过路费"事件[3],是媒体与舆论而不是司法机关还原了事件的事实真相,媒介/舆论审判的实际效能,让公众患上了媒介/舆论审判依赖症。[4] 公众的质疑、媒体的跟进报道对推动案件真相浮出起到的实际作用会增强公众的媒介/舆论审判感知。

一系列的重大司法案件,由于媒体的持续报道、公众的持续关注,使得案件事实真相逐渐明朗,司法公正得以实现。[5] 从实践看,媒体对司法案件的新闻报道与公众对司法案件的关注会相互加强,公众的媒介使用应该会增强其对媒介/舆论审判影响力的感知。

从媒介技术看,社交媒体可能对案件诉讼产生肢解效应,[6] 在案件审理中,社交媒体网站可以提供关于案件的正式或非正式的社会调查,为诉讼当事人提供实质性的证据搜集。[7] 借助网民(在线网络社区)的力量,

---

[1] Chagnon, N. & Chesney-Lind, M., "'Someone's Been in the House:' A Tale of Burglary and Trial by Media", *Crime Media Culture*, 11 (1), 2015, pp. 41-60.
[2] 蒙镭:《对"媒体审判"应当进行必要规制》,《人民政协报》2011年12月12日;许身健:《激浊扬清中警惕媒体审判》,《检察日报》2005年10月26日。
[3] 河南"天价过路费"事件指"时建锋诈骗368万元高速公路通行费被判处无期徒刑",公众开始不过是想问"偷逃过路费构成诈骗罪吗""偷逃巨额过路费能判处无期徒刑吗"?不料,随着记者调查的深入,被判无期徒刑的时建锋居然说自己是冒名顶包的,而真正的车主时军锋开始投案自首,出现武警支队与时军锋签订冒用军车牌的合同,进而牵出主审法官没有审判资格、通过中介人到公安局"捞人"等一系列匪夷所思的事情。参见杨涛《"舆论审判"让法治蒙羞》,《中国新闻出版报》2011年1月19日。
[4] 杨涛:《"舆论审判"让法治蒙羞》,《中国新闻出版报》2011年1月19日。
[5] 郭文婧:《别拿舆论审判的帽子排斥舆论监督》,《中国商报》2013年3月22日。
[6] Robertson, C. B., "The Facebook Disruption: How Social Media May Transform Civil Litigation and Facilitate Access to Justice", *Arkansas Law Review*, 65 (1), 2012, pp. 75-97.
[7] Robertson, C. B., "The Facebook Disruption: How Social Media May Transform Civil Litigation and Facilitate Access to Justice", *Arkansas Law Review*, 65 (1), 2012, pp. 75-97.

## 第四章 互联网对司法公正感的影响及媒介/舆论审判感知的中介效应

互联网能够为诉讼当事人提供众多法律信息及支持。[①] 这会让公众感到互联网对案件审判的力量。

在媒介使用会影响使用者的媒介/舆论审判感知的求证方面，目前，国内尚缺乏相关的实证研究，但从媒体介入对司法案件的报道来促进司法案件进入司法程序或改判的传播实践中，[②] 可以推测媒介使用可能会显著影响使用者的媒介审判感知，更可能增强使用者的媒介审判感知。

本研究中探讨的媒介使用包含报纸使用、广播使用、电视使用、杂志使用、互联网使用、手机定制信息使用。由此，提出本研究的下列研究假设。

研究假设H5a：报纸使用显著增强公众的媒介/舆论审判感知。

研究假设H5b：广播使用显著增强公众的媒介/舆论审判感知。

研究假设H5c：电视使用显著增强公众的媒介/舆论审判感知。

研究假设H5d：杂志使用显著增强公众的媒介/舆论审判感知。

研究假设H5e：互联网使用显著增强公众的媒介/舆论审判感知。

研究假设H5f：手机定制信息使用显著增强公众的媒介/舆论审判感知。

无论是媒介使用对受众司法公正感的影响，还是媒介使用对公众媒介/舆论审判感知的影响，目前的探讨都更多的是定性式的讨论，表达的是看法，而基于调研数据的定量实证研究比较少。本研究将使用基于结构化调研数据的实证定量研究方法来寻找媒介使用对公众媒介/舆论审判感知、司法公正感的影响。

此外，媒介使用会对媒介/舆论审判感知与公众不同维度的司法公正感之间的关系产生调节作用吗？媒介/舆论审判感知会在媒介使用对公众不同维度司法公正感的影响中产生中介效应吗？本研究也会对这些延展性的研究问题进行回答。

---

[①] Robertson, C. B., "The Facebook Disruption: How Social Media May Transform Civil Litigation and Facilitate Access to Justice", *Arkansas Law Review*, 65 (1), 2012, pp. 75 – 97.

[②] 例如于欢案由于各类媒介的介入，使其一审结果受到广泛关注，推动其二审的开展，且二审改变了一审的审判结果；又如福州赵宇案，由于福州地方媒体报道此案，引发舆论关注，促使该案的先前处理结果得到纠正；类似的案件还有河北涞源反杀案、云南李昌奎案、云南李心草案。

## 第二节 研究设计与研究结果

### 一 数据来源、变量测量、研究模型

#### (一) 研究数据[①]

本研究使用的数据是来自中国综合社会调查（CGSS）2015 年度的数据，该调查采用多阶分层抽样，样本属于随机性样本。本研究使用了部分变量的有效数据，去除缺失值及无效数据[②]样本，共得到有效研究样本 2143 个。涉及全国 28 个省份，其中，山东省的样本数最大，为 176 人，占比为 8.2%，青海省的样本数最小，为 21 人，占比为 1.0%，其余各省份占比介于二者之间，可见研究样本的代表性非常好。

#### (二) 变量测量

**1. 人口变量**

涉及的人口变量有性别、年龄、受教育程度、家庭收入。2143 个样本中，男性为 1061 人，女性为 1082 人，占比分别为 49.5%、50.5%，基本上各占一半。在受教育程度方面，2143 个样本中，230 人为"没有受过任何教育"、15 人为"私塾、扫盲班"、461 人为"小学"、638 人为"初中"、277 人为"高中（含职业高中）"、136 人为"中专（含技校）"、170 人为"专科（含成人专科）"、190 人为"本科（含成人本科）"、26 人为"研究生及以上"，占比分别为 10.7%、0.7%、21.5%、29.8%、12.9%、6.3%、7.9%、8.9%、1.2%；笔者依据受教育程度由低到高，将上述 9 类受教育程度转换为非常低、比较低、低、有点低、一般、有点高、高、比较高、非常高，分别赋值为 1、2、3、4、5、6、7、8、9。变量"受教育程度"为有序变量。"年龄"与"家庭收入"均为度量变量。

**2. 媒介使用**

媒介使用变量有报纸使用、杂志使用、广播使用、电视使用、互联网

---

[①] 本部分使用的数据全部（部分）来自中国人民大学中国调查与数据中心主持之"中国综合社会调查（CGSS）"项目。

[②] 无效数据指诸如填答"拒绝回答""不适用"的样本数据。

使用[1]、手机定制消息使用，调查的是中国居民"过去一年"使用这些媒介的频率（"1"="从不"；"2"="很少"；"3"="有时"；"4"="经常"；"5"="非常频繁"）。

在媒介分类方面，研究者通常将报纸、杂志、广播、电视归为传统媒体，而将互联网、手机归类为新媒体。[2] 但后来的研究证明这一分类有待商榷。王天娇研究发现，在获取政治信息方面，网民对新浪等门户网站的使用更应该被视作与对中央电视台、新华社、《人民日报》的使用为同一个媒介使用类别。[3] 王天娇的研究启示我们传统的媒介分类可能存在不当，将差异性明显的媒介使用强行归类，会忽略它们之间的差异性，甚至导致对归类后的媒介使用分析的虚假性。本研究能不能把上述六种媒介使用归为传统媒介使用、新媒介使用这两类？笔者对六项媒介使用变量的数据进行因子分析，结果如表4-1所示。

表4-1 对六项媒介使用变量的因子分析

|  | 因子1 | 因子2 |
| --- | --- | --- |
| 过去一年，对报纸的使用 | 0.844 | 0.148 |
| 过去一年，对杂志的使用 | 0.790 | 0.313 |
| 过去一年，对广播的使用 | 0.668 | -0.037 |
| 过去一年，对电视的使用 | 0.407 | -0.509 |
| 过去一年，对互联网的使用 | 0.164 | 0.809 |
| 过去一年，对手机定制消息的使用 | 0.218 | 0.716 |
| KMO=0.646 | | |

注：提取方法为主成分分析法。旋转方法为最大方差法。

从表4-1可知，由于因子分析中电视一项的载荷量明显低于0.5，因此电视不宜与报纸、广播、杂志一起被归类为"传统媒介"，笔者对报纸、

---

[1] 本研究所指的互联网使用包括用手机上网，后文不再赘述。
[2] 尉建文、黄莉：《新媒体如何影响群体性事件？——中介机制与实证检验》，《北京师范大学学报》（社会科学版）2016年第6期；胡荣、庄思薇：《市场化、媒体使用和中国居民的政治效能感》，《华中师范大学学报》（人文社会科学版）2016年第6期；周葆华：《新媒体使用与主观阶层认同：理论阐释与实证检验》，《新闻大学》2010年第2期。
[3] 王天娇：《"新媒体使用"概念的有效性——从媒介使用和媒介效果看网络信息渠道的异质性》，《国际新闻界》2020年第1期。

杂志、广播、电视四项进行信度检验，发现 Cronbach's alpha = 0.609。此外，互联网、手机定制信息两项适宜被归为新媒介吗？虽然因子分析中二者可以被归类（二者的载荷量均大于 0.7），但对二者进行信度检验，发现 Cronbach's alpha = 0.578。此外，KMO = 0.646，从整体上看，这六项不适合进行因子分析，① 也就是不适合对其进行降维处理。因此，在本研究中笔者考察每一个具体的媒介使用变量对其他变量的影响。

### 3. 媒介/舆论审判感知

媒介/舆论审判感知变量指公众对媒介报道引发的舆论影响司法审判程度的判断。本研究将公众对舆论影响司法审判程度的判断概念化为"媒介/舆论审判感知"，即公众主观上认为舆论能在多大程度上影响司法断案。调查问卷的表述是"媒体对案件报道失实，法官能不顾舆论压力独立作出公正判决"（"1"="完全不符合"；"2"="比较不符合"；"3"="一般"；"4"="比较符合"；"5"="完全符合"），对该调查问题的数据进行反向编码，得到媒介/舆论审判感知的数据值（M = 2.81，SD = 0.85）。该问题关注的是舆论、媒介报道对司法独立断案的影响，契合本研究的需要。

### 4. 司法公正感

（1）司法制度公正感。调查问卷中有五个问题调查公众对法律制度的认知，分别为"法律该管的不管""法律管得太宽""法律规定不符合实际""法律规定不公正、不合理""社会形势变化很快，法律法规的制定和修改总是赶不上趟"（"1"="完全不存在"；"2"="不太突出"；"3"="一般"；"4"="比较突出"；"5"="非常突出"），这五个问题可以测量公众的司法制度公正感。对原始数据进行反向编码，求五个数据的平均值，创建一个新变量"司法制度公正感"（Cronbach's alpha = 0.820，M = 3.16，SD = 0.71）。

（2）司法程序公正感。调查问卷中，有三个问题调查公众对"公安机关侦察""检察机关批捕""法院审判"三项司法活动受到非法干预情况的认知（"1"="非常严重"；"2"="比较严重"；"3"="一般"；"4"="不太严重"；"5"="完全没有"），公众对这三个问题的回答可以代表其司法程序公正感。对这三个调查问题的数据求平均值，创建"司法程序公

---

① 薛薇编著《基于 SPSS 的数据分析》（第四版），中国人民大学出版社，2017，第318页。

正感"变量（Cronbach's alpha = 0.884，M = 3.21，SD = 0.75）。

（3）司法结果公正感。调查问卷中，有一个问题"犯同样的法，有钱有势的人容易被从轻处理"（"1" = "完全不符合"；"2" = "比较不符合"；"3" = "一般"；"4" = "比较符合"；"5" = "完全符合"）调查公众对司法结果的认知。对该调查问题的数据进行反向编码，创建变量"司法结果公正感"（M = 2.48，SD = 0.92）。[1] 将变量"司法结果公正感"转换为二分变量：大于均值的数据值赋值为"1"，表示司法结果公正感强；小于均值的数据值赋值为"0"，表示司法结果公正感弱。因变量"司法结果公正感"的数据可以采用二元 Logistic 数据分析方法。

（三）研究模型

本研究将使用多元线性逐步回归来寻找人口变量、媒介使用变量、媒介/舆论审判感知变量、媒介/舆论审判感知与媒介使用的交互项等各类变量对司法制度公正感、司法程序公正感的影响；将使用二元 Logistic 逐步回归来寻找人口变量、媒介使用变量、媒介/舆论审判感知变量、媒介/舆论审判感知与媒介使用的交互项等各类变量对司法结果公正感的影响；将使用多元线性回归寻找媒介使用变量对媒介/舆论审判感知的影响；将使用 SPSS 25 对各变量的数据进行分析。

若媒介使用变量显著影响媒介/舆论审判感知，同时媒介/舆论审判感知显著影响不同维度司法公正感，则将使用 Mplus 8 寻找媒介使用变量通过影响媒介/舆论审判感知进而影响不同维度司法公正感的中介作用。

## 二 研究结果

（一）变量的描述统计

从表4-2可知，被调查者的家庭收入的差异非常明显（标准差是平均值的4倍多）。在司法公正感方面，"不同群体基于身份、收入等方面的差异，对公正观念的认知程度会出现差异"[2]。差距明显的家庭收入会使公众的司法公正感产生明显的差异吗？

---

[1] 之所以采取二元 Logistic 分析模型，目的是寻找不同变量组逐步进入对司法结果公正感产生影响的差异。

[2] 侯猛：《如何评价司法公正：从客观标准到主观感知》，《法律适用》2016年第6期。

表 4-2 变量的描述统计结果

| 变量名称 | N | 均值 | 标准差 | 最小值 | 最大值 | 说明 |
| --- | --- | --- | --- | --- | --- | --- |
| 性别 | 2143 | 0.50 | 0.50 | 0 | 1 | 类别变量（男=1，女=0） |
| 年龄 | 2143 | 53.38 | 17.04 | 23 | 99 | 度量变量 |
| 受教育程度 | 2143 | 4.36 | 1.98 | 1 | 9 | 有序变量 |
| 家庭收入 | 2143 | 75070.15 | 309864.19 | 0 | 9910000 | 度量变量 |
| 报纸使用 | 2143 | 1.93 | 1.09 | 1 | 5 | 有序变量 |
| 杂志使用 | 2143 | 1.78 | 0.95 | 1 | 5 | 有序变量 |
| 广播使用 | 2143 | 1.83 | 1.10 | 1 | 5 | 有序变量 |
| 电视使用 | 2143 | 3.89 | 1.05 | 1 | 5 | 有序变量 |
| 互联网使用 | 2143 | 2.54 | 1.65 | 1 | 5 | 有序变量 |
| 手机定制消息使用 | 2143 | 1.66 | 1.10 | 1 | 5 | 有序变量 |
| 媒介/舆论审判感知 | 2143 | 2.81 | 0.85 | 1 | 5 | 有序变量 |
| 司法制度公正感 | 2143 | 3.16 | 0.71 | 1 | 5 | 度量变量 |
| 司法程序公正感 | 2143 | 3.21 | 0.75 | 1 | 5 | 度量变量 |
| 司法结果公正感* | 2143 | 2.48 | 0.92 | 1 | 5 | 有序变量 |

\*为第一次转换数据的变量值，是5点量表值，而非降维为虚拟变量的数据值；此处为未转换为虚拟变量前的有序变量。

报纸使用、杂志使用、广播使用、电视使用、互联网使用、手机定制消息使用、媒介/舆论审判感知、司法制度公正感、司法程序公正感、司法结果公正感等变量的理论平均值均为"3"（它们的测量均为5点量表），代表"中间情况"或"一般情况"。

从表4-2可知，在媒介使用变量方面，报纸使用、杂志使用、广播使用、手机定制信息使用的平均值均明显低于理论平均值，说明中国公众使用报纸、杂志、广播、手机定制信息的频率比较低，并不常用这些媒介；电视使用的平均值明显高于理论平均值，可见公众经常收看电视；公众对互联网的使用比较接近理论平均值。

在媒介/舆论审判感知方面，其测量平均值非常接近理论平均值；整体上，公众对新闻报道、舆论影响司法能力的认知差异不大（标准差0.85远小于平均值2.81）。

在司法公正感方面，司法制度公正感、司法程序公正感的测量平均值

第四章 互联网对司法公正感的影响及媒介/舆论审判感知的中介效应

稍微高于理论平均值,而司法结果公正感的测量平均值稍微低于理论平均值,说明公众的司法制度公正感、司法程序公正感均比司法结果公正感强。整体上,公众认为司法制度、司法程序均算得上公正,但司法结果公正感未能及格。整体上,公众司法制度公正感的内部差异不大(标准差0.71远小于平均值3.16);同样,公众的司法程序公正感、司法结果公正感的内部差异也不大(标准差0.75远小于平均值3.21、标准差0.92远小于平均值2.48)。

(二)影响不同维度司法公正感的因素

人口变量、媒介使用变量、媒介/舆论审判感知变量以及媒介使用与媒介/舆论审判感知的交互项对司法制度公正感、司法程序公正感、司法结果公正感的影响结果见表4-3、图4-1至图4-4。

表4-3　各组变量对不同维度司法公正感的逐步回归(含调节)

| 变量 | | 模型Ⅰ 司法制度公正感 多元线性逐步回归 B (S.E) | 模型Ⅱ 司法程序公正感 多元线性逐步回归 B (S.E) | 模型Ⅲ 司法结果公正感 二元Logistic逐步回归 B (S.E) | Exp (B) |
|---|---|---|---|---|---|
| 人口变量 | 性别(男) | -0.018 (0.031) | -0.102 (0.033)** | 0.033 (0.090) | 1.033 |
| | 年龄 | 0.002 (0.001) | 0.002 (0.001) | 0.007 (0.003)* | 1.007 |
| | 受教育程度 | -0.024 (0.009)** | -0.006 (0.009) | -0.010 (0.026) | 0.990 |
| | 家庭收入 | -8.934E-8 (0.000) | -1.019E-7 (0.000) | 0.000 (0.000) | 1.000 |
| | △R² | 0.011*** | 0.009*** | | |
| | 块卡方 | | | 9.122 (p=0.058)☆ | |
| 媒介使用变量 | 报纸 | 0.009 (0.021) | 0.036 (0.022) | 0.114 (0.060) | 1.121 |
| | 杂志 | 0.025 (0.023) | -0.017 (0.025) | -0.039 (0.068) | 0.962 |
| | 广播 | -0.016 (0.015) | 0.000 (0.016) | 0.007 (0.045) | 1.007 |
| | 电视 | 0.015 (0.015) | 0.013 (0.016) | 0.017 (0.044) | 1.017 |
| | 互联网 | -0.018 (0.014) | -0.007 (0.015) | -0.042 (0.042) | 0.959 |
| | 手机定制信息 | 0.000 (0.016) | 0.018 (0.017) | 0.062 (0.046) | 1.064 |
| | △R² | 0.003 | 0.003 | | |
| | 块卡方 | | | 7.785 | |

续表

| 变量 | | 模型 Ⅰ<br>司法制度公正感<br>多元线性逐步回归<br>B (S.E) | 模型 Ⅱ<br>司法程序公正感<br>多元线性逐步回归<br>B (S.E) | 模型 Ⅲ<br>司法结果公正感<br>二元 Logistic 逐步回归<br>B (S.E) | Exp (B) |
|---|---|---|---|---|---|
| 媒介/舆论审判感知变量 | 媒介/舆论审判感知 | -0.141 (0.018)*** | -0.224 (0.019)*** | -0.206 (0.054)*** | 0.814 |
| | $\triangle R^2$ | 0.028*** | 0.063*** | | |
| | 块卡方 | | | 14.726*** | |
| 交互变量组※ | 媒介/舆论审判感知×报纸 | 0.055 (0.023)* | 0.004 (0.024) | -0.007 (0.069) | 0.993 |
| | 媒介/舆论审判感知×杂志 | -0.027 (0.027) | -0.007 (0.028) | -0.068 (0.082) | 0.934 |
| | 媒介/舆论审判感知×广播 | 0.003 (0.017) | -0.028 (0.018) | 0.132 (0.053)* | 1.141 |
| | 媒介/舆论审判感知×电视 | -0.023 (0.017) | -0.009 (0.018) | -0.138 (0.053)** | 0.871 |
| 交互变量组※ | 媒介/舆论审判感知×互联网 | 0.015 (0.012) | 0.001 (0.012) | -0.035 (0.037) | 0.965 |
| | 媒介/舆论审判感知×手机定制信息 | -0.003 (0.018) | 0.051 (0.018)** | -0.072 (0.055) | 0.931 |
| | $\triangle R^2$ | 0.005 (p=0.082) | 0.005 (p=0.055) | | |
| | 块卡方 | | | 16.639☆ | |
| 模型显著性 | | *** | *** | ***（卡方值48.272） | |
| 模型 $R^2$ | | 0.047 | 0.080 | 0.022 (Cox & Snell) | |

\* $p < 0.05$, \*\* $p < 0.01$, \*\*\* $p < 0.001$。

☆ 块卡方的显著性 p 值是大于 0.05 且小于 0.1 的，属于边际显著，因此其中个别变量表现出了显著性。

※ （1）交互变量组中 $\triangle R^2$ 的显著性 p 值是大于 0.05 且小于 0.1 的，因此其中个别变量表现出了显著性；（2）为了减小共线性，对交互变量进行了中心化处理。参见方杰、温忠麟、梁东梅、李霓霓《基于多元回归的调节效应分析》，《心理科学》2015 年第 3 期，第 715~720 页。

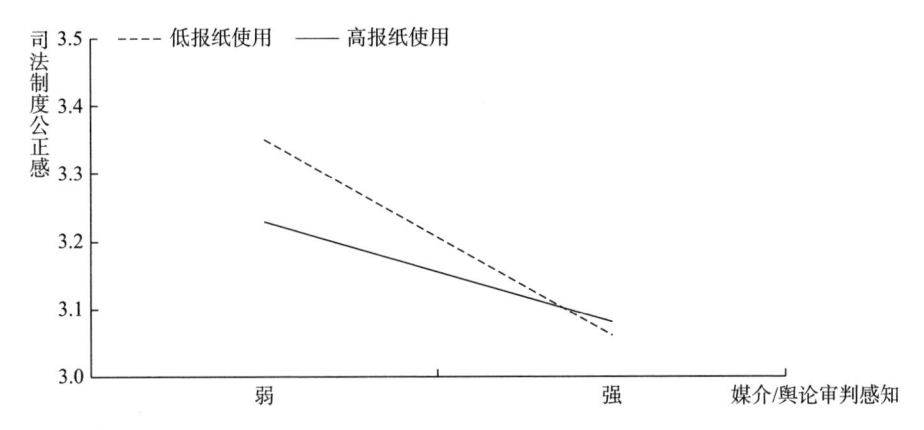

图 4-1 报纸使用与媒介/舆论审判感知对司法制度公正感的交互作用分析

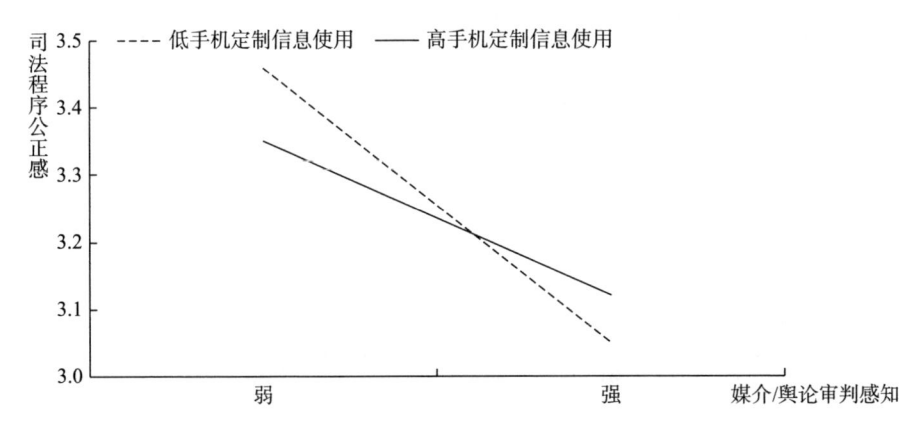

图 4-2 手机定制信息使用与媒介/舆论审判感知对司法程序公正感的交互作用分析

**1. 各变量对司法制度公正感的影响情况**

从表 4-3 可知，在司法制度公正感方面，受教育程度对公众司法制度公正感具有显著负向影响（B = -0.024，$p < 0.01$），受教育程度越高则司法制度公正感越弱；媒介使用各变量（报纸、广播、电视、杂志、互联网、手机定制信息）对公众的司法制度公正感均无显著影响（p 均大于0.05），研究假设 H2a、H2b、H2c、H2d、H2e、H2f 均不成立；当公众认为媒介/舆论干预司法的能力越强，则公众的司法制度公正感越弱，也就是媒介/舆论审判感知对公众司法制度公正感具有显著的负向影响（B = -0.141，

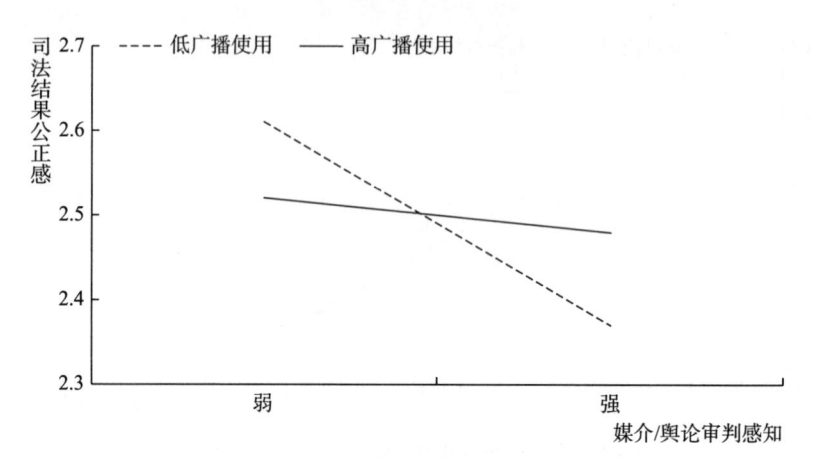

图 4-3  广播使用与媒介/舆论审判感知对司法结果公正感的交互作用分析

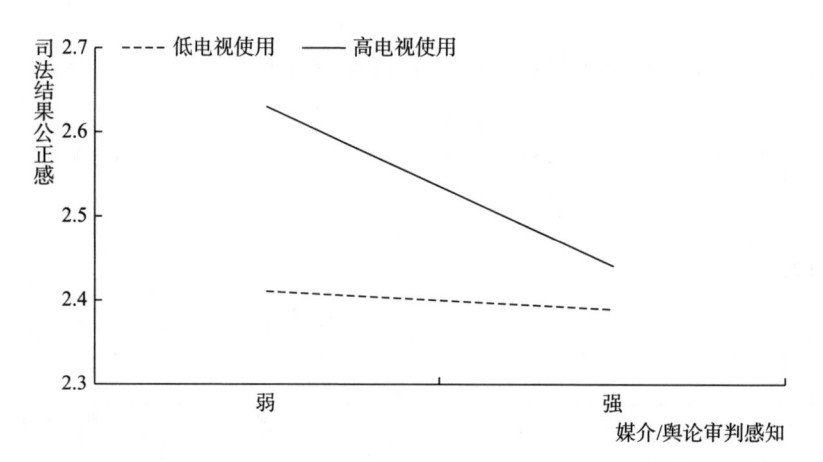

图 4-4  电视使用与媒介/舆论审判感知对司法结果公正感的交互作用分析

$p < 0.001$），研究假设 H1a 成立。可见，公众认为媒介/舆论干预司法的能力越强，则认为司法制度越不公正。

在媒介使用变量的调节作用方面，从表 4-3 可知，报纸使用与媒介/舆论审判感知产生的交互效应具有统计显著性（$B = 0.055$，$p < 0.05$），这说明媒介/舆论审判感知对司法制度公正感的影响会因公众使用报纸频率的不同而产生差异。从图 4-1 可知，对于高频率报纸使用者和低频率报纸使用者而言，媒介/舆论审判感知对公众的司法制度公正感均有负向影响。由于高频率报纸使用的斜率更小，说明越高频率的报纸使用，媒介/舆论

审判感知对司法制度公正感的负效应越不明显，也就是说，报纸使用频率越高，越会削弱媒介/舆论审判感知对司法制度公正感的负效应。可见，报纸使用对媒介/舆论审判感知对司法制度公正感的负效应具有显著的调节效应。阅读报纸越多，则媒介/舆论审判感知对司法制度公正感的负向影响越小。可以说，对于认为舆论能够强烈干预司法的公众，读报越多，则其对司法制度不公正的感知越会降低。

**2. 各变量对司法程序公正感的影响情况**

从表4-3可知，在司法程序公正感方面，性别对公众司法程序公正感具有显著影响（B = -0.102，p < 0.01），比起女性公众，男性公众具有更弱的司法程序公正感；媒介使用各变量（报纸、广播、电视、杂志、互联网、手机定制信息）对公众的司法程序公正感均无显著影响（p均大于0.05），研究假设H3a、H3b、H3c、H3d、H3e、H3f均不成立；当公众认为媒介/舆论干预司法的能力越强，则公众的司法程序公正感越弱，也就是媒介/舆论审判感知对公众司法程序公正感具有显著的负向影响（B = -0.224，p < 0.001），研究假设H1b成立。可见公众认为媒介/舆论干预司法的能力越强，则认为司法程序越不公正。

在媒介使用变量的调节作用方面，从表4-3可知，手机定制信息使用与媒介/舆论审判感知产生的交互效应具有统计显著性（B = 0.051，p < 0.01），这说明媒介/舆论审判感知对司法程序公正感的影响会因公众使用手机定制信息频率的不同而产生差异。从图4-2可知，对于高频率手机定制信息使用者和低频率手机定制信息使用者而言，媒介/舆论审判感知对公众的司法程序公正感均有负向影响。由于高频率手机定制信息使用的斜率更小，说明越高频率的手机定制信息使用，媒介/舆论审判感知对司法程序公正感的负效应越不明显，也就是说，手机定制信息使用频率越高，越会削弱媒介/舆论审判感知对司法程序公正感的负效应。可见，手机定制信息使用对媒介/舆论审判感知对司法程序公正感的负效应具有显著的调节效应。阅读手机定制信息越多，则媒介/舆论审判感知对司法程序公正感的负向影响越小。可以说，对于认为媒介/舆论能够强烈干预司法的公众，使用手机定制信息越多，则其对司法程序不公正的感知越会降低。

### 3. 各变量对司法结果公正感的影响情况

从表4-3可知，在司法结果公正感方面，年龄对公众司法结果公正感具有显著的正向影响（B=0.007，p<0.05），年龄越大则其司法结果公正感越强；媒介使用各变量（报纸、广播、电视、杂志、互联网、手机定制信息）对公众的司法结果公正感均无显著影响（p均大于0.05），研究假设H4a、H4b、H4c、H4d、H4e、H4f均不成立；当公众认为媒介/舆论干预司法的能力越大，则公众的司法结果公正感越弱，也就是媒介/舆论审判感知对公众司法结果公正感具有显著的负向影响（B=-0.206，p<0.001），研究假设H1c成立。可见公众认为媒介/舆论干预司法的能力越强，则认为司法结果越不公正。

在媒介使用变量的调节作用方面，从表4-3可知，广播使用与媒介/舆论审判感知产生的交互效应具有统计显著性（B=0.132，p<0.05），这说明媒介/舆论审判感知对司法结果公正感的影响会因公众使用广播频率的不同而产生差异。从图4-3可知，对于高频率广播使用者和低频率广播使用者而言，媒介/舆论审判感知对公众的司法结果公正感均有负向影响。由于高频率广播使用的斜率更小，说明越高频率的广播使用，媒介/舆论审判感知对司法结果公正感的负效应越不明显，也就是说，广播使用频率越高，越会削弱媒介/舆论审判感知对司法结果公正感的负效应。可见，广播使用对媒介/舆论审判感知对司法结果公正感的负效应具有显著的调节效应。收听广播越多，则媒介/舆论审判感知对司法结果公正感的负向影响越小。可以说，对于认为舆论能够强烈干预司法的公众，收听广播越多，则其对司法结果不公正的感知越会降低。

从表4-3可知，电视使用与媒介/舆论审判感知产生的交互效应具有统计显著性（B=-0.138，p<0.01），这说明媒介/舆论审判感知对司法结果公正感的影响会因公众收看电视频率的不同而产生差异。从图4-4可知，对于高频率电视使用者和低频率电视使用者而言，媒介/舆论审判感知对公众的司法结果公正感均有负向影响。由于高频率电视使用的斜率更大，说明越高频率的电视使用，媒介/舆论审判感知对司法结果公正感的负效应越明显，也就是说，电视使用频率越高，越会加强媒介/舆论审判感知对司法结果公正感的负效应。可见，电视使用对媒介/舆论审判感知

对司法结果公正感的负效应具有显著的调节效应。收看电视越多,则媒介/舆论审判感知对司法结果公正感的负向影响越大。可以说,对于认为媒介/舆论能够强烈干预司法的公众,看电视越多,则其对司法结果不公正的感知越会增强。

**4. 在各变量中,媒介/舆论审判感知的影响程度**

从表4-3可知,在模型Ⅰ的$R^2$的变化($\triangle R^2$)中,媒介/舆论审判感知变量的贡献最大(0.028大于0.011、0.003与0.005),在模型Ⅱ的$R^2$的变化($\triangle R^2$)中,媒介/舆论审判感知变量的贡献最大(0.063大于0.009、0.003与0.005),同样在模型Ⅲ块卡方值的变化中,媒介/舆论审判感知变量的贡献最大(14.726大于9.122与7.785,但小于16.639);在模型Ⅰ、Ⅱ中,媒介/舆论审判感知变量的贡献度均超过一半,分别为59.57%、78.75%,可见在影响公众司法制度公正感、司法程序公正感方面,媒介/舆论审判感知变量发挥着主导性的作用。[①]在模型Ⅲ中,媒介/舆论审判感知变量的贡献度为30.51%,可见在影响公众司法结果公正感方面,媒介/舆论审判感知发挥着重要作用。

综上,人口变量中的性别、年龄、受教育程度等社会变量会对公众不同维度的司法公正感产生显著影响;差异明显的家庭收入对各维度的司法公正感均无显著影响,因此,家庭收入的差异并不能导致公众的司法公正感产生明显差异。由于家庭收入是公民客观经济社会地位的一个重要指标,[②]因此,在一定程度上,公众的客观经济社会地位对其司法公正感并无显著影响。

单纯的媒介使用对公众的司法公正感没有显著影响;当公众认为媒介/舆论干预司法的能力越强,则公众认为司法越不公正,公众对媒介/舆论对司法影响的主观认知会显著负向影响公众的司法公正感。媒介/舆论审判感知不仅对司法结果公正感有显著影响,还对司法制度公正感、司法程序公正感有显著影响。

报纸、广播、手机定制信息、电视等媒介使用行为会调节媒介/舆论

---

① 本研究的主导性作用是媒介/舆论审判感知相对于人口变量、媒介接触变量而言的,是相对的主导性,而非绝对的主导性。
② 张顺、陈芳:《社会资本与城市居民社会经济地位认同》,《西安交通大学学报》(社会科学版)2012年第3期。

审判感知对公众司法公正感的影响；报纸、广播、手机定制信息使用会减弱媒介/舆论审判感知对司法公正感的负效应，在认为媒介/舆论能够干预司法的情景中，更多地读报、收听广播、使用手机定制信息，会降低公众的司法不公正感知；电视的使用则会增强媒介/舆论审判感知对司法公正感的负效应，在认为媒介/舆论能够干预司法的情景中，更多地收看电视，会进一步强化公众的司法不公正感知。[1]

（三）媒介使用对媒介/舆论审判感知的影响

**1. 各媒介使用变量对公众媒介/舆论审判感知的影响数据结果**

从表4-4可知，报纸、广播、电视、杂志、手机定制信息的使用对公众媒介/舆论审判感知均无显著影响（p值均大于0.05），研究假设H5a、H5b、H5c、H5d、H5f均不成立；互联网使用对公众媒介/舆论审判感知的影响显著（p<0.01），且产生积极的正向影响（B=0.044），互联网使用显著增强公众的媒介/舆论审判感知，研究假设H5e成立。已有研究也发现，非机构化的互联网社会化媒体也可以发起媒介审判，[2] 影响公众的媒介审判感知。

表4-4 媒介使用对媒介/舆论审判感知的多元线性回归

| 变量 | B (S.E) |
| --- | --- |
| 过去一年，对报纸的使用 | -0.022（0.024） |
| 过去一年，对杂志的使用 | -0.019（0.028） |
| 过去一年，对广播的使用 | -0.009（0.018） |
| 过去一年，对电视的使用 | -0.021（0.018） |
| 过去一年，对互联网的使用 | 0.044（0.013）** |
| 过去一年，对手机定制消息的使用 | 0.023（0.019） |
| △$R^2$ | 0.012*** |
| 模型显著性 | *** |
| 模型 $R^2$ | 0.012*** |

\* $p<0.05$  \*\* $p<0.01$  \*\*\* $p<0.001$

---

[1] 由于报纸、广播、手机定制信息、电视的使用均对一个维度的司法公正感产生显著的调节效应，因此可以说它们对司法公正感有影响。

[2] Chagnon, N. & Chesney-Lind, M., "'Someone's Been in the House': A Tale of Burglary and Trial by Media", *Crime Media Culture*, 11 (1), 2015, pp. 41-60.

互联网使用增强公众的媒介/舆论审判感知,而媒介/舆论审判感知削弱公众的司法公正感,同时互联网使用并不直接对公众的司法公正感产生显著影响,因此可以推断,互联网使用会间接导致公众感到司法不公正。为了证实这一推论,接下来,借助 Mplus 8 来分析互联网使用通过影响媒介/舆论审判感知进而影响司法公正感的中介效应。

**2. 互联网使用通过媒介/舆论审判感知对公众司法公正感的影响**

借助 Mplus 8 来分析互联网使用通过影响媒介/舆论审判感知进而影响不同维度司法公正感的中介效应,因变量为不同维度司法公正感(司法制度公正感、司法程序公正感、司法结果公正感),自变量为互联网使用,中介变量为媒介/舆论审判感知。数据分析结果见表 4-5。

表 4-5 互联网使用对不同维度司法公正感的效应

| 维度 | 类别 | 效应值区间(95%的置信度) 2.5%(低) | 2.5%(高) | 效应值 |
|---|---|---|---|---|
| 互联网使用对司法制度公正感 | 间接效应 | -0.024 | -0.007 | -0.015 |
| | 直接效应 | 无 | | |
| 互联网使用对司法程序公正感 | 间接效应 | -0.035 | -0.011 | -0.023 |
| | 直接效应 | 无 | | |
| 互联网使用对司法结果公正感 | 间接效应 | -0.016 | -0.004 | -0.009 |
| | 直接效应 | -0.095 | 0.001 | -0.049 |

从表 4-5 可知,通过媒介/舆论审判感知的中介作用,互联网使用对公众司法制度公正感影响显著(95%的置信区间为 [-0.024, -0.007],不包含"0"),仅发生间接影响,不发生直接影响,且间接影响的效应值为负值;同样,通过媒介/舆论审判感知的中介作用,互联网使用对公众司法程序公正感影响显著(95%的置信区间为 [-0.035, -0.011],不包含"0"),也是仅发生间接影响,不发生直接影响,且间接影响的效应值为负值。可见,互联网使用通过正向影响媒介/舆论审判感知间接削弱了公众的司法制度公正感、司法程序公正感。

通过媒介/舆论审判感知的中介作用,互联网使用对公众司法结果公正感影响显著,不仅发生间接影响,也发生直接影响,但直接影响不显著

(95%的置信区间为［-0.095，0.001］，包含"0"），间接影响显著（95%的置信区间为［-0.016，-0.004］，不包含"0"），且间接影响的效应值为负值。可见，互联网使用同样通过正向影响媒介/舆论审判感知间接削弱了公众的司法结果公正感。

可见，互联网使用会通过影响公众主观上对媒介/舆论影响司法的判断而间接削弱公众的司法公正感。

## 第三节 结论与讨论

本研究的核心结论是公众对媒介/舆论干预司法的认知会显著影响其司法公正感，单纯的媒介使用并不会对其司法公正感产生显著影响；互联网使用会增强公众对媒介/舆论影响司法的判断，并借助影响公众的媒介/舆论审判感知来削弱公众的司法公正感。此外，部分媒介使用（报纸、广播、电视、手机定制信息）会调节公众媒介/舆论审判感知对其司法公正感的影响。

### 一 期待与反噬

一些公众成员通过互联网公布自己遭遇的司法案件以期媒介报道、公众参与来形成舆论以影响司法，这说明公众对媒介审判有着某种程度上的期待。当然，这种期待是因为公众认为司法不公。然而，当公众认为司法判决严重受到媒介/舆论审判的影响后，其司法不公正感亦很强。从公众角度看，整体上，媒介审判似乎是个"烫手的山芋"，想拿却也不想拿。从传播效果看，媒介审判信息传播活动不仅可能会导致司法断案的不公正，干扰罪责法定的司法理念，更可怕的是会损伤公众的司法公正感。

Greer 和 McLaughlin 研究发现，媒介/舆论在对案件的审判式报道中，会对相关人员设置推理式的报道框架，以推断嫌疑人的罪责、评判司法人员行为的合理性，并进行道德诋毁。[①] 然而，极端的公众用污蔑、低俗的

---

[①] Greer, C. & McLaughlin, E., "'Trial by Media': Policing the 24-7 News Mediasphere and the 'Politics of Outrage'", *Theoretical Criminology*, 15 (1), 2010, pp. 23-46.

第四章　互联网对司法公正感的影响及媒介/舆论审判感知的中介效应　123

攻击性言论对相关人员进行道德污损，以佐证嫌疑人有罪，道德吊打式的舆论法庭审判其实是对人格的一种污损，这会让公众产生心理不安全感，进而削弱其司法公正感。

"关于某个案件判决的舆论，也可以决定判决可以得到何种程度的理解和遵守。"① 在司法舆论的形成方面，新闻媒介扮演着重要角色。新闻媒介对司法案件的报道会引发舆论关注。若新闻媒介率先对司法案件的审判结果进行预测，或推测犯罪嫌疑人应当受到的惩罚，会让受众产生新闻舆论向司法施压使其接受媒介审判的心理预期，这会对受众的司法公正感产生负面影响。陈力丹认为媒介审判会让公众怀疑司法判决受到舆论影响，这有损法治建设。② 本研究发现的最大启示是，要增强公众的司法公正感，新闻媒介对司法案件的报道要避免媒介审判。虽然公众会参与舆论审判力图影响司法审判，但当公众感到媒介/舆论会干预法官公正断案时，会反噬公众的司法公正感。

虽然有的研究者认为，媒体并不能准确地呈现法官们对案件的审理、判决等司法工作，③ 媒体对司法案件的报道可能会损伤司法审判，尤其是媒体在对案件的报道中披露了司法审判不可能使用的证据。④ 但是，新闻媒体报道司法案件是法治社会建设的一项必要内容。新闻媒体如何报道司法案件成为新闻实践的重要议题。

媒介审判之所以影响公众，一个重要原因是媒介对案件的报道迎合了公众既有的认知模式。⑤ 在司法案件的新闻报道中，新闻媒体应当客观公正地介绍案情及相关的法律知识，同时向公众传播司法机关断案程序的严谨性，避免公众在阅览司法案件新闻时产生新闻舆论会干预司法断案的心理预知，帮助公众意识到法官不会受媒介报道干扰，而是独立自主地依据

---

① 〔美〕理查德·戴维斯：《最高法院与媒体》，于霄译，上海三联书店，2014，第189页。
② 陈力丹：《不能再搞"媒介审判"》，《新闻界》2013年第22期。
③ Spill, R. L. & Oxley, Z. M., "Philosopher Kings or Political Actors? How the Media Portray the Supreme Court", *Judicature*, 87 (1), 2003, pp. 22 - 29.
④ Phillipson, G., "Trial by Media: The Betrayal of the First Amendment's Purpose", *Law & Contemporary Problems*, 71 (4), 2008, pp. 15 - 29.
⑤ Chagnon, N. & Chesney-Lind, M., "'Someone's Been in the House': A Tale of Burglary and Trial by media", *Crime Media Culture*, 11 (1), 2015, pp. 41 - 60.

法定程序、法定罪责对司法案件进行审判。

媒介审判不可取，这是研究者一向秉持的学术观点。本研究通过实证检验进一步揭示了媒介审判的负面法治效果。司法信任需要公众具有积极的司法公正感，若公众的司法公正感被削弱，则司法信任会受到损伤，这会对社会主义法治建设产生明显的负面效应。

保障司法独立是实现司法公正的前提，这一要求不仅体现在司法系统本身，[1] 也体现在其他社会子系统不能干预司法，如媒介/舆论系统。当公众感知到媒介/舆论系统干预司法时，其司法公正感会降低，这不利于法治社会的建设。要实现司法公正，需要全社会维持司法独立，因此媒介/舆论子系统应当避免干预司法。

## 二　互联网信息传播特点影响媒介/舆论审判感知、削弱司法公正感

互联网会积极影响公众的媒介审判感知：一方面，互联网为公众创造了媒介使用的自主性，这会增强公众认为自己可以影响世界的想象；另一方面，互联网公布的一些初审案件，会引发公众广泛讨论，从而推动这些案件的二审或后续处理，体现了网民对司法案件的讨论的影响力。

互联网社交媒体是司法系统与公众沟通的主要形式之一。[2] 一系列的争议性司法案件表明网络舆论对司法审判有着明显影响。[3] 对既有案件审理的不满以及对司法腐败的担心会诱发网民通过互联网社会化媒介来表达对司法案件的意见，案件目击者、知情者也会借助互联网向公众传递其所知道的关于案件的情况；网民彼此的声援与支持会增强其对舆论审判可能产生的司法效果的想象，这会增强网民的互联网审判感知。此外，网民在网络空间呈现的案件目击信息、隐情信息以及讨论形成的舆论会促进、引发主流媒体对案件的进一步报道，网民对主流媒体司法案件新闻报道的议

---

[1] 罗本琦：《论实现司法公正》，《法律科学》1999年第5期；吕忠梅：《司法公正价值论》，《法制与社会发展》2003年第4期。

[2] Boothe-Perry, N. A., "Friends of Justice: Does Social Media Impact the Public Perception of the Justice System？", *Pace Law Review*, 35（1）, 2014, pp. 72 – 115.

[3] 余素青：《新媒体传播与舆论审判叙事》，社会科学文献出版社，2017，第85~103页。

程设置，也会增强网民的互联网审判感知。

与报纸、杂志、广播、电视、手机定制信息的信息传播相比，互联网法治信息传播为公众对案件事实的质疑及表达提供了渠道，且网民会在网络空间形成社会连接，甚至引发现实的社会抗议，来向司法机关表达意见。[①] 由于网民的质疑与在线表达参与，一系列的案件被公众关注，成为显性的社会话题，引发公众、媒体、司法机关等各社会主体的参与，也使得部分案件得到更好地处理。网络舆论促进司法实践的推进，甚至推动案件的改判让公众认识到网络舆论对司法实践的强大作用，这会螺旋地增强互联网使用者的媒介/舆论审判的感知。

互联网社交媒体使用者非常关心社会正义的实现。[②] 司法案件新闻与道德紧密相关。互联网为公众的道德评判提供了渠道，道德式的话语表达容易推动司法机关更快地办理案件，以实现司法审理的社会价值。这会增强互联网使用者的媒介/舆论审判感知。然而，网络用户的匿名与弱约束感，加上可以加重对失德者的惩罚的观念深植于公众的意识深处，这容易让网民的道德评判极端化，发生道德审判，甚至出现道德吊打。网络民粹式的极端性惩罚言论导致的民粹主义舆论审判[③]会让使用者感知到极端性的惩罚言论，这可能让互联网使用者想象司法机关的审判会受到民粹主义舆论审判的影响，出现民粹主义司法现象，这会削弱网络使用者的司法公正感。

在法治新闻传播方面，报纸、杂志、广播、电视、手机定制信息的信息传播基本是司法精英对普通民众的单向传播，而互联网实现了公众与司法精英的互动，并引发媒介参与其中。可以说，互联网媒介的传播特点让公众成为传播主体，通过互联网连接、聚集、相互支持，形成有力量的群体。因此，互联网媒介增强公众的媒介审判或舆论审判感知是通过互联网媒介的信息传播特点来实现的。互联网使用者借助互联网信息传播的双

---

[①] 王文军：《法治新闻报道的传播学分析》，《法学》2011年第9期。

[②] Barrett, J., "Open Justice or Open Season? Developments in Judicial Engagement with New Media", *Queensland University of Technology Law & Justice Journal*, 11 (1), 2011, pp. 1 - 30.

[③] Greer, C. & McLaughlin, E., "Media Justice: Madeleine McCann, Intermediatization and 'Trial by Media' in the British Press", *Theoretical Criminology*, 16 (4), 2012, pp. 395 - 416.

向、即时的特点,相互连接形成较为开放的网络社会结构,实现了公众与司法机构的联通、互动。

## 三 不同媒介使用对公众感知媒介或舆论与司法公正感之关系存在差异性影响

电视的使用会增强媒介/舆论审判感知对司法公正感的负效应,同时电视的使用对公众的媒介/舆论审判感知、司法公正感均无显著影响。可见,在公众感到媒介/舆论审判会影响司法审判的情景下,使用电视会强化公众的司法不公正感。

报纸、广播、手机定制信息会削弱媒介/舆论审判感知对司法公正感的负效应,同时三者对媒介/舆论审判感知、司法公正感均无显著影响。可见,在公众感到舆论/媒介审判会影响司法审判的情景下,使用报纸、广播、手机定制信息会减弱公众的司法不公感。

不同形态的媒体对司法案件的报道存在明显的差异。在司法案件报道上,报纸会比电视更广泛地报道法庭对案件的裁决,且报纸更为准确地描述了法院判决的案件。[1] 报纸的法治新闻报道能够为司法裁决提供更广阔的背景,为法官提出裁决结果提供替代性的理由。[2] Spill 和 Oxley 研究发现,对于司法案件的报道,相比于报纸,电视在法治新闻报道中更关注案件的政治含义;比起电视,司法裁决的理由更多地出现在报纸的新闻报道中;比起电视,报纸报道的司法议题更为多样化。[3] 有的研究者认为电视在报道司法案件审理时,带有娱乐色彩,可能会降低公众对司法系统的尊重度。[4] 因此,电视使用会增强媒介/舆论审判感知对司法公正感的负效应。

然而,在中国的法治新闻研究中,依据笔者掌握的资料,目前尚缺少

---

[1] Spill, R. L. & Oxley, Z. M., "Philosopher Kings or Political Actors? How the Media Portray the Supreme Court", *Judicature*, 87 (1), 2003, pp. 22 – 29.

[2] Spill, R. L. & Oxley, Z. M., "Philosopher Kings or Political Actors? How the Media Portray the Supreme Court", *Judicature*, 87 (1), 2003, pp. 22 – 29.

[3] Spill, R. L. & Oxley, Z. M., "Philosopher Kings or Political Actors? How the Media Portray the Supreme Court", *Judicature*, 87 (1), 2003, pp. 22 – 29.

[4] 〔美〕戴维·L. 帕雷兹:《美国政治中的媒体:内容和影响》(第二版),宋韵雅、王璐菲译,南京大学出版社,2010,第 358~361 页。

对不同媒体在法治新闻报道中的差异进行的实证研究的数据。不过从国外的研究中可以发现,在对同一司法案件的报道中,不同形态的媒介采取的报道策略有所差异。也许,这是导致报纸、广播、手机定制信息与电视在调节公众的媒介/舆论审判感知与司法公正感之关系方面存在差异的重要原因,当然这一原因还需要后续的实证研究来进一步佐证。

在传统媒体中,广播、报纸、电视作为主流媒体,[①] 在报道法治新闻的立场、框架、议程方面相对一致,但在调节受众的媒介/舆论审判感知对司法公正感的影响上,存在显著的差异,甚至存在方向相反的差异。这在一定程度上启示我们,不同形态的媒介对公众感知媒介/舆论与司法的关系方面存在差异性影响。恰如麦克卢汉将广播视为冷媒介、电视视为热媒介,认为二者对使用者的神经感知存在差异。[②] 即便承载相同属性的信息内容,不同形态的媒介技术会对使用者的信息感知产生差异化影响。

### 四 不简单地将媒介划分为传统媒介、新媒介是正确的

本研究发现,不同的具体性的媒介使用对公众媒介/舆论审判感知的影响存在差异,互联网使用与手机定制信息的使用产生的影响差异明显。同样,本研究发现,不同的具体性的媒介使用对媒介/舆论审判感知对公众司法公正感影响的调节效应存在差异,报纸、广播与电视的调节效应方向明显不同,手机定制信息使用与互联网使用的调节效应存在显著差异,前者的调节效应显著,后者的调节效应则不显著。综上可见,不将报纸、杂志、广播、电视简单归类为传统媒介使用是正确的,同样不将互联网使用、手机定制信息使用简单归类为新媒介使用也是正确的。

简单的媒介归类会削弱具体性的媒介使用之间的差异性。在当下,伴随纸质报纸的逐渐消亡与广播使用的窄化,报纸、广播的使用已经与电视的使用存在较大的差异,简单的归类会抹杀这一差异。另外,不同的具体性的媒介使用对某一社会行为的影响作用可能是反方向的,简单的归类会

---

① 其实,从信息传播实践看,手机定制信息也属于主流媒体,因为手机定制信息提供的新闻信息多来源于主流媒体的新闻报道。
② 〔加〕马歇尔·麦克卢汉:《理解媒介——论人的延伸》,何道宽译,商务印书馆,2000,第51~53页。

对冲这种反向的作用，使得归类后的媒介使用的影响不显著。可见，简单的媒介归类值得商榷，王天娇已经通过对"新媒体使用"这一概念的实证检验证实了这一点。①

## 五 结语

从传播效果看，新闻传播学领域，既有的关于媒介/舆论审判的探讨，多关注媒介/舆论审判信息传播对司法实践的影响，却忽略媒介/舆论审判对普通民众心理认知的影响。身处媒介/舆论审判信息传播事件中的普通民众，亦会受到媒介/舆论审判信息的影响，这是媒介/舆论审判信息传播对普通民众的信息传播效果。从普通受众的视角考察媒介/舆论审判信息传播实践的传播效果，有助于全面、立体地认识媒介/舆论审判信息传播实践的影响，而不仅仅局限于司法实践这一领域。本研究发现媒介/舆论审判信息传播会削弱受众的司法公正感，这亦证实媒介/舆论审判不仅影响司法实践，也对普通民众产生社会影响，损害民众的司法信任。对影响司法、影响社会两个维度的媒介/舆论审判传播效果的认识有助于完整、全面、立体地认识媒介/舆论审判信息传播产生的司法与社会危害。

---

① 王天娇：《"新媒体使用"概念的有效性——从媒介使用和媒介效果看网络信息渠道的异质性》，《国际新闻界》2020 年第 1 期。

# 第五章　网络暴力：一种畸形舆论的形成机制及伦理法律规约

网络暴力一般指"以网络为媒介，通过捏造事实或者无端谩骂等方式，发布言论、图片、视频等对他人的名誉、精神等造成损害的行为"[①]。所谓的无端除了指无理由之外，还包括不合情理、不合法。网络暴力实则是一种侵权行为，涉及多种违法行为，包括"网络诽谤、人肉搜索、网络骚扰"等。[②]

网络暴力是互联网空间存在的一种污蔑性行为。由于其被放置在网络广场上，可能引发群体性关注、附和或议论，从而给当事人带来痛苦的精神压力，将自己想象成网民非议的对象，想象网民用恶毒的眼神审视、鄙视自己，想象网民把自己视为不道德的人，想象身边的人在上网后发现自己是个坏人而可能产生敌视态度。可见，网络暴力给当事人带来想象性的心理伤害，造成当事人心理痛苦甚至心理认知扭曲，使其处于心情沮丧状态。

## 第一节　意见气候：网络暴力带来严重社会伤害的心理机制

沉默的螺旋揭示社会意见气候对社会个体的心理认知具有重要影响，污蔑性的言论信息给当事者感知社会评价带来显著影响，进而对其产生严

---

① 赵晨熙：《"键盘侠"网络暴力何时休 业内人士建议出台反网络暴力法防治网暴》，《法治日报》2022年2月8日。
② 赵晨熙：《"键盘侠"网络暴力何时休 业内人士建议出台反网络暴力法防治网暴》，《法治日报》2022年2月8日。

重的心理伤害,甚至带来严重的行为后果。网络暴力带来的对意见气候的感知、想象具有严重的社会危害性。

## 一 负面意见气候带来恐惧臆想

意见气候指公众依据信息环境中不同意见的分布情况,而判断哪种意见适合发表,哪种意见不适合发表,以使自己能够与意见信息环境相适应;发表意见、参与谈论会影响意见气候的走向,因为二者塑造了倾向性的意见信息环境。[①]

网络暴力给被害人带来的负面影响在于,被害人会将一部分网民的语言暴力攻击扩大化想象舆论在谴责自己,会感觉自己被舆论盯梢。如同谣言一样,参与谣言传播的人虽少,但接触谣言的受众会扩大化想象谣言为一种舆论形态的意见;同样,参与网络暴力信息传播的网民虽少,但阅览网络暴力信息的网民会扩大化想象对网络暴力对象的谴责是一种舆论样态的看法。

如同谣言一样,网络暴力也是一种畸形的舆论。煽情、刺激、道德性的网络言语往往会引发舆论关注,在一定程度上会营造出虚假的网络意见气候,让人产生网络舆论即将形成的心理想象,这会让当事人产生严重的心理错觉感知,以为针对自己的不利舆论气候已经形成。因此,网络暴力是一种畸形的舆论。

在网络暴力事件中,一些受害人选择自杀等极端方式来回应网络暴力,原因在于互联网中的极端性污蔑言论引发了大量的不堪入目的低俗性评论,凭借刺激、极端、煽情性的暴力言语而引发网民的广泛关注,造成侮辱性、暴力性言语甚嚣尘上,营造出越来越强的意见信息环境。看似不断被增强的网络暴力意见气候会通过一些信息传播渠道而被受害者感知到。在恐惧与臆想的认知心理作用下,一些极端可怕的情况与结果在受害人头脑中产生。

---

[①] 〔德〕伊丽莎白·诺尔-诺依曼:《沉默的螺旋》,董璐译,北京大学出版社,2013,第4~5页。

## 二　负面意见气候产生的消极行为

在日常教育下，人会形成稳定的社会认知结构，来指导自己对世界事物的认知，并使自己的认知处于稳定、和谐状态之中，从而拥有积极的心态、良好的心情来生活、工作。然而，周围信息环境中产生了对自己的负面、消极评价，且大有形成网络舆论之势，使自己暴露在被众人攻击的网络公共空间中。在这样的情境下，人的稳定的认知结构被破坏，社会心理压力陡增，且在网络流言蜚语的想象中产生臆想性的社会恐惧。

当一些可怕的臆想产生于受害人心理认知之中，受害人轻则处于心理不健康状态，如处于抑郁状态、恐惧状态；重则导致轻生。网络暴力对受害人产生伤害源于受害人借由网络暴力带来的意见气候会想象自己被社会抛弃、自己会处于社会性死亡的状态，加上法律意识淡薄，想不到通过法律维权，便选择轻生的念头。

意见气候会让社会成员意识到什么是可以采纳的社会行为，什么样的社会行为会获得社会性肯定，或者至少在法不责众的心理情景中导致一些社会成员参与到违法的社会行为之中。在网络暴力事件中，倘若污蔑性、诽谤性、攻击性的言语得不到惩处，暴力性言语会在网民中扩散，并被鼓励，导致暴力性言语在社会空间不断溢出，会给社会秩序带来严重危害，导致潜在的社会冲突的发生。可见，网络暴力事件中的意见气候亦会带来社会层面的危害，冲击社会秩序与社会稳定。

网络暴力言行带来的意见气候有着多方面的危害，因为身处意见气候之中的网民会通过对意见气候的感知与判断而采取不可预知的行为反应，当行为反应与理智、秩序产生较大偏差时，不可预知的危害便可能发生。

## 第二节　网络暴力的形成

诱发网络暴力的因素既包含个体因素，也包含环境因素。网络空间的匿名性让言语表达充斥着攻击性，主观的道德判官角色想象、薄弱的伦理意识和法律意识使得网络暴力经常发生。

## 一　影响网络暴力行为因素的实证检验

在实证研究方面，周曼、郭露研究发现，网民在没有弄清事情真相前而产生的从众心理，自以为是的主观正义感，发表激烈言辞以享受言论自由权利的行为取向，会导致网民发表攻击性、污蔑性的言论，导致网络暴力行为的发生。① 网络环境的匿名性与虚拟性、网民个体之间联系的无机性、网络空间监管法律制度的薄弱、网民道德意识的淡薄，当网民充满较负面的道德情绪时，这些因素会让网民产生实施网络暴力行为的意向，进而导致网络暴力行为的发生。②

侯玉波、王婷实证研究了主观社会阶层感知、公正世界信念对网络暴力行为的影响，他们发现网民对自己的主观社会阶层认定与网络暴力有着密切的联系，主观上认为自己所处的社会阶层越高，则网民越会参与网络暴力。③ 这可能源于主观社会阶层越高的网民其道德优越感越高，越会产生自以为是的道德价值评判标准，进而对他者的行为产生不满而表达在网络空间中，形成网络暴力。侯玉波、王婷还发现，公正世界信念在主观社会阶层感知影响网络暴力行为的关系中发挥着调节作用，当认为世界对自己不公正时，主观社会地位越高的网民越容易参与网络暴力，而认为世界对别人不公正时，社会地位越高的网民越不会参与网络暴力。④ 他们的研究显示，当认为自己社会地位高的人感知世界没有公正对待自己时，其在互联网空间会表现出言语攻击性，以发泄自己的不满，宣泄自己内心产生的社会不公正感。对于网民而言，相对的社会不公正带给自己的心理不愉悦亦会诱发其网络言语攻击行为。

---

① 周曼、郭露：《自媒体时代的网络暴力群体极化效应成因研究：结构方程模型的证据分析》，《江西师范大学学报》（哲学社会科学版）2021年第4期。
② 周曼、郭露：《自媒体时代的网络暴力群体极化效应成因研究：结构方程模型的证据分析》，《江西师范大学学报》（哲学社会科学版）2021年第4期。
③ 侯玉波、王婷：《社会阶层与公正世界信念对中国人网络暴力行为的影响》，《西南大学学报》（社会科学版）2019年第2期。
④ 侯玉波、王婷：《社会阶层与公正世界信念对中国人网络暴力行为的影响》，《西南大学学报》（社会科学版）2019年第2期。

## 二  网络暴力形成的心理机制

中国乡土社会，不好的事情往往要拿出来公开说一说，让大家伙评议一下。[1] 互联网中，人们同样会公开发布自认为的"阴暗面""不好之处"，如刘学州事件中，一些网民网暴他向亲生父母要房子，认为其不应该这样做，这样做说明其寻亲目的不纯，进而对刘学州展开人格攻击。在乡土社会里，对隐私权、名誉权的尊重意识比较薄弱，当这种观念进入互联网空间，会被互联网放大，因为乡土社会里的信息传播囿于一个狭小的地理空间，而网络空间却是无边无界的。在互联网空间，攻击性的言论会形成网暴，从而使当事人产生精神压力，感到自己名誉被毁，仿佛自己进入了社会性死亡的状态。

风俗习惯会影响社会意见表达。伴随着更多普通人成为互联网使用者，乡土社会中存在的公开评议他者的惯习可能会被带入互联网空间，表现为一些人公开非议他人的人格，站在自认为的道德高地而不顾具体情境中的道德标准，抑或法律规定所体现出来的最低道德标准，对他者横加指责，无端攻击。乡土社会里常见的在村头谈论张家长李家短的道德评判借助互联网空间可能会演变为一场网络言语暴力。因此，培养网民的使用互联网的道德素养便显得必要。

群体心理不等于个体心理之和，[2] 当个体置于群体之中，其心理认知会受到群体环境的影响，如暗示、渲染。勒庞在《乌合之众》中便探讨了群体环境对个体心理的影响。网络中的网民心理亦受到网络空间环境的影响，网络群体心理亦不是网民个体心理之和。网络意见极化便是一个证明。网络意见极化是指在网络空间中，伴随网民意见的交流、互动的增强，原本持有的意见会更加偏激，网民成员之间的心理是相互增强、彼此推动的。[3] 处于网络空间中的个体，其心理认知受网络环境氛围、其他网

---

[1] 沙垚：《舆论监督：作为乡村治理的民俗艺术——以陕西省H县"耍歪官"活动为例》，《现代传播》2021年第10期。

[2] 顾杰善：《群体心理学导论——对群体心理现象的实证分析与理论探索》，《社会学研究》1992年第3期。

[3] 〔美〕卡斯·R.桑斯坦：《谣言》，张楠迪扬译，中信出版社，2010，第58~65页。

民个体行动示范、众多个体之间心理能量相互加强等因素的影响，形成的群体心理合力并不是个体心理的简单相加。

对于网络暴力而言，当公开性的攻击性、污蔑性言论发生后，其可能诱发持相似看法的网民个体更有心理能量，从而去掉顾忌，参与到对当事人的网络暴力之中。破窗效应告诉我们，当一个事物被莫名地损毁时，会引发更多的人参与到破坏之中。① 对于人而言，同样如此。如在杭州女子取快递被造谣出轨这一网暴事件中，诽谤造谣信息最先被发布在一个微信群中，接着被其他微信用户转发，扩散到110个微信群，大量低俗、淫秽的评论不断累积，后经微信公众号、网站的转载，阅读量达到2万余人次，这些不断扩散、累加的网络暴力言语导致被害人被公司劝退。② 因此，在网络暴力的形成中，一种负面性的评价在经过网络群体心理的增强之下，可能会演变为一场网络暴力，引发群体性的网络言语攻击。诱发的群体性的网络攻击让每一个社会成员产生了社会不安全感，破坏了社会秩序。

网民个体的心理偏于感性、情绪化。③ 部分网民的法治意识薄弱，其道德标准远高于法律，便将他者并不违法的行为判定为不道德，从而产生心理动力进行网络言语攻击。这样的攻击是感性化的，完全凭借个人好恶，只因为他者的言行违背自己的价值判断，却无视自我的价值判断可能是脱离具体实际、脱离法治精神的抽象性价值观念。网民群体中存在的起哄心理，"看热闹不嫌事大"，则会进一步诱发一些网民跟随感性的、易煽动情绪的攻击性言语，形成更为极端的情绪化的污蔑言语，使得网暴变得更为恶劣，更为偏激，因为被网暴者已成为攻击者眼中的不道德之人。

沉默的螺旋假设揭示，在舆论的形成过程中，存在认知的多数无知。④ 人们无法准确知晓舆论客体的情况，便可能对舆论客体产生看似合理的推测与想象。⑤ 网络上的看客通常依照自己的认知偏颇、认知偏见而无端地

---

① 刘京林等编著《传播中的心理效应解析》，中国传媒大学出版社，2009，第150~152页。
② 吴帅帅：《面对网络暴力，自诉很无力，公诉有威力 公权力介入杭州女子取快递被造谣出轨事件的法治观察》，《新华每日电讯》2021年1月6日。
③ 成俊会：《微博舆情传播中的用户行为研究——发布、转发与评论》，经济科学出版社，2018，第178~179页。
④ 刘海龙：《大众传播理论：范式与流派》，中国人民大学出版社，2008，第203~204页。
⑤ 倪琳：《近现代中国舆论研究文献选编》，上海交通大学出版社，2015，第268页。

想象他者的行为与动机,在没有实地访谈所评论对象,无法为所评论对象设身处地地思考解决办法的情境下,臆想性地在道德上对其展开负面评价,进而对其进行言语攻击,使其被网暴。

网络中存在道德判官,其评判别人的道德标准远高于法律,且随个人好恶而变,这些人形成的网络空间中的舆论审判气候,给受害者造成心理伤害与想象性恐慌。这是网暴产生的一个重要原因。网民网络审判的标准可能不是依据法律,而是网民看似正确实则错误的好恶观,以个人道德话语凌驾法律之上。自以为是的"正义"一旦被其他网民感觉是意见气候,会诱发这些网民借此发泄情绪,进一步使得网暴言语的意见气候增强,在螺旋增强的状态下,带来更严重的网络攻击性言语。在网络暴力中,"正义"会被作为一种话语工具而被用来从事恶意攻击。

互联网上曝光的一件又一件社会道德败坏的事件,以及一些网民低俗、恶俗、庸俗、媚俗的言行,让部分网民在互联网使用过程中对网络空间产生了道德焦虑、不信任感,这样的互联网使用心理状态让网民的互联网行为充满紧张与浮躁。[①]

刘绩宏、柯惠新的研究发现,当网络谣言契合网民的道德焦虑状态时,能够激起网民多元、混合、复合的道德情绪,使得网民对谣言涉及的相关主体形成消极的道德判断,激发、诱发网民对相关主体实施网络暴力行为,相应地,网络谣言由此演化为网络暴力,"对网络谣言相关主体的消极道德判断是演化过程的关键中介"[②]。这一研究发现启示我们,消极的道德评价以及由此展开的道德审判是网民对受害者展开网络暴力的重要心理动因。从刘学州被网暴事件到德阳女医生被网暴事件,一旦网民的消极道德评价被激发,则网暴随之发生,网民的言辞充满谩骂、污蔑与诋毁。

互联网上自大的道德判官们或者以道德为工具来捆绑别人,对别人展开抽象的道德审判,以满足丑陋的人性阴暗面的需要,或者对那些并不违法但低于其道德标准的行为产生愤怒与不满,由此产生猎巫心理,将他者

---

[①] 刘慧瀛:《网络道德焦虑的心理整饬》,《郑州大学学报》(哲学社会科学版)2017年第4期。

[②] 刘绩宏、柯惠新:《道德心理的舆论张力:网络谣言向网络暴力的演化模式及其影响因素研究》,《国际新闻界》2018年第7期。

贬低为"丑恶"的人,实施言语攻击,以满足自己惩罚所谓的"坏人"的心理。

在法治社会中,法律是道德的底线,① 法律之上的道德标准因人而异,存在高低之分,但道德的实践需要结合具体的社会情景、社会条件,它不是抽象的,而是具体的、情景的、实践的。因此,道德判官们以抽象的道德标准而非法治的衡量标准来审视他者的道德实践,难免认为他者"丑陋",攻击污蔑他者的猎巫心理难免被激起,并在网络空间中公开指责他者。"对陌生事物与人群的无知或错误认知",会让人产生不理解与难以宽容,猜疑与担心便会萌生。② 网络媒体中的假新闻,不负责任的言论,以及捕风捉影的闲言碎语便会让网民不能容纳不合于己而言的陌生事物,攻击性的言语便可能由此而生。

现代社会是一个多元化社会,在法律之上,多样的生活形态被允许、容纳,人们的生活观念亦呈现多样化。然而,一些网民以自己的生活观念为基准审视、评判别人,难以容纳别人的生活样式。对凡是不顺从自己的认知结构的他者行为便展开猜疑、臆想、攻击。一些网络暴力源自施加者的认知偏见与认知错觉。

## 三 充满暴戾之气的网络信息环境

由于儿童早期的心理创伤、不良的教养方式、不安全依恋,一小部分社会成员拥有一定程度的反社会人格障碍,具有反社会人格障碍的社会成员在普通人群中占比约为4%。③ 由于互联网的普及化,在网民群体中,也存在一定数量的反社会人格障碍的网民。

具有反社会人格障碍的人通常对"不同观点和生活方式的容忍度或理解力较低""愤世嫉俗、思想偏执""不信任他人""喜争吵""冷酷,缺

---

① 杨铜铜:《论法谚的司法运用》,《法学》2021年第7期。
② 王明珂:《猎巫危机:对新冠肺炎的人文省思》,《中南民族大学学报》(人文社会科学版)2020年第3期。
③ 陈哲、付丽、彭咏梅、蔡蓉、周世杰:《父母教养方式、儿童期虐待、依恋与反社会人格障碍倾向的关系》,《中国临床心理学杂志》2011年第2期;张建人、孟凡斐、凌辉、龚文婷、李家鑫:《童年期虐待、父母教养方式、不安全依恋与大学生反社会人格障碍的关系》,《中国临床心理学杂志》2021年第1期。

少同情心""自我中心,自我价值的夸大感""易怒的,具有侵犯性""与社会经常发生冲突""情感不稳定"。① 拥有攻击性、易参与社会冲突是具有反社会人格障碍人群的显著特征。在网络空间,具有反社会人格障碍的网民更易采用攻击性言语来对待不同于自己的他者,攻击性言语成为他(她)们与他者、社会沟通的主要方式。他(她)们往往用激烈的言辞表达自己的看法,用冲突、对抗的方式与他者沟通,他(她)们经常有敌意,偶尔也会有柔和的言语。

在网络空间,具有反社会人格障碍的网民通常在言语中表现出暴戾之气,带来网络言语暴力。由于偏执、偏激的认知特点,具有反社会人格障碍的网民更乐于在匿名的网络空间表达充满敌意的、攻击性的言语,对异己之语揪住不放。这容易导致网络空间中的理性声音被驱逐,也就是理性之人不愿意在网络空间被具有反社会人格障碍的网民纠缠不清,进而不乐意与其展开对话。这使得网暴言语在网络空间中被增强,形成意见环境气候。

一些研究发现,当人们利用计算机进行交流的时候,会表现出更高水平的诅咒、辱骂、凌辱等暴力语言使用;与面对面(含视频面对面)交流相比,基于文本交流的网络空间中表现出更高水平的攻击性和敌对性;充满敌意、辱骂的言语通常发生在以计算机为中介的交流之中。② 可见,在匿名、缺少社会确认的网络环境中,更容易发生言语暴力,这与网络媒介的信息传播特性有着一定程度的关联。在网络空间,暴戾之气也许是一种正常的状态,除了具有反社会人格障碍的网民之外,一些人格基本正常的网民也可能将网络视为宣泄不满、表达迁怒、转移或卸下压力的社会场所。这些均会在很大程度上导致网络暴力的发生。

邹振东认为,"舆论是不讲道理的","越是极端的情绪,越是容易出风头",舆人更多的是借助舆论来宣泄情绪。③ 在网络空间,网民亦喜欢用极端的刺激性言语来表达感受,不在乎外面世界的感受。当嘈杂与极端的

---

① 刘邦惠、黄希庭:《国外反社会人格研究述评》,《心理科学进展》2007年第2期。
② 〔英〕亚当·乔伊森:《网络行为心理学——虚拟世界与真实生活》,任衍具、魏玲译,商务印书馆,2010,第68~69页。
③ 邹振东:《弱传播》,国家行政学院出版社,2018,第76~78页。

意见环境形成，网民表达不同意见、看法的方式可能是充满谩骂、攻击的暴力性言语。因此，一些网民看不惯刘学州向其父母讨要房子，并没有向刘学州摆事实、讲道理，而是开口便是攻击性言语，并不时伴随脏话。网络空间中弥散着暴戾之气，凡是网民看不惯的，"泼脏水"与破口大骂便是网民表达不满的方式。这样的意见信息环境会诱发层出不穷的网暴事件。

### 四 伦理法律意识淡薄

现代社会中，个别人的现代法治意识依然淡薄，法律知识也很薄弱。在尊重别人名誉权、隐私权方面，人们的法治意识也比较淡薄，甚至一些网民不知晓在网上侵犯别人名誉权、隐私权将面临的法律后果。中国封建社会礼法的残余依然体现在部分网民的意识里，他们以礼来判断一个人的好坏，而非以现代法治观念来判断。加上封建残余思想使一些网民不顾现代法治思想，动辄对自认为违反礼的东西公开化横加指责，岂不知封建残余的礼对人性的戕害。当下，培养公民的现代法治意识非常重要。

由于"侮辱罪""诽谤罪"是自诉案件，遵守"告诉才处理"的审判原则，一些被害人嫌司法诉讼会消耗自己太多的精力、时间，且得到的报偿并不直接、明显，便放弃了司法诉讼。也有一些公民不知道当自己的人格权受到侵犯时，还可以通过法律诉讼来维权。"违反礼则人人得而诛之"的封建残余思想在一些人的头脑中依然根深蒂固。

由于不少网暴受害者拿起法律武器维护自己合法人格权的意识不强，维权获得的收益太小，网暴被司法处置的案件偏少，如此形成恶行循环，网络施暴者不停止网络语言攻击，而受害者拿起法律武器捍卫自己合法权利的动力与主观意识不足，难以出现数量较多的惩处网络暴力的司法判决来向公众树立司法标准，帮助公众提升涉及网络暴力的现代法治意识。网络法律知识的缺乏、法律意识的淡薄，加上此类案件的司法处置难以形成向公众普及涉及网络暴力法律知识的舆论环境，在破窗效应的刺激下，一件又一件的网络暴力事件不但没有成为教育网民的反面教材，反而使得一些网络键盘侠、网络看客觉得网络言语攻击不会引来严重惩处，从而更加肆无忌惮。

第五章 网络暴力：一种畸形舆论的形成机制及伦理法律规约 —— 139

四川某地一少年在泳池与他人发生冲突，其亲属将他人个人信息与冲突视频发布在网上，并撰写带有侮辱性的帖文，意图借助网络暴力损毁他人名誉，对其进行负面评价，结果引发针对他人的大量负面网络诋毁，导致他人不堪网络暴力而自杀。① 由于网络施暴者的法律意识淡薄，试图通过网暴达到损毁别人名誉的目的，结果触犯了刑法，被判刑坐牢；而被害者由于法律意识淡薄，维权意识薄弱，没能拿起法律武器捍卫自己的合法权利，最终选择轻生。因此，在网络暴力事件越来越常见的当下，施害者、受害者法律意识的淡薄导致施害者更加嚣张、受害者承受更大的痛苦。薄弱的现代法治意识，让网民在参与互联网社会互动中可能遭受意想不到的痛苦。

在网络发言中，一些人的伦理意识淡薄，导致网络暴力发生。一些社会成员在现实社会生活中较严格遵守伦理规约、人际交往准则，然而，在虚拟的网络世界，却忘记了伦理规范，在言语上变得肆无忌惮。伦理是约束人的社会行为的，其目的是让社会变得更好，让人按照一定的准则与其他社会成员打交道，以实现人与人之间交往的和谐，进而维护基本的社会秩序。伦理对维护社会秩序与社会成员之间关系的协调极其重要。同样，在网络空间，亦存在网络伦理规范，以维护、实现良好的网络传播秩序。然而，由于网络空间的匿名性，网络成为一些人宣泄现实压力、不快的渠道，部分网民将网络视为法外之地，主观上认为可以在网络上随意言谈，却忘却了对人与人社会交往准则的遵守。

网民网络伦理意识的淡薄会诱发网民的攻击性言语，也会使得部分网民主观上认为可以在网络空间中肆无忌惮，想说什么就说什么，有不快、不满便发泄。在网络深度融入现实社会的当下，应当大力培养网民在网络空间中的伦理意识，使其合理地使用互联网，并以较好的价值取向来使用互联网。在传统社会结构中，民众的社会伦理教育通常借助家庭、学校开展，当然，大众传媒也是开展社会伦理教育的重要途径。在网络社会，当绝大多数社会成员成为网民后，关于网民网络伦理教育的方式与途径就成为一个值得探讨的话题，起码在当下，在网络空间中对网民展开的网络伦

---

① 徐艳红：《德阳医生自杀，法院为何以侮辱罪判刑？》，《人民政协报》2021年8月10日。

理教育还远不能满足网络社会的治理与规范需求。

## 第三节 网络暴力的规制

鉴于网络暴力的社会危害性，需要对网络暴力展开有效治理，以营造良好网络生态，建设清朗的网络空间。对网络暴力的治理可以从伦理与法治两个方面展开。伦理规约是柔性治理，提升网民道德素养进而主动避免网络暴力行为；法治是刚性治理，通过法律惩罚为网民的网络行为实践画一条红线，进而指导网民行为，规避网络暴力。

### 一 治理网络暴力的伦理规约

对于借助社交媒体参与公开传播的公民个体而言，参与了新闻的生产与传播，便会产生社会影响，需要约束自己在公开传播中遵循道德伦理准则。在互联网媒介生态中，伴随自媒体的勃兴，借助微博、微信、网络社区论坛，普通社会成员成为面向公众的公开信息的传播者，由于传播伦理意识的淡薄，谣言、虚假信息泛滥，针对普通社会成员借助社交媒介开展公开传播的媒介伦理探讨成为当下传播学研究的显性议题，社会化媒介伦理的概念由此而生。社会化媒介伦理是个体使用社交媒介开展信息传播应当遵循的传播伦理准则，应当具备的传播伦理意识。在目前，社会化媒介伦理的建设还处在自发状态，缺少制度规定、组织规约。在网络伦理的探讨中经常会论及普通网民的传播伦理意识。[1] 目前，社会化媒介伦理更多的是倡导社会成员在使用媒介时，应当具有信息传播的道德意识。

亚里士多德认为人的实践应当以善为目的。[2] 善良是社会道德实践的准则与规约，儒家言"君子成人之美，不成人之恶"。然而，相当一部分网民在互联网言语中，忘却了善的目的与准则，盲目地、自私地妄议他者，未曾设身处地地考虑他者。有些网民自认为是出于正义，如恶评刘学

---

[1] 张咏华、贾楠：《传播伦理概念研究的中西方视野与数字化背景》，《新闻与传播研究》2016年第2期；彭增军：《从把关人到公民新闻：媒介伦理的社会化》，《新闻记者》2017年第4期。

[2] 〔古希腊〕亚里士多德：《尼各马可伦理学》，廖申白译注，商务印书馆，2003，第1~2页。

州向父母索要房子。需要注意的是，应当超越活动本身来关注善。如探讨刘学州向父母索要房子，应当关注刘学州窘迫的生活现状，关注是什么原因引发了刘学州索要房子这一行为。当网民思考了这些问题，以善为目的来规约自己的网络言行，则其很可能不会对未成年的、生活窘迫的、与其他兄弟姐妹幸福生活状况相比落差巨大的刘学州恶语相向。

社会空间可能存在不足，要以解决、减弱或消除不足为实践目的，而非一味抱怨，迁怒于不足之处。

在伦理的探讨上，在寻找支撑"善"的原因时，应当通过经验考察的方法来发现。[1] 当我们在探讨网络伦理时，对于应当坚持什么样的善的原则以及为什么要坚持这样的善的原则，也应当在众多的网络伦理实践经验中进行总结，其中包括对一系列网暴事件的思考，通过对网暴事件的归纳与思考，来寻找应当在网络中坚持的善的原则。

互联网给我们带来了推动社会进步、重塑社会结构的良好愿景，但同时它也给恶带来了扩大影响的空间。在网络实践伦理的倡导中，我们不能为了一片清朗世界而把互联网一刀切式地抹杀，也不能任由恶在网络中嚣张。网络伦理中对善的坚持一方面要压制恶性，另一方面要促进网络积极作用的实现。

在网络伦理的探究上，我们应当明白，在网络空间中，"什么是正当？""什么是网民的责任？""网民应当做什么？"。[2] 一种网络行为如果不能被其结果证明是善的，那么这一行为便是不正当的。[3] 从另一个视角看，产生了种种严重后果的网暴是应当被禁止的，通过对网暴事件的总结、归纳，起码我们可以知道什么应当被禁止。对善的倡导可以衍生于什么应当被禁止的内容之上。

伦理实践中的责任，是指"比其他可能行为让世间有更多善的行为"[4]。在网络实践中，网民的责任是增加社会的善与美好，让社会有更积极、美好的效果。任何让社会产生恶的行为都应当被禁止。秉持这样的原

---

[1] 〔英〕G. E. 摩尔：《伦理学原理》，陈德中译，商务印书馆，2018，第169页。
[2] 〔英〕G. E. 摩尔：《伦理学原理》，陈德中译，商务印书馆，2018，第170页。
[3] 〔英〕G. E. 摩尔：《伦理学原理》，陈德中译，商务印书馆，2018，第170页。
[4] 〔英〕G. E. 摩尔：《伦理学原理》，陈德中译，商务印书馆，2018，第171页。

则，在网络实践中，参考既往的经验，每个网民都应该知道什么不应当做。

## 二 管控网络暴力的法律规范

"日常生活中人与人之间、人群与人群之间轻微的猜疑、歧视与仇恨言行，包括在幽默与言论自由遮掩下的轻佻讥讽"，实则为一股暗流，在担心、恐惧的心理刺激之下，可能演变为集体性的暴力。① 在网络空间中，日常的对骂、叫嚣，会在特定的情景下演变为一种群体性的网络暴力。网络中的猜疑与流言蜚语可能是网暴产生的暗流。因此，从这个视角来看，网暴的治理需要清朗的网络空间。当网络空间中的粗话、攻击性言论、流言蜚语日渐减少，刺激网暴发生的网络社会环境因素便会大大减少，很多网暴便可以被规避。

网络暴力是一种违法行为。从刑事上看，它可能涉嫌侮辱罪、诽谤罪、侵犯公民个人信息罪、寻衅滋事罪，在民事上，它可能涉及侵犯名誉权、隐私权等民事侵权责任。② 然而，作为普通公民，相当多的网民在这方面的法律素养亟待提升，尤其是在网络空间活动中的法律意识需要提升，因为网络空间的匿名性让一部分网民认为现实中违法的语言暴力在网络空间中不会受到约束。

法律对人的违法行为的惩处是严厉的，相当多的网民畏惧法律惩处。若其知晓自己的网络暴力会承担刑事责任、民事责任，其在网络上发言时就会非常谨慎。因此，提升网民的法律素养是预防网络暴力的一条有效途径。

一些有识之士呼吁，要专门针对"网络暴力"来制定一部规范性法律，因为既有的规范网民在网络空间言行的法律分散于各类法律之中，如《刑法》《治安管理法》《民法典》等。倘若有一部专门性的法律来规约网络暴力，则在法律层面对网民的网络空间的言行有了具体的专门性的强制

---

① 王明珂：《猎巫危机：对新冠肺炎的人文省思》，《中南民族大学学报》（人文社会科学版）2020年第3期。
② 赵晨熙：《"键盘侠"网络暴力何时休 业内人士建议出台反网络暴力法防治网暴》，《法治日报》2022年2月8日。

性约束，专门性的法律会使得对网民的言行的规约更易于操作，也使得对网民言行的规范性措施更具体且有针对性，专门性的法律也会提高网民高度重视规范网络言行的意识。

伴随互联网对现实社会的深度嵌入，互联网信息世界渐渐变成了现实世界中的一个客观存在，并以客观存在的方式对当下人们的生活产生巨大影响。人类最初制定的法律主要针对现实的社会生活，而对由信息构成的网络空间生活，法律的具体内容、规范措施需要创新、发展。譬如针对网络中的一些恶毒性言论，仅仅封禁账号的处罚是否偏轻？此外，由于网络信息的嘈杂与繁复，网络暴力言行与侵权结果之间关系的认定亦需要在法律实施过程中加以操作化考量。由于法律的强制力与执法的严肃性，以及法律惩处结果的严厉性，对于针对网络空间言行的法律规范的制定、执行需要在网络法律规制的实践中反复审验、修改，不断改进，以期实现执法与社会效果两个层面的理想效果。

由于网暴取证难，一些网民建议应当采取公益诉讼，由检察机关、公安机关配合来发起诉讼。[①]的确，由于网络数据信息通常掌握在网络媒介技术机构手中，加上一些网络暴力被害者法律维权意识与能力较低，或者不会主动发起法律诉讼，或者缺乏保存证据及使用证据的能力；在网暴维权中，案件自诉对于被害者而言确实存在一定的难度，甚至会让一些被害者感到绝望或自己给自己贴上负面标签。

由于网暴影响巨大，其社会示范效应明显。网暴受害者感到维权难，或维权的法律意识薄弱，便在无过错的情况下道歉，这只会助长网络暴力侵害者的气焰，导致网络暴力愈演愈烈，侵害社会秩序。因此，鉴于网络暴力的恶劣社会影响，以及部分侵害者不轻易采取司法自主诉讼，将网络暴力案件设立为公诉案件是一个有益于治理网络暴力的提议。若一场有着恶劣影响的网暴不能被法律严惩，这将会变相"鼓励"网暴行为，因此，从法理上看，由于网暴的巨大社会危害性，公诉网暴是必要的。

德阳女医生因为泳池冲突而被人有意图地网暴，施加网暴者主观恶意

---

① 王品芝、徐欣怡：《九成受访者支持将严重"网暴"行为纳入公诉案件 90%受访者认为网络暴力会影响青少年价值观》，《中国青年报》2022年3月10日。

地利用网络污蔑该女医生,试图借此制造舆论在精神上绞杀女医生,[①] 而无视己方在冲突中存在的不当。这种借网暴意图在矛盾解决中压制、围猎对方的行为应当被视为严重的主观恶意。在法律的惩罚上,应当视网暴引发的行为后果进行严厉惩处。倘若网暴成为一个借刀杀人的工具,扮演着"刀"的作用,则施加网暴者应当被视为"杀人者",太轻的法律惩罚可能难以阻止一些人利用网暴主观作恶,如此循环下去,网暴会被恶人利用,成为作恶的工具,社会正义的准则会受到严重破坏。

### 三 对网民相关法律知识的供给

不少网络暴力事件的发生,很大一部分原因是网民缺乏网络行为的法律知识与法律素养。一些网民由于网络法律意识淡薄而对他者施加网络暴力,甚至部分网民还站在非理性的道义感上来对他者展开网络言语攻击,完全将互联网视为法外之地。

《民法典》对公民的名誉权、荣誉权、隐私权、个人信息的保护有着严格的规定;《刑法》中对侮辱罪、诽谤罪、侵犯公民个人信息罪有着严格的界定。然而,一些网民没有去了解相关的法律知识,或者一些网民知晓一些行为可能触及法律,但对违法程度的知晓不够准确,以致自己的言语触犯了相关法律规定却不自知或主观上认为自己并不违法。因此,向网民普及与网络言行相关的法律知识非常必要。

由于网民是在某一网站或网络平台上开展网络言行,因此,借助网络实名制的技术,网络技术机构应当积极、主动地向网络使用者普及与网络言行相关的法律知识。具体的做法有,在网络入口处醒目位置设置相关法律知识的链接,借助实名制获得的通信方式向网民传播相关法律知识,其他的方式还有普法机构定期或不定期举办网络普法活动来向网民普及相关的法律知识。

当与网络言行相关的法律知识被提供给网民后,鉴于法律惩处的严肃性、强制性与严厉性,网民在网络空间发表言论、传播信息时,自己接触到的法律知识会唤醒其法律意识,促使其考量自己的网络言行会不会触犯

---

[①] 徐艳红:《德阳医生自杀,法院为何以侮辱罪判刑?》,《人民政协报》2021年8月10日。

法律，进而会努力地确认什么样的网络言行才是合法的。当网民拥有丰富的关于网络言行规制的法律知识，并努力在网络言行中运用法律知识指导自己的网络实践时，清朗的网络空间便会慢慢形成，网暴会逐渐减少，直至得到彻底治理。

物理空间中的流言蜚语、家长里短扩散的范围有限，一些不当言论被知晓的范围有限，攻击性言语产生的危害被空间限制住了；而在网络空间，由于无边无界，一句攻击性、污蔑性的言语可能被全世界的人知道，影响、波及的空间范围非常大。由此，不当的言语会对当事人产生严重的伤害。因此，网民在上网时，应该有一定的网络素养，不可将网络空间等同于物理空间，不要忽视物理空间中的一些不当言语可能会在网络空间中产生指数级增加的不良影响。因此，需要对网民进行网络素养教育，让网民知晓网络信息传播的特点、网络与社会的互动、网络的影响。

# 第六章　法治知识供给与舆论引导策略

对知识的理解有两条学术路径：一条是哲学上的认识，将知识视为可验证的事实，或认为知识是人的主观建构；另一条是传播学的视角，知识被视为关于事实的信息。在司法舆情案件中，舆情引导的实质是面对司法案件，如何通过剖析司法事件事实，来传播可验证的专业化法律知识，以引导公众超越肤浅的事实性信息来更为理性、科学地理解司法实践、司法理念，塑造公众更为理性的法治意识，从深层次上引导公众对中国司法实践的正确认识、科学评价。因此，在司法舆情事件中，必须协调把握两个知识，传播两种知识，使其相互促进。在汹涌的舆情前，一些案件被推向聚光灯下，也使得司法机关难断案。主流媒体应当在汹涌的舆情与追求独立断案的司法实践之间扮演缓冲角色，通过舆论引导让公众理性，通过舆论引导让司法机关认识到公众的诉求，践行司法为民的法治理念。

## 第一节　专业法律知识供给：昆山案中舆论、媒体与司法的互动

昆山宝马男被反杀案（简称"昆山案"[①]）的舆论伴随公安机关认定骑车男正当防卫而快速消退。在网民对该案件的热议中，正当防卫还是防卫过当抑或故意伤害成为公众关注的焦点。

司法是一项专业性极强的公共事务，在司法案件的舆论引导中，应

---

[①] "昆山案"被最高人民检察院列为指导性案件，其蕴含的法治价值推动了中国司法实践的进步；2023年两会上，最高人民检察院工作报告再次提及这一案件。

当采取什么样的策略来疏导公众情绪、引导公众认知，以帮助公众在司法案件的讨论中提升法律素养？笔者通过对昆山案中的舆论、专业法律知识供给、新闻评论等信息传播活动进行学理探讨来尝试回答这一问题。在舆论、媒体、司法三者关系的研究上，既有研究成果多关注舆论、媒体与司法的张力关系，而本研究从专业法律知识供给的视角探讨三者之间的良性互动。

## 一 文献综述

### （一）舆论、媒体与司法

舆论、媒体与司法的关系成为司法实践、新闻报道中的一项重要议题，引发研究者的关注。由于新闻报道的实践准则与司法实践的准则存在差异，传媒对司法案件的报道与评论可能引起传媒与司法的冲突。[1] 同样，新闻报道引发的公众舆论或自发形成的网络舆论均会对司法机关的断案产生影响，[2] 侵蚀司法的独立性、专业性与确定性。[3] 也有研究者认为在舆论监督司法上，传媒对理性的舆论要支援，对不合理的舆论要消弭。[4]

相应地，研究者也提出了一些促进舆论、媒体、司法之间理性互动的策略。如信息公开、实现透明司法，[5] 司法积极回应舆论，促进公众参与，[6] 事实认定不能吸纳舆论，法律评价可以合乎规则地吸纳舆论，[7] 从法律维度规范传媒对司法的报道。[8]

---

[1] 张树剑：《传媒与司法的冲突和平衡》，《国际新闻界》2008年第10期。
[2] 杨晓丽：《新闻舆论对刑事司法的影响》，《政治与法律》2018年第3期；孙锐：《互联网时代刑事司法与公众舆论关系的困局及其破解》，《兰州学刊》2017年第10期。
[3] 周安平：《舆论挟持司法的效应与原因——基于典型案例的分析》，《学术界》2012年第10期。
[4] 庹继光、李缨：《监督司法：传媒对舆论的支援与离逸》，《新闻大学》2013年第2期。
[5] 吴敢铮：《网络时代的舆论与司法——以哈贝马斯的公共领域理论为视角》，《环球法律评论》2011年第2期。
[6] 徐骏：《司法应对网络舆论的理念与策略——基于18个典型案例的分析》，《法学》2011年第12期。
[7] 孙锐：《互联网时代刑事司法与公众舆论关系的困局及其破解》，《兰州学刊》2017年第10期。
[8] 江作苏、姜诗斌：《社会要素嬗变对媒介与司法关系的影响》，《新闻大学》2015年第1期；杨晓丽：《新闻舆论对刑事司法的影响》，《政治与法律》2018年第3期。

既有的研究多从冲突、张力的视角探讨公众舆论对司法断案的影响，探讨媒体如何报道司法、参与公众舆论，给出的策略多是站在司法角度应对媒体、应对舆论。参看既有的研究文献，鲜有研究从专业法律知识供给的视角探讨舆论、媒体、司法之间的互动，而这也正是本研究要着力探讨的问题。

（二）司法案件网络舆论中的情绪与情感

伴随传播形态的演变，互联网、社交媒体时代的舆论引导成为研究的重点。张涛甫认为，舆论引导从一元化的传统媒体引导转向多元化的多形态媒体的舆论引导，微博、微信等社会化媒体在其中扮演着显著角色。[①]社交媒体时代，自媒体成为影响公众舆论演化的重要信息来源，而微博、微信公众号、抖音成为自媒体的生成空间，也成为自媒体的信息传播渠道。由于自媒体用户的主动性、随意性、匿名性，情绪宣泄、情感表达成为网络舆论的鲜明特征。"公众是带着自己的'情感'走进公共空间的。'情感'也影响了公众的表达特征。"[②]袁光锋认为同情、弱势感、怨恨等情感因素存在于司法案件的舆论形成之中，并影响着社会动员与媒体报道。[③]

由于司法关涉公平正义，在社会价值取向下，公众在司法案件中爱憎分明，情绪化、情感化色彩强烈。另外，司法案件舆论中表现出的同情、弱势感、怨恨等情绪、情感同转型期的社会环境密切相关，无力感、不安全感、被剥夺感使得公众将这些情绪、情感投射到关涉社会公平正义的司法案件的舆论之中，态度鲜明地对涉案者进行道德评判。舆论化的道德评判会对司法实践产生影响，毕竟道德是法律构成与实践的基石，但立法断案必须基于事实之上，道德化的舆论声讨往往会给司法机关断案增加社会压力。

（三）关涉"正当防卫"案件的舆论研究

在法律案件的舆论引导上，尤其是在关涉"正当防卫"案件的舆论探讨中，邓玉娇案、于欢案等典型的关涉"正当防卫"案件的舆论成为研究者探讨的重要内容。

---

① 张涛甫：《当下中国舆论引导格局的转型》，《当代传播》2014年第2期。
② 袁光锋：《公共舆论建构中的弱势感》，《新闻记者》2015年第4期。
③ 袁光锋：《公共舆论中的"同情"与"公共性"的构成——"夏俊峰案"再反思》，《新闻记者》2015年第11期。

尹连根研究了邓玉娇案中网民讨论框架与报纸报道框架，发现报纸的新闻框架集中在提供新闻事实方面，而网民讨论框架则呈多元化，既有事实提供，又有道德评议，亦有法理分析。① 报纸对邓玉娇案的舆论引导更多的是向公众提供该案涉及的事实与案件进展。尹连根将"法理分析"与"因果解释"、"道德判断"、"对策建议"一起列为意见框架，认为网民的讨论更多地表现出意见框架。② 在法律案件的讨论中，"法理分析"往往体现出意见表达。

魏永征研究了于欢案的舆论演变与引导，认为刑法学专家们对于欢案涉及的"正当防卫"知识的介绍有利于网民理性思考。魏永征将这部分内容专列了一个小节，③ 这也启示我们专业法律知识与司法案件舆论的关系是司法舆论应当研究的内容。

（四）知识对舆论的影响

班尼特（Bennett）等就国际公共事件对美国公众进行舆论调查，发现对事件知识掌握量不同的公众群体在该事件上的意见不同，关于事件知识掌握的多少对美国公众意见的影响显著。④ 公众对事件相关知识的掌握程度会影响到公众是否关注该事件，关注的程度是深还是浅。媒体是公众获取公共事件相关知识的重要来源。媒体对公共事件的报道框架会影响到公众关于该公共事件的认知，并经过思考与辨认，在头脑中形成关于公共事件的知识结构。"知识获取是去获得相关信息"，留意新闻渠道是一种重要方式。⑤ 公众从媒体获得的也许是关于公共议题碎片化的信息，但众多碎

---

① 尹连根：《邓玉娇案的框架分析：网上公共舆论如何影响网下媒体报道》，《国际新闻界》2010年第9期。
② 尹连根：《邓玉娇案的框架分析：网上公共舆论如何影响网下媒体报道》，《国际新闻界》2010年第9期。
③ 小节标题为"专业人士就案论法"，参见魏永征《群体智慧还是群体极化——于欢案中的舆论变化及引导》，《新闻记者》2017年第11期。
④ Bennett, S. E., Flickinger, R. S. & Rhine, S. L., "American Public Opinion and the Civil War in Bosnia: Attention, Knowledge, and the Media", *The Harvard International Journal of Press/Politics*, 2 (4), 1997, pp. 87 – 105.
⑤ Bennett, S. E., Flickinger, R. S. & Rhine, S. L., "American Public Opinion and the Civil War in Bosnia: Attention, Knowledge, and the Media", *The Harvard International Journal of Press/Politics*, 2 (4), 1997, pp. 87 – 105.

片化的信息在公众认知逻辑、认知结构的深度整理下逐渐形成关于公共议题结构化、整体性的知识，结构化后的知识则构成了公众认知与该议题相关的公共事件的框架。当某一具体公共事件发生后，公众深层次的认知框架转变为公开的意见，形成公共舆论。

公众的法律知识及对案件判决的感知会影响公众对案件判决的意见。[①]新闻媒体对案件的报道是向公众提供法律知识的一种途径，这一途径会对公众对案件的认识产生显著影响，进而影响到舆论的形成与演化。媒体"向人们提供的有关既有犯罪与审判的细节越多，人们心中的判决更多参照新闻报道而不是实际的判决结果"[②]。媒体对案件的报道会显著影响公众对案件审判的预期，媒体、舆论之间的相互作用在较大程度上影响公众对司法审判的评价，出于现实社会效果，司法机关在断案时不得不考量公众的意见。在这样的情景下，媒体对案件的报道策略至关重要。要想使公众舆论与司法判决避免大的冲突与断裂，理性的做法是告知公众司法判决的性质，[③]也就是要把司法断案以事实为依据、以法律为准绳的基本原则告知公众，让公众知晓司法断案的法理逻辑。

"公众的信息水平和知识储备影响了公众的思想和讨论"[④]，知识对舆论具有显著影响。对舆论的引导可以从丰富公众的知识入手。大众传媒向公众传播某一议题的专业知识可以引导公众认知、讨论该议题。尤其对于司法、医疗等专业性极强的公共议题，专业性知识的供给是影响舆论的关键因素。

对于邓玉娇案、于欢案、昆山案这三起轰动社会、引发舆论广泛关注的典型案件，鲜有从专业知识角度探讨舆论引导的研究成果。在法律案件的舆情中，情感化的网络舆论与司法断案的专业性构成冲突性关系，专业法律知识的供给成为舆论引导的理性选择。本研究将结合昆山案中专业法

---

① Hough, M. & Roberts, J. V., "Sentencing Trends in Britain: Public Knowledge and Public Opinion", *Punishment & Society*, 1 (1), 1999, pp. 11–26.

② Hough, M. & Roberts, J. V., "Sentencing Trends in Britain: Public Knowledge and Public Opinion", *Punishment & Society*, 1 (1), 1999, pp. 11–26.

③ Hough, M. & Roberts, J. V., "Sentencing Trends in Britain: Public Knowledge and Public Opinion", *Punishment & Society*, 1 (1), 1999, pp. 11–26.

④ 许静：《舆论学概论》，北京大学出版社，2009，第202页。

律知识的供给对舆论引导的影响来探讨这一问题。

## 二 昆山案中的舆论、法律知识供给、新闻评论

### (一) 昆山案中的公众舆论

舆论是公众对社会现实以及各种具体的社会现象、社会问题表达出来的情绪、态度、信念、意见的总和,具有相对一致性,有一定程度的强烈性和持续性,会对社会发展及相关社会事态的演变产生影响。[①] 舆论是公众的意见,多大规模的公众持有的意见才能被称为舆论呢? 刘建明等认为"把一定范围内四分之一左右的人数 (25%) 赞成的意见确定为舆论的最低量度标准,是最恰当的",一定范围内是指市、县、区以上空间,冲破了社会的局部环境,除了最低量 25%,"30% 以上至 60% 以下的社会舆论称作众意,即公众意见;而 60% 以上的议论量则称为民意。成熟的民意量化指标应为 70% 以上,60% 至 70% 的议论量是民意的边际量"[②]。

在昆山案被公安机关认定前,网络上的意见几乎"一边倒",绝大多数网民支持骑车男,认为骑车男的反杀属于正当防卫。有关调查显示,80% 以上的网民支持骑车男的行为是正当防卫,可以说昆山案的网民意见达到了舆论的标准。不可否认的是,对于同一社会事件,可能有两种以上的社会意见均达到 25% 的公众总体数量,而成为社会舆论。社会舆论形成后,其他未达到舆论所需数量比例的社会意见并非消失了,其仍可能存在,只是变得比较微弱。社会舆论与其他社会意见并存的情况便是舆情。但 80% 以上的支持比例显示:昆山案的舆论表现出一种主流意见呈现压倒性优势。由于公众舆论对该案的关注及引发的社会各界人士对该案的热议,昆山检察机关提前介入该案的审理。

道德准则普遍地影响着舆论,"舆论基本上就是有关事实的道德化和准则化的看法"[③]。昆山案被认定前,公众舆论存在鲜明的道德判断、善恶评判。网民通过扒宝马男五次坐牢、文身练功的黑历史,并将其与天安社相联系,将宝马男塑造成一个涉恶涉黑的社会渣男,将宝马男与骑车男的

---

[①] 陈力丹:《舆论学——舆论导向研究》,中国广播电视出版社,1999,第 11 页。
[②] 刘建明、纪忠慧、王莉丽:《舆论学概论》,中国传媒大学出版社,2009,第 57~59 页。
[③] 〔美〕沃尔特·李普曼:《舆论》,常江、肖寒译,北京大学出版社,2018,第 100 页。

冲突置于恶人欺负良善的解读框架之中。舆论不可避免地带有道德传统的印记。[①] 通过善恶的塑造，公众在情感上支持骑车男，为要求司法机关认定骑车男无罪提供道德支持。

当公安机关公布案件认定结果后，网络舆论进一步集中，即支持骑车男正当防卫、赞赏公安机关的公众意见进一步集中。

(二) 专业法律知识的供给

**1. 昆山案被认定前专业法律知识的供给**

引发社会广泛关注的昆山案，成为媒体报道的焦点。媒体在报道昆山案中通过法学专家、律师、检察官之口向公众提供了有关该案的专业法律知识。此外，一些法学人士也通过自媒体向公众提供相关法律专业知识。专家学者们提供的有关"正当防卫"的法律知识全面，解读深入，针对网络空间存在的其他意见进行了释疑，如对"用刀背砍人"看法的回应，对"骑车男追砍宝马男"看法的回应；对一些苛求骑车男的网络声音进行了回应，强调应当置于案发情境中考虑"正当防卫"行为，法不应强人所难。专家学者通过提供与案件相关的"正当防卫"的法律知识，表达了对该案件的看法，相当一致地认为骑车男反杀宝马男的行为属于正当防卫。案件最终的认定结果及检察机关关于该案的法律解释与法律专家学者供给的有关"正当防卫"的法律知识高度相符。

律师们提供的关于该案件的法律知识与表达的意见呈现明显的差异性。有律师认为骑车男的行为是正当防卫，有律师认为骑车男的行为是防卫过当，也有律师认为骑车男的行为是故意伤害。在认定该案骑车男非正当防卫时，律师们就案件提供的法律知识多关注案件涉事双方的细节（例如是前五刺还是后两砍，或骑车男追砍宝马男），较少从"正义不向非正义让步"的法理[②]角度来解释该案。这可能与律师辩护时更倾向于从事实细节出发的职业习惯有关系。

"信息一方面是将社会实践和日常生活中涌现的内容（即资料）转换成抽象的、自主的、可以认识的东西，即将内容置于形式之中，产生秩序

---

[①] 陈力丹：《舆论学——舆论导向研究》，上海交通大学出版社，2012，第62页。
[②] 法理探讨法的价值、作用，正义、公正、秩序是法的社会价值的重要构成内容。

与意义；另一方面这种秩序或意义就是某种告知，某种形塑。"① 信息是有待确证或已确证的知识。关于某事物的信息会影响公众对该事物的认知倾向。

**2. 昆山案认定后专业法律知识的供给**

备受关注的刑事案件在被办案机关、司法机关进行性质认定后，需要向公众提供与该案有关的法律知识，以消除争议带给公众认知该案的不确定性，或者公众对该案的认识需要依靠权威的法律知识来确认、修正，借助该案帮助公众正确认识"正当防卫"法律知识及其实践。2017年，最高人民检察院检察长曹建明强调，要统筹运用多种媒体和传播手段，"对人民群众重大关切，持续地发布、回应，充分保障公众和媒体的知情权"②。案件认定后，与该案件紧密关联的多家办案机关、检察机关先后通过机关自媒体及时向公众提供了与该案密切相关的"正当防卫"法律知识、认定标准，以满足公众需要专业法律知识来解读该案的认定结果的意愿。与案件认定前仓促转发他处的信息相比，案件认定后江苏省检察院向公众供给了全面、权威的关于"正当防卫"的法律知识，消除了案件认定前转发他处信息的负面影响。

由于案件认定结果及检察机关的法律解释与案件认定前法学专家阮齐林供给的法律知识及给出的观点高度吻合，案件认定后新闻媒体继续邀请阮齐林向公众供给专业法律知识。案件认定后，阮齐林回应了网络空间存在的"中国关于'正当防卫'的认定标准不清"的声音，强调该案的法律价值在于让中国"正当防卫"的适用标准逐渐走向正轨。

昆山案认定前后，法律专家学者、司法机关对该案件关涉的"正当防卫"专业法律知识的供给支持了公众对该案件的认识，回应了舆论关切，而公众在自己意见被支持的背景下，进一步学习了关于"正当防卫"的法律知识。在该案中，法律知识供给对舆论起到强化作用，舆论支持供给的法律知识。

---

① 陈卫星：《传播的观念》，人民出版社，2004，第25页。
② 王治国、王地：《加强检察机关与新闻媒体"全天候"互动 共同汇聚社会正能量推进法治中国建设》，《检察日报》2017年1月7日。

### (三) 关于昆山案的新闻评论

**1. 案件认定前的新闻评论**

案件发生后,新闻媒体、自媒体大篇幅报道了该案件,关注公众对"正当防卫"法律议题的讨论,社交媒体平台亦转发相关新闻信息,引发网民广泛参与讨论"正当防卫"法律议题。媒体的新闻评论呈现了关于该案件、"正当防卫"的多种观点。案件认定前的新闻评论大致分为三类:第一类是观点鲜明地支持公众讨论,支持公众对骑车男行为的正当防卫判断,认为舆论关注司法案件是合理的,公众对案件的讨论是对正义、良知的呼唤,司法案件引发舆论热议是正常社会现象;第二类是呼吁尊重法律的程序正义,专业的法律案件应交由司法机关独立断案,舆论审判要不得,司法机关要独立于舆论判定案件;第三类是批评网民对案件的讨论,认为正当防卫标准不应放宽。

这三类观点都反映了一个问题:在热点案件中,舆论如何与专业化的案件审理保持适当的关系?舆论与专业化的案件审理的张力关系成为热点案件舆论引导的一个核心问题。对于舆论而言,公众在司法案件审理中呼吁体现良知、实现正义,而这也是法律要实现的社会价值——维护公平正义、维护社会秩序。[1] 在实现公平正义上,舆论与司法判决存在价值契合,是统一的。[2] 但法律实践要体现法律价值,即追求程序正义,以事实为依据,以法律为准绳。法律价值与社会价值原本是统一的。然而,先前存在的一些引发质疑的正当防卫类案件[3]让公众对二者的认识产生了怀疑。加上对"正当防卫"法律认定的模糊性,[4] 公众在认识正当防卫时缺少清晰的法律参照标准,导致"正当防卫"类案件的舆论与司法审理存在一定的张力关系。这一问题同样体现在昆山案中。

---

[1] 朱景文:《法理学》(第三版),中国人民大学出版社,2015,第 49~55 页。
[2] 杨晓丽:《新闻舆论对刑事司法的影响》,《政治与法律》2018 年第 3 期。
[3] 例如:追赶小偷导致小偷摔倒死亡,被判过失致人死亡罪;邓玉娇因反抗性侵害而杀人,被判故意伤害罪;广州旋小琪(化名)因反抗性侵害而杀人,被判故意杀人罪。
[4] 互联网空间有律师直言:"我一个搞法律的,至今都没搞清楚什么才是正当防卫?万一伤了暴匪,赔钱是小事,坐牢那是分分钟的事。"参见徐明轩《侵害没有底线,自卫为何受限》,https://gongyi.ifeng.com/a/20180830/45144852_0.shtml,最后访问日期:2018 年 9 月 7 日。

新闻评论虽有一定程度的对司法实践的批评，但从根本上是希望司法机关正确认识"正当防卫"的法律适用，维护社会公平正义。维护公平正义本身就是司法机关的职责，这与舆论对公平正义的诉求在目标上是一致的。舆论在司法案件审理上呼唤正义与良知是正确的，司法机关在案件审理中追求法律价值也是正确的，弥合两个原本都正确的行为之间的断裂与错位成为司法案件舆论引导中的关键内容。一方面，让公众知晓案件涉及的关键法律议题的知识，提升公众理解司法审理的素养成为一种可行的选择；另一方面，司法审理应当以一般人为标准考虑案件，否则法律无法实现服务于大多数人的社会目标。

**2. 案件认定后的新闻评论**

昆山警方通报昆山案认定结果后，新闻媒体、自媒体均及时报道、转发了这一新闻，向公众传递了案件处理结果。新闻评论往往反映了新闻媒体对新闻事件的看法，更体现了媒体对事件认识的立场。在案件认定前，出于维护司法断案的独立性、专业性，新闻媒体原则上不应当对案件直接表达鲜明的是非判断，并主观地给出审理结果。但案件司法审理结果出来后，媒体可以站在维护社会价值的角度发表是非判断的意见。昆山案认定结果公布后，一方面，新闻媒体的评论肯定了办案机关、检察机关对案件性质的认定，认为认定结果体现了中国法治对正义的坚守与维护；另一方面，针对案件引发的公众关于"正当防卫"的热议，媒体呼吁激活"正当防卫"制度的法律适用。从舆论引导看，这些新闻评论与舆论形成回应、激荡效果——同向而强化，进一步将"正当防卫"设置为中国司法实践的显著关注议题，有待积极破题解决，对网络空间中存在的部分质疑中国法治的意见进行了澄清式回应，告诉公众"维护正义"是中国法治实践的原则。

综合昆山案中媒体专业法律知识的供给与新闻评论的发布可知，在司法案件舆论引导中，让公众掌握相关焦点议题的法律知识、让公众理解司法审理的程序知识，有助于公众客观理性地认识司法案件，使公众置于知识获取的认识理路来解读司法案件，能够有效疏导朴素正义观下的公众情绪。知识是认知理性的基础。面对司法案件中的网民情绪，专业法律知识的供给应是一条有效的舆论引导路径。

## 三 公众的"常识、常理、常情"与法律专业化的冲突

公众常识指公众认识事物的一般性评价规范与认识逻辑，它规定了公众面对公共议题时的一般认知路径，进而产生情感与道德评价。陈忠林认为"常识、常理、常情"是指"为一个社会的普通民众长期认同，并且至今没有被证明是错误的基本的经验、基本的道理以及为该社会民众普遍认同与遵守的是非标准、行为准则"，是"关于社会最基本价值的基本认识"，是"社会需要的最低要求"。[①] 可以说，"常识、常理、常情"反映了公众最大范围的共识，并经社会实践的确认而嵌入公众最深层次的认知框架之中，形成公众认识事物的条件反射基础，规定着公众的情感与评价方向。

"舆论是一定范围内的多数人针对现实社会以及社会中的各种现象、问题，以言语、情感、行为等方式表达出来的大体一致的信念和态度。"[②] 结合"常识、常理、常情"与"舆论"的内涵可知，公众的"常识、常理、常情"本身便是一种舆论。违背"常识、常理、常情"便是一种挑战舆论的行为，必然引起舆论的抗议。当昆山案发生的信息刚被传播出去时，个别律师便草率地认定骑车男涉嫌故意伤害罪，并可能面临十年以上的有期徒刑。[③] 而公开传播的案发现场的视频显示骑车男遵守交通规则，没惹谁招谁，却可能会无缘无故地面临一场牢狱之灾。面对莫名其妙的砍杀，人有反抗暴力侵害的本能。骑车男的反杀行为符合"常识、常理、常情"，获得了舆论支持，但个别律师认定骑车男有罪的言论无疑是向"常识、常理、常情"挑战，向公众挑战，立即推升了汹涌的网络舆论。司法案件舆论表现出的朴素正义感、道德评判、善恶判断是公众"常识、常理、常情"的直观反映。

司法与舆论有着差异性很大的实践逻辑，"舆论是无章法的，司法是

---

[①] 陈忠林：《"常识、常理、常情"：一种法治观与法学教育观》，《太平洋学报》2007年第6期。

[②] 曾庆香：《对"舆论"定义的商榷》，《新闻与传播研究》2007年第4期。

[③] 张子渊：《宝马男砍人不慎刀落反被杀 律师：涉嫌故意伤害致人死亡》，中国青年网，http://news.youth.cn/sh/201808/t20180829_11711514.htm，最后访问日期：2018年9月7日。

讲程序的；舆论只是说说而已，而司法是动真格讲效力的；舆论可以仁智互见，司法则要求一个确定性的结论"①。司法是一门专业性极强的社会实践，要求确保程序正义与事实正义，并确保不受舆论左右，以事实为依据、以法律为准绳进行独立断案。公众能够获得的事实只能是看到的、听到的，更多是部分的、浅层次的。作为断案准绳的法律是明确的，于是公众搬出相关法律条文来自我认定案件，依此讨论案件。然而，法律条文是抽象的法律规定，是整体性的知识；具体到案件上，却是千案千面，伴随案件发生的时空环境、涉案人物的差异而不同。对公众而言，将抽象性、整体性的法律条文适用于特定情境下的案件并不是一件容易的事情，更何况公众还缺少完整的事实依据。在司法案件热点舆情中，高涨的舆论与专业化法律构成了有张力的双方。

要消除或减弱这种张力，对公众而言，最需要的是有人将专业化的法律知识具体到特定的案件之中，帮助公众准确理解特定案件中法律条文的适用程度，依此来理解案件性质，缓释公众可能存在的认知冲突与困惑，同样对司法案件公众舆论的引导也应当沿着这一思路展开。

公众的"常识、常理、常情"也可能存在缺陷，如陈规陋习，虽是"常识、常理、常情"，但并非理性。在司法案件中，面对"常识、常理、常情"中的负面内容产生的舆论中的非理性成分，对于专业法律知识的供给者而言，是"把先进的思想、观念、价值变为人民所接受的常识、常理、常情"，以取代陈规陋习。②

## 四 专业法律知识的供给是司法案件舆论引导的策略

"信息、真与确证"构成了知识的要素，知识应当是"得以确证的真信念"。③ 确证对知识而言至关重要，不能被实践证明的信念实际是一种谎言，不可称为知识。确证的意义有两种："一为客观，它关注的是我们应该相信所得到的东西事实上为真，被等同于真理；另一为主观，要确定我

---

① 聂长建：《司法和舆论的出牌逻辑》，《西北师大学报》（社会科学版）2013年第6期。
② 陈忠林："'常识、常理、常情'：一种法治观与法学教育观"，《太平洋学报》2007年第6期。
③ 方环非：《知识之路：可靠主义的视野》，上海人民出版社，2014，第3页。

们是否应该相信我们实际上所相信的东西,无论客观上是否正确。"[1] 确证内部存在张力,事实上被确定为真的事物未必能让人充分相信。

法律知识被制作成专门系统的条文,并经国家权力确认而强力保障其实施,在客观上法律知识是真的。"法律虽然可以影响所认识到的事实,但是被认识的事实本身以及对认识而言的事实本身却并不受法律影响。"[2] 当鲜活的司法案例与既有的法律知识产生缝隙式的确认错位时,"常识、常理、常情"让公众对部分司法案例的判决结果产生怀疑,公众在主观上产生怎么样才能相信法律知识的困惑,这种困惑使得公众面对类似的法律案件时,表现出飘忽不定的情绪化意见。在这样的困惑中,条文上的法律知识逐渐失去了确证性,公众开始怀疑其知识性,进而削弱法律条文的权威性与号召力。

由于传统礼法社会的影响,普通民众对现代意义上的法治知识了解甚少,甚至存在不少认知误区。面对一些引起网络舆论波澜的司法案例,民众为了更准确地认识案件性质,判断自己的直观感觉、主观判断与法治理念是否相符,他(她)们需要相关的专业法律知识,以便正确认识相关司法案件,让自己形成对司法案件舆情的理性认识。由于法律知识的专业性,在面对司法案件时,民众更需要通俗易懂、与生活契合较好的法律知识,以帮助自己更省精力地认识、解读司法案件。在网民对昆山案的讨论中,一些网民呼唤法律专家来出面解释正当防卫的内涵、适用条件,以便帮助自己更准确地认识昆山案中涉及的正当防卫议题。

由于法律条文知识的抽象性,当遇到具体法律案例时,法律知识的确证面临困难选择。无论是司法实践者还是普通公众,均可能面临这种情况。当舆论与司法实践由于法律知识的确证而存在张力时,生产法律知识的专家学者应当积极向社会供给相关法律知识,结合案件情境对法律条文知识进行阐释与再生产,以便让公众更深入、更准确地理解特定案情下的法律知识。譬如,在昆山案中,向公众进行刑法"正当防卫"条文知识阐

---

[1] 方环非:《知识之路:可靠主义的视野》,上海人民出版社,2014,第14页。
[2] 姜涛:《走向知识化的法学理论:一个部门法学者的法理致思》,法律出版社,2017,第99页。

释的专家学者均强调要结合防卫人案件发生时身处的特定环境、特定心理状态来认定"正当防卫"法律知识的适用条件。法学专家吕景胜以 2011 年发生的旋小琪（化名）案为例，强调司法机关对"正当防卫"法律知识的理解不能机械地事后推理，而应当置于当事人案发时的特殊情境来认识当事人的"正当防卫"行为。①

　　法学专家们所强调的应置于案件的当时情境来认识当事人的行为，其实便是要求司法办案人员应当基于特殊情境下一般人的行为选择来理解案件，使得抽象化、整体性的法条知识在特殊案件情境下得到新的确认。陈忠林强调"理解法律必须以'常识、常理、常情'为基础"②。"常识、常理、常情"指社会最多数人也即一般人的认识、道理与情感。法律要实现服务于最广大的民众这一社会效果，应当以一般人的认知能力为考察案件情境的参照标准，若标准太高，则无法实现服务最多数人的法治目的。

　　"法律存在的最为根本的理据在于它是人世生活的规则，堪为对于人世生活的网罗和组织，而蔚成人间秩序。"③ 专业化的法律知识不应高高在上，而应落地于百姓普通的生活，一个个鲜活的法律案例是专业化法律知识走向民众的重要载体。案例能够形象地帮助公众理解、掌握相关法律知识。媒体通过大众传播手段将法律专家学者借助案件而通俗化阐释的法律知识传播出去，让公众在特定的案件中理解法律条文知识的内涵，帮助公众在主观上再一次实现对专业化法律知识的确认，增强公众对法治的信仰。因此，在法治新闻报道中，应从专业法律知识再确认的视角出发，缺少专业法律知识背景的新闻记者应更多让法律专家学者依案讲授、阐释法律知识，这比记者出镜讲解法律知识更有传播效果。

## 五　司法案件舆论引导中专业法律知识的供给策略

　　"公民的法律知识是现代法律观念的物质基础，它使得人们对法的性

---

① 《吕景胜：类似龙哥案七年前就有，主角且是一少女》，察网，http://www.cwzg.cn/politics/201808/44214.html，最后访问日期：2018 年 9 月 6 日。
② 锁楠：《陈忠林："恶法亦法"误尽法治》，《检察日报》2010 年 8 月 23 日。
③ 姜涛：《走向知识化的法学理论：一个部门法学者的法理致思》，法律出版社，2017，第 93 页。

质、价值、功能和作用有一个科学的、正确的认识，并以此作为公众自觉守法、护法的知识基础。"① 然而，公众的法律知识并不是自然拥有的，而是在外界的供给、讲授、训导之下习得的。从实现社会主义法治看，公众是法律的受体。司法实践要获得公众认可，需要向公众供给关于司法实践的知识。在当下中国的司法实践中，"正当防卫"的司法适用仍存在认定标准不一、概念理解不清的情况。② "正当防卫"案件一方面牵扯公众朴素的正义观，另一方面涉及司法实践的严谨性。在"正当防卫"类案件舆论引导中，媒体与司法机关均应从自己的职业角色出发来向公众供给专业法律知识。

（一）新闻媒体的专业法律知识供给

在司法案件中，面对情绪化的公众舆论，作为社会稳压阀的新闻媒体有义务疏导公众情绪，以防止舆论爆发成群体事件，破坏社会秩序。在报道具体案情时，媒体要起到促进公正的作用，必须同时满足两个条件："第一，对具体案情的报道是准确的；第二，对具体案情的法律判断是比较准确的。"③ 对于媒体而言，两个条件都不容易满足。对于缺少专业法律知识训练的新闻记者而言，在对案情的法律判断上，并不是一件容易的事情，容易导致"雾里看花"的认识效果。新闻记者并不是解读专业法律知识的行家里手，难以全面、深入地借助专业法律知识来分析司法案件。因此，新闻媒体需要让法律专家学者在新闻中出场，以法律专家学者为主体，结合具体案件向公众供给相关法律知识，引导公众理性认识司法案件。专家学者通过大众传媒向社会传播正确信息（知识）和理性声音，为公众释疑解惑，起到"舆论聚散核心"的作用。④

在昆山案中，舆论更关注正义、良知等法理层面的内容，而司法实践需要依赖法律条文知识断案。两个原本并不矛盾的事物却在于欢案、昆山

---

① 杨明：《中国公众法律知识水平现状之分析》，《北京大学学报》（哲学社会科学版）2007年第3期。
② 《昆山砍人案引法律概念争议 正当防卫到底咋界定？》，新华网，http://www.xinhuanet.com/yuqing/2018-08/31/c_129943903.htm，最后访问日期：2018年9月12日。
③ 张树剑：《传媒与司法的冲突和平衡》，《国际新闻界》2008年第10期。
④ 张欣、池忠军：《发挥智库在公共治理中的作用》，《理论探索》2015年第1期。

案中表现出一定程度的冲突。为解决这个问题，法律专家学者在面向公众供给法律知识时，应当站在维护公平正义的法的社会价值框架下向公众解读、阐释法律条文的内涵，帮助公众在既有的正义认知框架下来理解法律具体条文知识。"不能返回常识的知识，当然不是真知。"① 常识代表着万千公众个体在社会实践中确认下来的知识。

公众快意恩仇式的舆论断案与司法机关断案的严谨性、程序化似乎也是司法案件舆论中的一对矛盾体。"成熟的司法制度由专门的法律知识与固化的法律程序予以支撑。网络舆论因不确定性和非规则性而无法超越司法在解决纠纷上的正当性。"② 法律程序正义必须坚持，否则公正司法难以维持。"正当的目的只能通过正当的程序、手段在公正的场合来达到。"③ 新闻媒体应当向公众供给司法实践性质与流程性的法律知识，强调法律实践程序化的意义，让公众知晓司法断案流程性、严谨性的法治作用，疏解公众希望立即给出司法结果的紧张性情绪。舆论对司法结果的急切期盼与司法机关断案的过程性使得司法案件舆论过程中产生一个"时间等待"变量。在这个等待的时间段内，公众舆论可能受任何一个细微变量的影响而不断聚集能量，这个时间段应当是新闻媒体向公众大量供给专业法律知识的紧迫期。

（二）司法机关自媒体的专业法律知识供给

在互联网开放的信息传播环境下，要对信息流的不和谐信息从法律角度予以消除，司法界需要进一步适度开放，④ 适时回应公众对热点案件的关切与议论。网络媒体时代，司法机关可以通过官网、官微、官方微信公众号直接向公众供给专业法律知识。司法机关承担着依据法治精神、法律条文断案，以实现法律弘扬正义、维护公正的社会职责。释法与适用法律是司法机关的职责所系，司法机关回应舆论是"回应社会发展对立法权威的质疑和挑战，以法律的原则、规则和逻辑来说服和引导舆论，是司法修

---

① 汪丁丁：《青年对话录：人与知识》，东方出版社，2014 年，序言第 7 页。
② 徐骏：《司法应对网络舆论的理念与策略——基于 18 个典型案例的分析》，《法学》2011 年第 12 期。
③ 王人博、程燎原：《法治论》，广西师范大学出版社，2014，第 187 页。
④ 江作苏、姜诗斌：《社会要素嬗变对媒介与司法关系的影响》，《新闻大学》2015 年第 1 期。

补立法价值与现实生活所生裂痕的必要努力"①。

在具体案件的舆论引导中，与新闻媒体不同的是，司法机关的专业法律知识供给更应当发生在案件认定结果公布后。案件认定前，案发事实尚未公开，公众更多凭借想象认知案件，司法机关贸然供给相关法律知识可能会误导公众，使得公众臆想司法案件的可能审理结果。高一飞认为，在个人自主媒体时代，要严格限制司法机关对外发布司法信息，② 以防刺激受众的不当想象。在案件认定后，司法机关基于公布的案件事实，将法律精神、法律条文知识结合起来，告知公众案件认定结果依据的法理逻辑、法律条文知识，更有助于公众将法律知识、法律实践有机结合起来，通过法律实践来确证法律知识、法理逻辑，有助于提升公众的法律素养与法治信仰，更深层次地实现对公众舆论的引导。

媒体与司法机关对"正当防卫"法律知识的供给并不能伴随昆山案的结束而终止。知识来自确证，对知识的信任来自"重复的次数，以及这些重复体验之间的相似程度，决定了他的信的程度"③。从于欢案到涞源反杀案再到昆山案，"正当防卫"一次又一次地引发舆论关注与公众热议，说明关于"正当防卫"的法律知识并未能在公众中获得牢固的确认。公众关注因事件、话题而聚集，伴随事件结束而散去，公众的记忆并不牢固。媒体与司法机构向公众供给专业法律知识是一项长期的传播实践。

## 六 司法与其他系统的互动

"社会系统由社会行动的相互关联的各个方面和彼此相对部分自主的子系统组成。这种关联可以是传统的因果关系、反馈回路以及更重要的，直接的间接的多线条、多层次关系。"④ 维护社会正义并非司法系统一个社会子系统的职责，舆论、媒体也是维护社会正义的社会子系统。在实现法治正义精神方面，司法系统需要同舆论、媒体进行互动，在维护社会正义

---

① 徐骏：《司法应对网络舆论的理念与策略——基于18个典型案例的分析》，《法学》2011年第12期。
② 高一飞：《媒体与司法关系研究》，中国人民公安大学出版社，2010，第62~64页。
③ 汪丁丁：《青年对话录：人与知识》，东方出版社，2014，第60页。
④ 陈卫星：《传播的观念》，人民出版社，2004，第56页。

上保持和谐状态，彼此对位而非错位。

（一）维护正义：舆论、司法、媒体的共同目标

司法实践会对舆论产生显著的示范效应。司法判决会影响公众的思想认识，从而影响舆论的形成。社会正义是舆论监督的价值向度，[①]舆论力图监督司法，防止司法发生偏差来维护社会正义。舆论是公众的社会认知，在关于司法实践上，舆论实质上代表着公众如何认识司法。若舆论认为司法判决不公，则司法公信力难以维持，法的社会价值不易实现。若司法实践误导公众的社会认知，则会不利于社会秩序的维护。维护正义能够有效地将司法与舆论协同起来。

由于司法断案的专业性，加上舆论自身存在的非理性成分，[②]即便出于维护正义的共同目标，舆论与司法之间也可能存在张力关系。如张扣扣被公众塑造成仁孝之人，但从法治的角度看张扣扣的行为危害社会秩序，可能对其他同类社会行为产生诱发、示范作用，因此司法机关判定张扣扣死刑。在张扣扣案中，无论一审还是二审，公众的意见与司法判决结果均存在明显的冲突。公众凭借常情来判断张扣扣案，但司法机关需要严格依据法治要求审判该案。可见，在一定情况下，公众的常情可能与专业化的司法断案存在张力关系。在这种情况下需要理性分析二者，若司法断案符合国家法条、法治要求、法理精神，则司法断案无须向公众常情让步，而应当通过供给专业法律知识来引导公众的常情从落后走向文明，从偏狭走向理性。这种情况便是司法案件中舆论引导主体应当完成的任务。

维护社会正义是新闻的道德指向。[③]作为不同社会/政治主体沟通中介的媒体，同样肩负着守望社会正义的责任。可见，维护正义是媒体、舆论、司法的共同实践追求。由于公众朴素的正义感与司法专业化实践可能存在冲突，而媒体可以在其中扮演中介性的角色，在实现社会正义的目标下协调舆论希冀与司法专业化实践的关系。媒体对司法案件的科学报道，能够培育公民的法律信仰，促进司法实践公正，推动法治进程。[④]媒体协

---

[①] 王梅芳：《舆论监督与社会正义》，武汉大学出版社，2005，第56页。
[②] 陈力丹：《舆论学——舆论导向研究》，上海交通大学出版社，2012，第40~41页。
[③] 陈绚：《新闻传播伦理与法规教程》，中国人民大学出版社，2016，第58~60页。
[④] 陈建云：《舆论监督与司法公正》，上海人民出版社，2016，第67~94页。

调公众朴素正义感与司法专业化的途径便是供给专业法律知识。

（二）从系统论看司法与舆论、媒体的互动

在实现法律正义的过程中，不仅需要完善的法律规定，还需要理智的法治实践。但司法机关自身实现理性的法治实践时，由于"灯下黑"或"当局者迷"，可能对法条出现理解性或认定性偏差，这就需要其他社会系统来监视司法机关理性落实法条正义精神的情况。作为社会系统其他子系统，如公众系统、媒体系统，能够通过舆论探讨、专业法律的提供来督促、帮助司法机关在具体的司法案件中科学、理性地落实法条中的正义精神。因此，舆论、传媒与司法的互动，能够更好地实现法治的正义精神，避免正义更多地体现在法条中而较少落地于具体的司法实践中。

中国的法律条文中，对正义精神的落实已经比较完备，如刑法对正当防卫的认定。然而，在具体的正当防卫司法案件的认定中，对法条中的正义精神的落实并不是件易事。近年，从于欢案、河北涞源反杀案、赵宇案可以看出，部分司法机关在具体的案件办理中、在司法实践中落实法治正义原则还存在一定的差距。司法实践中对社会正义的把握与认定还存在一定问题，诱发正当防卫案件一次又一次引爆舆论关注，引发媒体关注。

舆论关注、媒体关注，也确实督促了一些案件中部分司法机关的纠偏。可见，实现社会正义不能只依靠司法机关自身，还需要与其他社会系统进行互动。整个社会系统是由不同子系统相互连接组成的，这些子系统也相互影响、相互作用，以保证整个社会系统的稳定运行。若其中一个子系统偏离了应该的轨道，会对其他社会子系统产生压力性刺激，引发其他子系统反弹，直到该子系统回归正轨，其他社会子系统才会回归平静，彼此相安无事，整个社会系统实现和谐、有效运转。从系统论看，司法机关与其他社会子系统的良性互动，能够更好地践行法治的正义精神。

系统论揭示：为了完成同一目标，不同社会子系统之间相互作用、相互控制。反馈与控制是系统论中的核心思想之一。在社会正义的维护中，司法、舆论、媒体是相互反馈与控制的，实现的途径便是三者之间的信息传播。信息传播是社会控制的方式，亦是实现社会控制的手段。媒体承载、呈现司法案件中的舆论而影响司法实践,司法实践会反馈舆论,或纠正舆论中的不理智成分,或响应舆论的关切;司法实践也会直接作用于舆论、媒体,调控舆论、回应媒体的关切。舆论、媒体、司法三者应当是相互开放的,以交换信息能量,共同维护社会正义。若司法系统自身封闭起来,则其能量会逐渐消耗,带来自身的紊乱,[①] 不利于社会正义的实现。

伊斯顿采用系统论的视角从输入与输出的角度论述了政治生活,认为输入压力环境的存在会使政治系统做出回应,来实现与输入压力的和谐,政治系统是一个动态的稳定。[②] 在政治生活中,输入与输出是双向的反馈,是动态的相互控制。在法治政治生活中,舆论、司法、媒体可能会发生彼此输入与输出的相互反馈来实现相互控制,从而达到动态平衡。

## 七　结语

司法独立断案是法治实践必须坚守的原则,面对呼唤社会正义的汹涌舆论,新闻媒体需要回应公众舆论,以防止舆论的内部力量无处可泄而冲击社会秩序。司法机关也要回应舆论,但需要在案件认定结果公布后,以维护司法独立断案的准则。司法机关借助案件供给相应的专业法律知识来回应公众关切的司法议题。公众舆论的关注有助于将司法实践中的难题设置为法律学术界、司法界应集中力量破题的公共事务。舆论对于欢案、昆山案中的"正当防卫"制度的争议、探讨,引发了最高法院对"正当防卫"法律实践标准的重视,提出要尽快制定一套认定"正当防卫"行为的司法实践标准。[③]

舆论引导并非对舆论的操纵,而是"维持、协调和促进舆论的良性运行"[④]。"舆论引导使舆论的巨大能量内化为公众社会的认知力,外化为社

---

① 〔美〕E.M.罗杰斯:《传播学史——一种传记式的方法》,殷晓蓉译,上海译文出版社,2001,第432页。

② 〔美〕戴维·伊斯顿:《政治生活的系统分析》,王浦劬主译,人民出版社,2012,第449~450页。

③ 《最高法出台五年工作规划 在司法解释中贯彻社会主义核心价值观》,《人民日报》2018年9月19日。

④ 董子铭:《舆论引导的学理解读:元理由、概念及其系统特征》,《四川大学学报》(哲学社会科学版)2014年第5期。

会进步的推动力；将舆论的正能量释放，将舆论的负向势能转化为动能，在修正社会价值偏差的同时，实现公民对共同精神和共同利益的追求。"[①] 在司法案件舆论中，公众、媒体与司法机关的良性互动是司法案件舆论引导的最终目标。在既有的关于媒体与司法关系的探讨上，时常将舆论、媒体与司法置于张力关系视角下。其实，舆论、媒体与司法的良性互动才更应该是研究者追求的目标。

2009 年的邓玉娇案、2016 年的于欢案、2018 年的昆山案，三起连续出现的关涉"正当防卫"的案件均引发公众的广泛关注与热议。既有的研究更多关注舆论、媒体与司法的张力关系。知识是公众理性讨论的基础。在"正当防卫"案件的舆论引导上，有效的路径应当是适时向公众供给"正当防卫"的专业法律知识，帮助公众了解司法程序正义的重要性，知晓"正当防卫"的法律适用准则。多数新闻记者未接受专业的法律知识训练，在司法案件报道中应当更多地让法律专家学者出场向公众供给专业法律知识。司法机关向公众供给与案件相关的专业法律知识的时机是在案件认定、审理之后。舆论呼唤公平正义，司法维护公平正义，二者在目标取向上是一致的。舆论、媒体、司法三者之间可以实现良性互动。

舆论、媒体、司法需要理性互动才能更好地实现法治正义。司法实践中，面对汹涌的舆论，作为社会中介的媒体需要对舆论进行引导。舆论引导并非控制舆论，而是实现舆论与司法之间良好的和谐状态。当司法实践有瑕疵时，司法机关的纠偏便是一种舆论引导形式，帮助舆论更为理性地认识司法实践。

昆山案被最高人民检察院列为指导性案件，其价值在于回应公众对社会正义的呼唤，重塑各界对正当防卫的认知。随后的赵宇案等正当防卫案件的类似处理使得正当防卫逐渐拥有各界可以明晰判断的标准。昆山案中通过新闻媒体或司法机关官方媒体向公众供给正当防卫专业法律知识以引导公众舆论的做法同样体现在赵宇案等后续的一系列关涉正当防卫司法案件的舆论引导实践之中。

---

[①] 董子铭：《舆论引导的学理解读：元理由、概念及其系统特征》，《四川大学学报》（哲学社会科学版）2014 年第 5 期。

## 第二节　法治政论片对司法潜舆论的舆论引导技巧

2014年党的十八届四中全会以依法治国为议题,首次在党的全会上专题讨论了依法治国问题,显示了以习近平同志为核心的党中央全面推进依法治国的坚定政治决心,并将依法治国作为治国理政的重大方略纳入"四个全面"之中,全会审议通过了《中共中央关于全面推进依法治国若干重大问题的决定》。在以习近平同志为核心的党中央的坚强领导下,中国法治建设驶入快车道,制定了一系列关系国计民生的法律法规,全面深化了司法体制改革,取得了一系列法治政治成效,人民群众在法治中国的建设中获益良多,法治中国建设正日益成为全社会的共识。六集电视政论片《法治中国》展现了在以习近平同志为核心的党中央的领导下,新时期中国法治建设的理念、举措、实践及成效,凸显了十八大以来,中国法治建设取得的辉煌成绩。

潜舆论通常指在具体的事件发生之前公众拥有的对某一议题的态度和意见,[1] 它通常来源于公众拥有的关于某议题的信息与知识。信息与知识是公众形成特定认识的基础。政论片《法治中国》向公众传播了关于中国法治的相关知识,使公众对中国法治有了更全面的了解。这会帮助公众形成关于中国法治的倾向性认识。当具体的法治案件、法治事件发生后,在公众既有的认知结构之中,关于具体案件、事件的特定的意见被表达出来,形成了关于法治案件、事件的特定舆论。因此,《法治中国》政论片通过涵化公众对中国法治的潜舆论,进而达到影响公众法治事件舆论的形成,实现舆论引导的目标。

"政论片是以阐述政治话题、传播政治观念为主要内容,以严密的逻辑思辨为重要特征,用多种符号表达观点的视听作品。"[2] 电视政论片通常旨在阐释党和国家新时期的重大政治理念,彰显党和国家在新时期

---

[1] 张志安、晏齐宏:《网络舆论的概念认知、分析层次与引导策略》,《新闻与传播研究》2016年第5期。
[2] 李舒、张鸣:《新媒体环境下政论片的制作与传播——〈永远在路上〉的启示》,《电视研究》2017年第4期。

的基本理论、基本路线、基本方略以及取得的政治成效；向广大人民群众宣传党和国家的政治新思想、新理论、新实践，帮助广大人民群众在思想上认可、认同党和国家新时期的重大战略部署，进一步与党中央保持一致，团结在党中央周围，融入中国特色社会主义建设的伟大实践中。电视政论片旨在说理，这个理不是一般的道理而是系统的党和国家的政治理论，以实现让观众信服、认可党和国家的重大政治理念的宣传效果。

电视政论片是"'以理服人'的电视节目形态"[①]。作为电视政论片，必须重在说理，以阐释党和国家的重大政治理念，让广大人民群众赞成、拥护党的政治主张，从而增强党执政的群众基础。电视政论片的说理并不等于干巴巴的说教，并不等于党的政治决议的简单复述，而应当借助恰当的宏观结构设置、有力的政治实践示例、科学的论证理路、形象的表现艺术来增强电视政论片说理的逻辑力量，使观众自觉认可所论述的"理"，实现说服观众的传播目的。《法治中国》作为一部受到社会广泛关注，取得良好宣传效果的电视政论片，在上述方面十分理想地获得了自身的逻辑力量。

《法治中国》专题片通过向公众普及法治知识，传播党和政府的法治理念，来形塑公众对中国法治的认识，有助于形成积极的潜舆论，帮助公众树立依法维权、依法行事的法治意识，有助于良好社会秩序、政治秩序的运行。专业的法律知识对普通公民而言并不容易掌握，时间精力的有限性也不允许公民去学习、解读众多的法律条文内容。《法治中国》电视政论片借助电视传播的形象化、电视语言的通俗易懂，将专业化的法治理念、法律知识以更易于被公众接受的方式进行传播，较好地引导了公众关于法治中国的认知、态度。

在具体的传播、呈现法治理念、法治价值的方式上，《法治中国》采取了一些信息传播技巧，这些信息传播技巧，也可以说是法治电视政论片的舆论引导技巧。

---

① 高鑫：《形象的感化 理性的征服——评电视政论片〈父老乡亲〉》，《中国电视》1994年第6期。

## 一 法治信息内容对公众认知更有影响力

对于多集系列电视政论片来说，恰当的整体宏观结构是形成有力说理的前提。倘若宏观结构混乱或不符合事物内在客观规律，则难以产生环环相扣、相衍而生的逻辑力量。《法治中国》作为一部典型的多集系列电视政论片，在集与集之间的宏观逻辑结构布置上符合法治中国建设的内在规律与客观实际。《法治中国》第一集以"奉法者强"为标题，集中阐释了为实现中华民族的伟大复兴、全面建成小康社会的阶段性奋斗目标，以习近平同志为核心的党中央深化依法治国实践，总结提出全面依法治国的理论体系，并具体阐释了依法治国的总目标与指导原则。第一集从总体上论述了依法治国的时代必要性、紧迫性，让观众在思想上认识到依法治国是中国共产党人治国理政的基本方式，为理解接下来其他集论述的依法治国的政治举措奠定理论基础、认识基础，在整个系列集中起到纲举目张的总领作用。

在法治中国建设中，首先要有成文的法律，若缺少相应的法律，则法治无从谈起。于是在系统论述依法治国理念后，第二集便率先论述了"大智立法"。对法治建设来说，立法后便是执行法律。在执行法律方面，80%以上的法律法规由行政机关执行，依法行政便是法律执行中的重要内容，在很大程度上决定着法治建设的成败。在论述科学立法后，《法治中国》便阐释"依法行政"的政治理念与实践。司法机关是执行法律的另一类重要主体，且司法机关的执法与每一位民众息息相关，司法成效直接影响到党的执政基础，因为不公正的司法实践会激起民怨，于是《法治中国》以两集的篇幅重点阐释了党和国家的"公正司法"的政治理念与实践。"依法行政"与"公正司法"两部分阐释了党和国家在法律执行方面的理念、实践及成效。即使制定了完善的法律体系并严格执法，党和国家也不希望存在违法者，因为违法的存在以及对违法的处理将耗费大量的公共资源、社会资本、公共财政，于是守法便成为法治中国建设的重要内容。最后一集"全民守法"呈现了党和国家希望民众守法以实现国家太平、天下大治的政治理想。

对于法治中国建设这一公共事务来说，其内在逻辑应当是立法先行，并且要立良法,然后便是依据法律严格执法。法治中国建设的目的并非希望惩处更多违法者、犯法者,而是希冀通过法律惩戒促进社会公共秩序的稳定,为国家发展、人民幸福保驾护航,以实现党的阶段性执政目标与长远性执政目标。立法、执法的重要目的之一是警示人们守法,因此培养全民守法的意识便成为法治中国建设的必要内容。六集系列电视政论片《法治中国》遵照法治中国建设的内在客观规律,依照法治建设的内在逻辑,在整体上每一集环环相扣、逐步展开,产生了严密的逻辑力量。只有符合公共事务实践的内在逻辑,制作的有关该公共事务的系列政论片才能在政论片的论述结构内部、结构之间产生不可辩驳的内生逻辑力量。

政治实践均有其内在客观规律性,相关的政治理论体系便是对这种内在规律的总结与提升。遵守政治事务的内在客观逻辑是制作电视政论片必须遵守的原则,并体现在政论片宏观的论述结构、叙事结构中,由此便自然地产生内生的逻辑力量、说服力量,能够更为高效地引导公众对中国法治的认识。

## 二 法治实践阐释法治理念,增强说服力

实践是检验真理的唯一标准。"以实践来解释理论,也是对理论科学性的一种论证。"[①] 政治新思想、新理念的正确性必须依靠政治实践来检验,并体现在政治成效中。电视政论片传播的政治理念必须借助政治实践来佐证,完成政治理念说服观众的内在说理逻辑。说理的电视政论片必须将政治实践与政治理念有机结合,形成逻辑关系,以政治实践的成效让观众信服,使观众认可、认同所宣传的政治理念。

依法治国作为党和国家着力推进的一项国家治理工程,是一套理论体系,需要依靠法治实践来检验该理论体系的正确性。《法治中国》节目在论证法治政治理念时,紧紧依靠法治政治实践来说理,通过法治政治实践来阐释法治政治理念的科学内涵,帮助观众完成对依法治国政治理念的形象理解,使观众在思想认识上产生恰如其分的认可认同。如在第二集"大

---

① 蒋叶俊:《政论片的思辨性特点分析——以〈将改革进行到底〉为例》,《电影评介》2017年第13期。

智立法"中，为阐释立良法而服务人民的立法理念，运用了《民法总则》的制定、民法典的编纂、互联网领域的立法等立法实践的部分案例来论证党领导人民立良法的科学立法理念。

运用法治实践案例来阐释抽象的法治理念，让观众更好地接受政论片传播的法治政治理念，成为《法治中国》生成内在逻辑力量的重要论证手段。除了上面所列举的第二集的例子外，这一实现政论片内在逻辑力量的论证方法还体现在其他集的很多地方。如第三集在阐释政府行政决策程序正当的法治理念时，通过备受社会关注的新事物网约车为例，讲述了政府部门依照法定程序制定网约车管理办法的过程，展现了社会各方利益主体参与这一法律性管理办法制定的情况，论证了行政决策应当遵守法定程序的法治理念。

正是依靠丰富的法治实践及其取得的法治成效，法治理念才能站得住脚、站得稳脚，才能被广大观众接受、认可，才能获得引领广大观众投身法治中国建设的政治实践中的政治号召力。作为一部系列电视政论片，《法治中国》在微观内容结构搭建上，较好地将法治政治实践与法治政治理念有机地结合起来，使其产生内生的逻辑力量，实现客观的说理论证效果。

在法治政治实践案例的选择方面，《法治中国》注重选择社会影响广泛、备受社会关注的法治实践案例，如打击网络诈骗方面的徐玉玉案、庭审公开方面的于欢案、司法纠错方面的陈满案等。借助聂树斌案来论证巡回法庭制度的合理性，借助部分甘肃省部级干部因保护祁连山生态不力而被追责来论证政府行政应当依法担责。使用这些被社会广泛关注、均取得良好法治成效的典型法治案例来论证法治理念，必然能产生更强的逻辑力量，也能让更广泛的公众借助关注过的法治案例来更为形象地理解法治理念，从而更好地实现政论片的宣传效果、舆论引导效果。

### 三 科学论证，让公众深刻理解法治中国

对于电视政论片而言，论证便是把政治理念与政治实践有效结合起来，使政治理念站得住脚，而结合的手段便是展现政治理念在政治实践中取得的政治成效，彰显这种政治成效便是电视政论片科学的论证理路。对

于中国共产党的执政而言，对于中国特色社会主义国家而言，衡量政治成效的标准是人民满意不满意、是否有效地服务于人民。只有人民满意了，人民赞许了，党和国家的政治理念才算是在政治实践中取得了良好的政治成效，得到了正确性、科学性的检验。

《法治中国》通过展示中国法治实践中人民群众的获得感、满意度有力地论证了党的依法治国政治理念的正确性、科学性。在论述司法公正时，介绍了法治实践的便民司法所取得的法治成效。借助立案登记制的利民法治实践展示了人民群众在立案登记制的司法实践中获得的便利与好处；借助异地办理居民身份证、取消奇葩证明等便民法治实践展示了法治中国实践给人民群众带来的实惠。中国法治政治理念与政治实践均以服务人民群众为指导，以满足人民需求为指向，在法治实践中彰显实现人民利益的法治成效。通过彰显法治中国实践取得的政治成效这一论证理路，党政依法治国的政治理念被广大人民群众所接受、所认可，《法治中国》成为广大观众喜爱收视的政论片，引发广大人民群众热议中国法治建设，实现了政论片说理服人的政治宣传效果。

政治实践中取得的服务人民的政治成效，离不开以为人民服务为宗旨的政治理念的指引。只有当政治理念体现了为人民服务的价值取向，在政治实践中才可能取得服务人民的政治成效。《法治中国》在论述党的法治理念时，把党的依法治国政治理念中蕴含的为人民服务的思想很好地表述出来。如"让人民群众在每一个司法案件中都能感受到公平正义""一切为了人民，……是……引领法治中国建设航船不断前行的鲜明航标"等类似的解说词，彰显了中国法治理念中包含的全心全意为人民服务的指导思想。

体现于中国法治政治理念中的为人民服务的指导思想以及在法治中国实践中取得的实实在在的服务人民的政治成效，共同组成了政论片《法治中国》论证说理的内在逻辑结构，借助这一科学、有力的论证理路，提升了《法治中国》所传播的法治政治理念的说服力，使得广大人民群众在观看该政论片时，既看到党中央在法治中国建设顶层设计中秉持的为人民服务的指导思想，又在政论片展示的真实法治实践中感受到被关爱、被保护的温情，使得人民群众拥护、支持、参与党中央领导的法治中国建设的伟大政治实践。借助这种科学的论证理路,《法治中国》实现了政论片服务党和国家政治建设、推进政治实践以实现中华民族伟大复兴中国梦的政治动员。

## 四 形象化地增强公众对法治中国的认知

电视的特点是视听兼备,声音与画面共同来传播信息。在电视政论片中,声音往往占据主导地位,在政论片的某一段节目中仅靠声音受众也能够获得较为完整的信息。思辨性的说理更主要地依靠语言,图画在表达思辨性的理念时存在一定的不足。即便如此,在电视政论片中画面仍起较大的辅助作用,对声音的配合较为明显。协同的声画配合能够更为深刻而形象地表达抽象的政治理念。

在电视节目中,声画关系通常包括声画合一与声画对位。声画合一指声音与画面同时指向某一具体事物;而声画对位是指声音与画面彼此独立,但又有机配合,在整体上实现表意的协同,共同表达了一个完整的意义。[1] 在电视政论片中,对于抽象的政治理念,在用声音论述的同时,难以把政治理念直接表现在画面中。因此,对于画面的选择成为电视政论片制作的重要内容,毕竟作为电视节目的政论片必须要有丰富的画面存在。

在声画合一中,声画共同指向同一事物,二者的关系是同一的、协调的。在政论片中,在陈述具体可见的政治实践时,声音与画面的关系往往是合一的,在出镜人物的同期声中,声画关系也是合一的。《法治中国》在节目中大量采用了法治实践的事例,如公司人员在银川市政大厅办理企业证照、云南蒙自法院办理侯春林家案件等。在论述这些法治实践案例时,声画的关系往往是合一的。此外,专家学者、政府部门工作人员出镜阐释法治理念或法治实践时,声画关系也是合一的。接下来,重点探讨《法治中国》在论述抽象的政治理念时,如何实现声画对位,获得声画协同效应。

在政治实践中,一些具体的符号、事物被选择来象征或隐喻抽象的政治理念,并在长期的政治实践中成为一种政治文化符号。政论片在论述政

---

[1] 高华:《电视新闻的"声画对位"与"1+1>2"》,《现代传播》1999年第6期。

治理念时，可以选用观众熟知的政治文化符号来匹配该政治理念。法治的一些理念也较为抽象，易论述、易理解，但不易通过画面来形象化呈现，如公平公正。《法治中国》选用约定俗成的政治文化符号"天平秤""神兽獬豸"作为画面来配合论述较为抽象的"公平公正"法治理念。这些法治文化符号画面与抽象的法治理念在内涵上相通，在逻辑上相吻合，实现了"1+1>2"的论证效果，让观众在形象的画面中更直观地理解抽象的法治理念，实现声画协同。

《法治中国》在阐释一些抽象的法治政治理念时，经常会在画面中呈现天安门广场、人民大会堂、中南海、最高人民法院等象征国家政治实践的场景。在雄浑有力的法治政治理念解说词的声音表达中，这些政治场景画面会让观众在感知中产生党和国家最高执政者坚定推进法治中国建设的联想。政治场景画面与政治理念解说词虽然彼此独立，但在整体上二者有机协同，增强了电视政论片的论证力量、逻辑力量。此外，《法治中国》在展望法治实践的成绩时，经常采用人民群众幸福生活的场景作为匹配画面。这些人民群众幸福生活的场景也让观众在聆听法治政治理念解说词时，感知到法治中国政治实践取得的政治成效，产生振奋之情，增强对党和国家的政治认同。

把与政治理念相匹配、相关联的政治场景、生活场景、文化符号作为匹配抽象政治理念解说词的画面，实现了电视政论片思辨性的声音与形象化的画面相对位，使得思辨性的政论解说词不孤单，获得了画面意义的协同支持，在二者意义的协同叠加中，提升了政论片的逻辑力量与说理效果。

可见，通过电视这一媒介来引导公众认知时，需要把握电视的信息传播特点，来提高信息传播的效能，使得信息内容能够更强地、更理想地塑造公众对某一议题的认知。

涓滴效应告诉我们，一点一滴的微量信息流会汇成奔流的意见流。应用到舆论引导方面，舆论引导应当久久为功、系统化地进行信息传播，不能简单地仅仅针对新闻热点事件展开应景式的舆论引导实践，而应当在日常信息传播实践中向公众传播影响公众认识公共议题的知识。因此，《法治中国》政论片通过向公众普及基础性的法治知识，能够引导公众理性地认知中国法治议题。当这一一般性的心理认知形成后，面对出现的突发法治新闻事件，公众会依据既有的认知基础而理性地认识具体的法治新闻事件，表达出的相关意见会更理性、更科学，使得关于该具体法治新闻事件的舆论表现出理性，当这一舆论场形成后，将有助于新闻媒体更好地、更省力地对法治新闻事件进行舆论引导。

新媒体时代的舆论引导，并非单纯地依靠新媒体，也并非将新媒体舆情视为洪水猛兽，而应在既有的传统媒体系统中发挥新媒体的作用。这从另一方面也说明，新媒体时代的舆论引导，依然要重视传统媒体的力量。在系统化、整体性传播特定议题的专业知识方面，传统媒体可能比新媒体有一定的传播优势。《法治中国》通过传播专业化的法治知识来引导公众对法治中国认知的潜舆论，说明依然要重视传统媒体的舆论引导，不能单纯强调新媒体，而忽视传统媒体既有的传播优势。

# 第七章　新型主流媒体：舆论引导的急先锋

新型主流媒体是传统主流媒体在媒体融合的信息传播环境中进行的自我创新发展，充分利用多种传播形态，如音频、视频、文字、图片、动画等，基于互联网信息技术平台通过多种传播渠道，进行的融合式、全覆盖的多形态的信息传播实践，通常指规模较大、影响力较大的媒体机构。如人民日报社"成为拥有报纸、杂志、网站、电视、广播、电子屏、手机报、微博、微信、客户端等10多种载体、数百个终端载体的媒体集团。目前，报社共拥有29种社属报刊、44家网站、118个微博机构账号、142个微信公众号及31个手机客户端，覆盖总用户超过2.5亿人"[①]。人民日报社是典型的新型主流媒体。

党中央着力推动以党报、党刊、广播电视台为代表的党的传统媒体机构拥抱互联网、移动互联网，实现与基于互联网信息技术平台衍生出来的新兴媒体的融合，借助新兴媒体技术重构传统主流媒体的新闻生产流程，创新传统主流媒体的新闻舆论引导手段，力求形成一批采用传播新形态的新型主流媒体。除了中央媒体外，各省区市的大型省级媒体也属于党重点建设的新型主流媒体的范围。

伴随舆论形成所依靠的时空环境的变迁，新型主流媒体必须创新新闻舆论引导实践，以实现对网络新闻议事的引导，促进理性网络舆论的形成。

---

① 杨振武：《融合发展是媒体必须打赢的硬仗》，《人民日报》2015年5月28日。

## 第一节 网民新闻背景下新型主流媒体的新闻舆论引导

在网民成为公开传播中的重要新闻信息的来源与传播者的背景下，[①]网民新闻进入新型主流媒体的信息传播渠道，或网民新闻成为影响互联网公众议事的重要影响因素，新型主流媒体的舆论引导需要考虑网民新闻这一外在因素，在网络舆论引导中既要与网民新闻互动，亦要发挥主流媒体的优势，对网民议事中的不足进行积极引导。

### 一 网络议事中传统媒体的优势

Jay Rosen 提出"公共新闻"理念，认为在新闻传播实践中，除了报道新闻信息外，新闻记者还应当帮助公众在获取新闻信息的基础上提高自己的行动能力，关注不同公众群体之间的对话、交流与协商的质量，帮助公众积极寻找解决社会问题的方法与途径，告诉公众在接收新闻信息时，不能局限于阅读或观看新闻涉及的社会问题，更应该思考应对、解决社会问题的办法与策略。[②] 公共新闻要求新闻媒体摆脱视公众为客体的传播思维，将媒体告知公众式的简单新闻提供转变为媒体通过新闻报道促使公众关注公共话题，与公众共同探讨、思考、解决公共事务，促进公众公共意识的培养与参与公共事务能力的提高。唤醒公众而不是冷眼旁观是公共新闻的理念。

为弥补网民新闻存在的主体难以被信任、新闻素养低、民主素养低等一系列缺陷，有研究者提出"公共与参与式新闻"理念，[③] 该理念将"公共新闻"与"网民新闻"结合起来，取长补短，是社会化媒体环境中公共新闻的新发展，更加突出了新闻议事中公民的主体性。公共新闻的主

---

[①] 解庆锋：《媒介使用、恐慌感对疫情期间社交媒体策展新闻的影响》，《国际新闻界》2021年第5期。
[②] 转引自蔡雯《"公共新闻"：发展中的理论与探索中的实践——探析美国"公共新闻"及其研究》，《国际新闻界》2004年第1期。
[③] 林靖：《质疑"公民新闻"》，《国际新闻界》2009年第6期。

体是新闻媒体，网民新闻的主体是普通民众，而公共与参与式新闻包括了新闻媒体与公民两个主体，但在这两个主体之间，新闻媒体获取信息资源的能力与公共议事的素养要明显高于一般公众。应当坚持新闻媒体的主导地位，新闻媒体应当坚持开放式新闻报道理念，吸纳用户生产的信息，与公众积极互动，在动员、组织、引导公众讨论的过程中实现服务社会的公共理念。

传统媒体的议事优势体现在新闻工作者的专业素养与媒体组织公信力方面。新闻工作者接受系统的专业意识与专业技能的培养，在专业意识上秉持独立的精神、客观公正的理念、服务公众的意识、社会责任感等，[1] 能够诚实、公正、平衡地报道新闻，坚持新闻客观性；在专业技能上，新闻记者懂得深入调查、获取真相的方法技巧，通过隐性采访、中立提问能够获取民众个体难以获得的深度新闻信息，通过平衡报道能够全面地呈现公众意见的整体分布。此外，新闻工作者拥有法律保障的新闻采访权，有权从新闻当事者处获取公共信息、真实信息并提供给公众，作为公众议事的资源。

传统媒体公共服务的职业使命使其具有较高的公信力，对公众影响较大。权威性的新闻信息是传统媒体高公信力的保障，以《人民日报》、新华社、中央电视台为代表的新闻媒体的信息往往被公众视为界定事件性质的依据，因为这些媒体具有促进政府行动的舆论作用，能够影响公共政策的制定。公信力是媒体舆论引导能力的基础，[2] 媒体在公共舆论发展过程中扮演着两个关键角色：其一，通过新闻报道，媒体提供有关议题各方面和议题带来的重大事情的动态解释；其二，借助对公众如何围绕议题进行组织的描述，媒体提供了组织化的参与和感兴趣的公众。[3] 高公信力的传统媒体能够在公共舆论的形成中发挥信息提供、目标引领、意义阐释的作用。

---

[1] 周劲：《新闻专业主义的本土化探索》，《新闻大学》2013年第4期。
[2] 袁志坚：《媒体公信力：提高媒体舆论引导能力的前提》，《新闻与传播研究》2010年第5期。
[3] Van Leuven, J. K. & Slater, M. D. , " How Publics, Public Relations, and the Media Shape the Public Opinion Process", *Public Relations Research Annual*, 3, 1991, pp. 165 – 178.

## 二 传统媒体对网络议事的引导

首先，实施深度调查，提供权威信息。

权威信息资源缺乏是网络公众议事肤浅化的根源。网民个体难以对新闻事件进行专业性的深度调查，依据道听途说或片段式经历形成对新闻事件的认识，提供的新闻信息碎片化、表面化，引发的公众讨论难以客观、理性、深入。信息资源缺乏是公众理性讨论的难题，"要通过大众媒介为公众提供可资利用的更好资源"[1]。为回应公众对新闻真相的追求，新闻媒体需要拓展报道的深度，不应停留在事件的表象上，而应深入报道事件的内在因素与整体模式，更要探究事件背后的社会发展体系，研究构成这种事件模式的深层原因。[2]

新闻媒体拥有专业的新闻调查能力，能够在纷繁的表象之下深入调查真相，在碎片化的信息之后勾连出逻辑线索，[3] 为公众提供真实、客观、全面的权威信息。央视的《新闻调查》栏目关注热点、难点新闻事件，从新闻事件的现象出发探寻事物的内在规律，超越事件本身探寻新闻事件发生的深层次社会矛盾，提升公众对新闻事件的认识，理性看待新闻事件。

传统媒体的调查不应局限于发生的新闻事件，而应当进行常态性的社会舆论调查，了解公众关心的社会问题及其真实的想法，打捞沉没的社会声音，从整体上把握社会意见的客观存在。通过对社会舆论的系统调查，形成有过程感的社会舆论变化态势，媒体能够在新闻报道中有的放矢，设置有价值的公共议题，呈现多元社会意见，纠正公众社会感知的偏差，减少公众讨论偏离社会主题的概率。

深度新闻调查、全面舆论调查能够保证传统媒体信息的真实性、客观性、权威性，消解网络虚假信息、碎片信息对公众争论带来的危害，使公

---

[1] 〔美〕Vincent Price：《传播概念·Public Opinion》（中英双语），邵志择译，复旦大学出版社，2009，第24页。
[2] 蔡雯：《"公共新闻"：发展中的理论与探索中的实践——探析美国"公共新闻"及其研究》，《国际新闻界》2004年第1期。
[3] 张泉泉：《重塑知识生产者形象——公民新闻时代专业记者的再定位》，《江淮论坛》2014年第1期。

共讨论建立在权威信息之上,形成的社会共识能最大限度地接近真实、客观,与事物的发展规律相符合,避免非理智舆论尤其是多数暴政的产生。

在网络谣言的情绪分析上,要依据网络谣言的内容与诉求来分析谣言反映的情绪是个人情绪还是社会情绪。若是个人情绪,其信息价值有限;若是社会情绪,则要认真分析谣言所反映的情绪所蕴含的公众的诉求是否正当。在正当诉求上,传统主流媒体要报道、反映此类诉求,以推动相关部门满足公众的正当诉求;在不正当诉求上,传统媒体要引导公众理性认识这种诉求,认识其片面性、错误性。

除了新闻信息,主流媒体也会刊载、传播一些知识性的信息,或娱乐性的信息,或服务性的信息。知识,从专业的角度看,确证过的事实才能被称为知识,假知识便是错误的知识,会误导公众对该公共议题的认识,形成有害的潜舆论,因此,在知识性栏目、节目中,主流媒体亦应当秉持求真验伪的科学态度来向公众传播正确的知识,如医疗知识、历史知识、科学知识,来培养理性、科学的公众,以便促进理性舆论的形成。

在娱乐性信息的提供方面,也必须以公德、风尚来把握娱乐信息的生产,如在某主流媒体的知名娱乐节目中,出现"宁愿在宝马里哭,也不愿在自行车上笑"的婚恋观,这将会严重误导公众的婚恋观,对社会道德、社会风尚产生负面影响。可见,对娱乐节目信息的把关也是主流媒体舆论引导的一个重要方面。娱乐也反映着人们对世界的认知与价值判断,娱乐不能无底线,轻松、健康的娱乐信息一方面释放公众的精神压力,给人愉悦;另一方面也在潜移默化地涵化着受众对世界的认知,以及对社会事实的价值判断。

其次,升华具体议题,聚焦公共事务。

哈尔滨"天价鱼"事件引发网民热议,但主要争议点在鱼的斤两、顾客是否耍赖等细节上。诚然,弄清细节是解决"天价鱼"事件的关键,但引发社会广泛关注的焦点性新闻事件背后往往都关涉公共事务。与青岛"天价虾"事件类似,哈尔滨"天价鱼"事件指涉了旅游市场的混乱秩序这一公共议题,促进旅游市场的规范管理才是热议这类事件的最终目标,显然,网民的热议重点离题有些远。央视、新华社等主流媒体纷纷关注"天价鱼"事件,形成新闻媒体议程设置的联动,将事件的议论从具体细节引向旅游市场管理这一公共议题,并邀请法学专家探讨旅游市场的法治化管理,促使政府部门发文强调维护旅游市场的秩序。①

新闻记者往往归属于某一报道领域,如时政记者、经济记者、法治记者等。专业性的新闻报道使得新闻记者积累了丰富的知识,在社会实践中超越了感性层面形成对新闻议题的理性认识,对新闻事件的抽象能力远高于一般公众成员。"新闻记者既有知识生产的职业与道德,也具有知识精英的传统与现实实践。"② 相比于公众认识社会事物的偏见、地方经验,新闻工作者更具有公共意识,能够超越狭隘的地域意识、群体成见而将公众议论的重点引向对公共事务的关注与思考,以超越公众极端的个人利益表达。

在线舆论已具有议程设置力量,能够与传统媒体相互设置议程。③ 用户生产的信息内容虽然肤浅甚至谬误百出,但对于传统媒体而言还是有价值的,其提供了新闻线索与素材。网络情绪化意见对舆论研究具有价值,应当关注促使其产生的结构性社会压力,讨论其背后的社会语境和国情民情。④ 极端化、情绪化的网络言论虽然扭曲,但在深层次上表达着一定的真实态度,新闻工作者应当认真分析这些网民新闻蕴含的深层公众信念,抽析出公众表达的态度,将其与公共议题有机联系起来,通过传统媒体议程设置将公众议论的重点引向公共事务,从而升华公众议论的质量,促进理性舆论的形成。

在大连13岁男童行凶案中,公众更希望严惩男童,由此引发了降低刑责年龄的讨论,但公众忽略了一个年幼孩子为什么会变得如此残忍这一深层次问题。因此,从舆论引导的角度看,应当引导公众正确思考孩子法治意识教育的问题,以及思考孩子思想品德教育的问题。"人民日报评论"

---

① 哈尔滨"天价鱼"事件引发社会舆论后,国务院办公厅于2016年2月19日印发了《国务院办公厅关于加强旅游市场综合监管的通知》。
② 张泉泉:《重塑知识生产者形象——公民新闻时代专业记者的再定位》,《江淮论坛》2014年第1期。
③ Luo, Y. J., "The Internet and Agenda Setting in China: The Influence of Online Public Opinion on Media Coverage and Government Policy", *International Journal of Communication*, 8, 2014, pp. 1289–1312.
④ 陈力丹、林羽丰:《再论舆论的三种存在形态》,《社会科学战线》2015年第11期。

公众号在"睡前聊一会"栏目中,刊发了一篇评论《法理 VS 情理:拿什么来惩治 13 岁的凶手》,强调防止年幼恶魔的诞生应当是公众最需要深思的社会问题,强调家庭教育、学校教育对孩子健康成长的重要性。

司法案件的舆论引导并不能一味迎合公众的意见,而应当站在促进法治建设、提升社会治理的视角来寻找公众认识的不足,以及相关案件关涉的法治建设、社会治理的不足,有针对性地提供信息或意见,来匡正公众的认识,促进社会问题的解决。毕竟,法治建设的最终目的是解决社会问题,促进社会良性发展。促进儿童健康成长是社会治理的一个重要内容,培养孩子的法治意识是解决这一问题的一个步骤,而培养孩子的法治意识要落实在家庭教育、学校教育实践之中。媒体应当循着解决少年犯罪的逻辑来引导公众认识、反思 13 岁男童杀人案,从促进相关社会问题的解决来引导公众的认识,推动相关工作的开展。

13 岁男孩说:"我不到 14 岁,不用担刑责。"这说明其并非没有法律知识,而是有着错误的法律意识——投机取巧、钻法律的空子。孩子的这一错误的法律意识的来源在哪里呢?可能在学校,也可能在家庭。媒体在进行舆论引导时,要结合新闻中的事实来挖掘问题,思考问题产生的可能原因,以引导公众关注深层次的社会问题,促进社会法治建设。

最后,强化意义阐释,促进对话协商。

一些网民在公众讨论中突出个人利益诉求,当个人利益满足后便从讨论中抽身,对其他网民的社会意见不理不睬。网络议事处于自发状态,讨论的质量往往较差。转型期社会利益分化、社会心理对峙体现在网络讨论之中,众声喧哗,观点分化严重,① 难以形成共识。面对复杂的社会意见纷争,传统媒体需要扮演好"阐释者"角色,② 对社会意见的内涵以及社会意见涉及的公共议题的性质进行解释,形成基于某一社会共同体传统的解释性的话语表达,并且关于这一社会共同体解释性的话语能够被另一个

---

① 解庆锋:《网民信念沟:媒介接触对网民意见分歧的影响》,《新闻与传播研究》2022 年第 7 期。
② 张泉泉:《重塑知识生产者形象——公民新闻时代专业记者的再定位》,《江淮论坛》2014 年第 1 期。

社会共同体传统中的知识接纳,也就是能够被另一个社会共同体理解。①

"阐释者"角色要求传统媒体发挥公共领域的作用,呈现不同公众群体的社会意见,以建设者的立场将不同社会意见联系起来,促进彼此对话,理解彼此意图,在尊重对方利益的基础上实现彼此利益的最大化,避免零和博弈,在整体上实现公共利益。对话要求社会主体超越自我的个体性,以有机联系的意识与他人交互,建构"主体—主体"式的平等关系。在调和纷争性的社会意见时,传统媒体必须成为积极主动的信息传播者,积极、善意地批评公众意见存在的不足,培养公众形成通过彼此妥协达成共识的民主素养。当传统媒体报道社会事物的发展趋势时,对该社会事物感兴趣的民众会依据传统媒体新闻报道的框架与属性来调整自己对于社会事物的立场,认知他人对于社会事物的立场。②

媒体应当保持一定程度上的独立性,以中立身份协调不同主体的利益,可以将节目办成开放式的讨论社区,把冲突事件的各方,如政府部门、不同公众成员邀请到节目中,进行公开、平等对话,实现话语平衡,以"疏"的方式引导当事者直面矛盾。③ 传统媒体通过搭建对话平台的方式可以化解许多长期存在的社会纠纷。传统媒体不仅要描述事件冲突,还要解释原因,提供合理建议,提升公众参与公共协商的素养。新闻工作者要适当扮演"释义者"的角色。④

传统媒体将分散于网络空间的舆情汇集起来,形成分析报告,传递给政府部门,帮助政府部门有针对性地回应网络舆情,形成官民政治协商机制,促进公共政策制定的科学化、民主化。面对某些社会阶层网络话语权的失衡,传统媒体要为弱势群体代言,积极介入公共讨论,表达弱势群体的正当利益诉求,维护社会话语表达的平衡。

中共中央印发了《公民道德建设实施纲要》,引导公众的道德意识,

---

① 吴飞:《新闻专业主义研究》,中国人民大学出版社,2009,第259页。
② Van Leuven, J. K. & Slater, M. D., "How Publics, Public Relations, and the Media Shape the Public Opinion Process", *Public Relations Research Annual*, 3, 1991, pp. 165–178.
③ 许凌云、阚乃庆:《新的媒体语境下中国公共新闻的思考与探索——以〈民生大接访〉为例》,《现代传播》2014年第7期。
④ 陈力丹:《树立全民"新闻素养"理念》,《新闻记者》2014年第4期。

培养公众正确地、理性地践行道德成为新型主流媒体舆论引导的重要内容。在公民道德议题的引导上，务必区分传统优秀道德在当下的适用空间。优秀的传统文化也必须结合当下公众的精神生活、物质生产实践进行再创造才会更有吸引力和活力。如中国传统的"血亲复仇"观念让相当数量的公众为极端的为母报仇杀人的行为站台，以致其律师的辩护词被众多网友转载、点赞和刷屏。"血亲复仇"的传统道德观念与现代法治理念有着很大的冲突性，如何吸纳"血亲复仇"中的积极道德因素而规避其不良道德内容需要传统媒体组织公众讨论，引导公众理性认识传统"血亲复仇"观念在当下的解读。

## 三　结语

传统媒体组织的责任意识与新闻记者的专业能力，能够弥补网民新闻存在的短板，提升网络议事的质量。发达的自媒体技术以及公众日渐增强的政治权力意识，要求中国新闻媒体必须满足公众参与公共事务讨论的愿望，组织、引导公众的公共讨论，实现公众讨论的良性舆论效果。社会化媒体传播环境中，公共舆论的形成应当将新闻媒体与公民两个传播主体有机联系起来，坚持公共与参与式议事机制。

对网络媒体中存在的问题进行引导是新型主流媒体舆论引导的一项重要内容，如网络算命问题、用户信息安全问题。在新媒体技术的信息传播生态环境中，新媒体空间存在各种问题，需要传统媒体引导公众正确看待新媒体空间的各种问题，如传统的网络成瘾、当下的网络信息安全等，需要传统媒体通过议程设置、组织公众讨论来帮助公众更为理性、科学地认识这些问题。在私人资本在新媒体领域握有重要话语权的背景下，资本的逐利性会让很多新媒体空间中的问题被新媒体机构自身忽略，因此，需要传统主流媒体来对这些问题进行报道，以匡正公众对相关问题的认识。

在互联网空间的社群中，存在活跃分子，他（她）们积极影响普通社群成员的话语表达，也会关注网络意见领袖的声音。[①] 汪翩翩、黄文森、

---

[①] 汪翩翩、黄文森、曹博林：《融合与分化：疫情之下微博多元主体舆论演化的时序分析》，《新闻大学》2020年第10期。

曹博林研究发现，在新冠疫情议题的舆论上，网络社群中的活跃分子成为整合民间舆论的力量，除了政务微博、新闻媒体微博等外在影响力量外，民间舆论有了自我控制的内在力量。① 因此，在网络舆论的引导上，我们应当重视民间舆论内部的自我约束力量，积极地影响这些活跃分子，使其成为网络理性言论的发声者，成为与政务微博、新闻媒体微博主体积极互动的力量。

移动互联网的传播形态为传统媒体发展融媒体提供了丰富的信息传播渠道，如《人民日报》、中央电视台等纷纷开办移动客户端。但《人民日报》的报纸形态依照原样被呈现在其移动客户端上，在《人民日报》客户端的界面顶端，有"报纸版面"字样，点进去便是纸版《人民日报》的电子化内容。人的阅读是有惯性的，对于习惯了阅读纸版报纸内容的读者，这样的客户端界面更让其感到亲切、熟悉。不可否认的是，相当一部分读者在传统媒体移动接收终端上，更喜欢看其传统形态的栏目、节目。可以说，在移动接收终端，传统媒体的传统信息内容形态仍拥有较大比例的受众群。

在网民制作、传播新闻信息的当下，对传统媒体舆论引导的探讨，并不仅仅局限于其传统的信息传播形态、信息传播内容，还包含互联网空间中传统媒体的既有信息传播形态、传播内容。央视的电视节目广泛存在于互联网空间，《人民日报》纸版的信息内容也被互联网用户广泛阅读，因此，在网民新闻信息传播的背景下，对传统媒体舆论引导的探讨，应更多地关注其信息内容、言论内容对公众意见的影响，以其传播内容为核心关注点。

## 第二节 新闻舆论引导中的"信息求真"理念

"新闻伦理的第一原则是求真。求真不是对真相的承诺，而是为接近真相诚实的努力。"②

信息是传播学的核心概念之一，是讨论传播活动的知识基础。然而，

---

① 汪翩翩、黄文森、曹博林：《融合与分化：疫情之下微博多元主体舆论演化的时序分析》，《新闻大学》2020年第10期。
② 彭增军：《传统与挑战：网络时代的媒介伦理》，《新闻记者》2017年第3期。

对"信息"概念的理解仍然囿于传统的"信息论"范畴，应当结合传播实践活动扩展对"信息"概念的理解，由此使得对传播实践的解释更具有合理性。结合网民议事肤浅化的意见环境，新型主流媒体在新闻舆论引导实践中应当秉持"信息求真"理念，该理念把报道公共议题的内在客观规律性放在核心位置。新型主流媒体践行这一新闻舆论引导理念的重要方法是强化新闻调查、在提供权威新闻信息中组织新闻议事。

信息是传播学的核心概念之一。E. M. 罗杰斯甚至认为"在传播学中，信息是一个中心概念"[①]。一切新闻活动均基于信息传播而发生，对于舆论引导而言，同样如此。在探讨新闻舆论引导议题时，应当关注"信息"这一核心概念。媒体融合仅仅为新闻舆论引导创造了传播渠道，并不必然实现新闻舆论引导效果。信息能够直接作用于人的观念，从根本上制约传播效果的实现。基于这样的考虑，有必要从"信息"的角度来探讨新型主流媒体的舆论引导。

传统主流媒体之所以要向新型主流媒体转型，一个重要背景是互联网、移动互联网的勃兴以及由此催生的网民议事。网民通过在互联网、移动互联网空间发布信息、发表言论来形成对公共议题的探讨场域，这一虚拟的场域现实地影响着公众舆论的演化。从好的方面看，网民议事提升了网民参与公共议事的热情。然而网民在获取公共议题真实信息的意识与能力方面存在不足，难以拥有公共议事所必需的真实客观信息，导致发表的意见存在情绪化、片面化的情形，难以达成共识。

## 一 信息的含义

关于信息概念的认知可以分为两类：一类是认为信息减少不确定性，帮助确认事物；另一类认为单纯的告知不能称为信息，需要对人产生认知影响才能被称为信息。

### （一）信息是不确定性的减少

信息减少不确定性的鼻祖是信息论的提出者香农，但必须注意的是，

---

[①] 〔美〕E. M. 罗杰斯：《传播学史——一种传记式的方法》，殷晓蓉译，上海译文出版社，2001，第436页。

香农是站在通信技术的角度,运用自然科学知识的概念"熵"来理解信息的,其对信息的理解局限于技术,尚没有引申至社会科学领域。后来的研究者基于香农的信息含义将信息概念的内涵嫁接于社会科学中。

陈力丹、陈俊妮认为信息"总是与现实或历史中的事实、现象相关,通过一定的方式(新闻、资料、档案、数据、图像、观点等)表现出来",信息在交流中才有意义。[①] 陈力丹、陈俊妮出于社会意义实现的视角理解信息,认为信息总是反映一定的社会现象、社会事实,借助对信息的解读可以认识信息所反映的社会现象、社会事实。

传播学的集大成者威尔伯·施拉姆和威廉·波特认为"凡是能减少情况不确定性的东西都叫信息",信息有助于人们做决定,人们对信息的认知加工是一个黑箱式的过程,对于他者而言,只能推断,但通过信息呈现的"外在交流的关系和行为是一望而知的"[②]。里奇进一步强调了信息在认知事物中的作用,认为信息是"用来确定事物、增加确定性且减少不确定性的东西"[③]。借助信息,公众能够形成对目标对象的认识定位,避免认识的混乱,对该事物的认识清晰化。

传播学研究中,信息首先被认为是确认事物的手段。基于信息减少不确定性的认识,从传播效果上看信息能够影响网民意见的汇聚,使得嘈杂纷争的网民意见渐趋相对一致。

(二)产生影响方可称为信息

影响才能称为信息的代表人物是林雄二郎,其认为"单纯的情况的通报,并非信息","有关某个情况的告知,只有对某人的决策产生某种影响时,才构成信息"[④]。陈卫星认为,"信息一方面是将社会实践和日常生活中涌现的内容(即资料)转换成抽象的、自主的、可以认识的东西,即将内容置于形式之中,产生秩序与意义;另一方面这种秩序或意义就是某种

---

① 陈力丹、陈俊妮:《传播学纲要》(第二版),中国人民大学出版社,2014,第17页。
② 〔美〕威尔伯·施拉姆、〔美〕威廉·波特:《传播学概论》(第二版),何道宽译,中国人民大学出版社,2010,第40~43页。
③ 〔美〕里奇:《传播概念·Information》(中英双语),伍静译,复旦大学出版社,2009,第68~69页。
④ 〔日〕林雄二郎:《什么是信息化》,载张国良主编《20世纪传播学经典文本》,复旦大学出版社,2012,第395页。

告知，某种形塑"①。关于某事物的信息会影响对该事物的认知方向。

从大众传播效果来看，信息被当作"形塑社会行为的观念和影响以及消除模糊和减轻威胁的手段来探讨"②。信息帮助受众认识事物、确认事物，给予事物以社会意义。胡正荣、段鹏、张磊在论述信息的功能时指出"舆论功能"是信息的一种社会功能。③ 在舆论引导方面，信息能够给予公共议题符合社会规约、社会文化的意义解读，影响公众认识公共议题的方向，实现舆论引导者言论教化的功能。

从信息概念的影响视角看，信息与新闻舆论引导有着直接的关联，因为新闻舆论引导便是新型主流媒体借助新闻信息传播来影响公众的认知，使得公众在争议性议题上朝主流媒体期望的方向演化。舆论引导影响公众意见，而信息是影响公众的手段，因此新闻舆论引导必须关注信息在其中的作用。

## 二 真实新闻信息与网络新闻议事质量的关系

应当思考一个问题，在网络新闻信息传播环境中，为何意见嘈杂，甚至非常多的网络新闻表达连意见都算不上，仅仅是情绪的宣泄。这是由于表达主体太过多元而使得公众看法异常多元吗？在一定程度上可以说是，但也必须思考，在一些大众化的公共议题方面，如环保、公共安全、消费者保护等，公众对这些议题的基本价值判断应该是相对一致的，毕竟社会化过程使得公众成员拥有相对一致的价值判断。但当黑龙江庆安站袭警事件发生后、④ 哈尔滨"天价鱼"事件发生后，网络空间中的言论为何表现出明显的差异性与多元化呢？其实，公众并非不知晓公共安全的重要性，

---

① 陈卫星：《传播的观念》，人民出版社，2004，第25页。
② 〔美〕里奇：《传播概念·Information》（中英双语），伍静译，复旦大学出版社，2009，第4页。
③ 胡正荣、段鹏、张磊：《传播学总论》（第二版），清华大学出版社，2008，第78页。
④ 黑龙江庆安站袭警事件发生后，网民议论纷纷，意见呈现分化，有部分网民质疑警察开枪行为，有部分网民力挺警察开枪。直到后来公安部门公布真相，央视、新华社等主流媒体对此事件进行了深入调查，还原事件真相，网民议论才逐渐走向相对一致。部分网民的新闻议事可以参见搜狐新闻《黑龙江庆安站袭警男子被击毙现场曝光》，http://quan.sohu.com/pinglun/cyqemw6s1/412278127，最后访问日期：2017年12月20日。

并非不知晓消费者的权益应当受到保护。到底是什么原因使得这些价值判断非常简单明了的公共议题在网络新闻议事中引起公众意见的明显分化呢？

关于某事物的信息会影响公众对该事物的认知方向。只有基于对事物的准确认识，公众所形成的关于该事物的价值判断才能正确。要想准确认识事物，必须掌握有关该事物的全面信息，若获得的信息不全面、支离破碎，则对事物的认识会是肤浅的、片面的。对于公众而言，则会在关于该事物的意见表达上呈现多元化、差异化。信息是认识事物、形成价值判断、表达意见的基础。若不同公众依据的信息是多元化的，则其表达出的意见倾向也是多样化的。

2015 年 5 月，网民将发生在成都市一位男司机暴打女司机的真实视频上传到网络，网民哗然，一致谴责男司机的行为，要求严惩男司机；当男司机在网上发布行车记录仪视频后，网民意见急转直下，大多数网民改变态度，认为女司机被打是咎由自取。网民在议论这件事情时，态度、意见犹如"过山车"，伴随不同的网络新闻信息而改变。[①] 当网民看到女司机被打的网络新闻信息时，并没有去思考这一行为发生背后的原因，而是情绪化地被这则网络新闻左右，当男司机发布行车记录仪视频后，网民再一次情绪化地被网络新闻信息支配。虽然女司机别车行为有害公共安全，但作为男司机以个人暴力惩治违规者显然是违法的，男女司机的行为均有错，均应当受到谴责。然而，在这次网络新闻议事中，网民受事件横截面网络新闻信息左右，情绪化地改变意见倾向，要么谴责男司机，要么谴责女司机，缺乏对新闻事件过程性的探究，使得网络新闻议事飘忽不定，网络舆情如波浪一样起伏。

公共事件发生后，关于该公共事件的客观实在是唯一性的，但获得这

---

[①] 关于成都女司机遭暴打事件的部分网络新闻议事可参见新浪新闻中心的新闻极客《惊天逆转 成都被打女司机如何从舆论天堂掉入地狱？》，仅该文便有 35 万之多的网民参与讨论，http://news.sina.com.cn/c/zg/jpm/2015-05-05/18211000.html，最后访问日期：2017 年 11 月 3 日；也可参见《六成网友认为别车女司机活该被打 开房记录遭人肉》，凤凰网，http://sn.ifeng.com/gongyi/detail_2015_05/07/3867609_0.shtml，最后访问日期：2017 年 11 月 3 日。

种唯一的客观实在却不是件容易的事情，因为事件的当事方出于各自的利益而传递出差异明显的信息。公共事件的发生往往具有过程性，人的感知、认知具有方向性，事件的不同当事方传递出的信息也可能大相径庭。远离公共事件现场的网络围观者，则依据有关公共事件的某一网络新闻信息而主观地形成对评议对象的价值判断，在网络空间表达个体化的、主观性的意见，形成的网络新闻议事形态难免各说各话、嘈杂不止。

在哈尔滨"天价鱼"事件中，权威真实信息姗姗来迟，作为事件主角的网络新闻发布者、鱼店以及当地政府在事件开始时各执一词或含糊其词。在外界压力下，真实信息才浮出水面，既非当事者在其微博新闻中所宣称的那样由于斤两而宰客，也非鱼店所说其食材是名贵鱼，所以价格自然高。可见，有关此事件的权威真实信息的缺失使得关于该事件的网络新闻议事存在不同议事主体各说各话的分裂性。在"上海女孩年夜饭逃离江西农村"的网络新闻议事中，权威真实信息也是在网民就该事件讨论了一段时间后才浮出水面，议事网民完全基于虚假网络新闻信息进行议事。在"成都女司机被暴打"事件中，权威真实信息亦是滞后于网络新闻议事，在网民议事的过程中才出现，使得网络新闻议事犹如"过山车"。三例网络新闻议事均不是基于权威真实信息而展开的，议事看似热闹却没有成效，空费了网民的热情与精力。

基于上面的分析可知，权威真实信息的缺乏，使得网民生产的有关公共事件的意见或添加的有关公共事件的新闻呈现多样化、差异化、个体化的特点。各自依照个体的信息感知与想象形成个体化的意见倾向，并情绪化地与他者进行网络新闻议事，自然难以达成共识，意见分裂是常态。

### 三 新闻舆论引导中的"信息求真"理念

虽然信息是传播学的核心概念之一，然而关于"信息"含义的认识依然囿于传统的"信息论"框架。若从"信息求真"的角度看，"新闻真实"概念与此有着较为密切的联系。新闻学中，对新闻真实的要求是报道的新闻信息要与新闻事实相符合。这一点放在新闻舆论引导中同样重要。

在新闻舆论引导中，要保证新闻信息的真实，首先必须保证提供的新闻事实的真实。"新闻的真实是事实的真实"，新闻叙述要与事实相符合，并由事实来检验其真实性。① 新闻真实分为来源真实与事实真实,但归根结底要由事实真实来检验。在"上海女孩年夜饭逃离江西农村"新闻事件中,新闻来源是真实的,即来自一位网友的真实微博,但这条新闻的真实性并不是由新闻来源的真实决定的,而是由是否真的发生了此事件的事实来决定的。

长期以来,党的主流媒体秉持信息真实、客观的精神从事新闻报道。在网民议事时代,新型主流媒体"信息求真"的新闻舆论引导理念的内涵需要拓展,除了保证自己采写的新闻信息真实性之外,还要对采用、引用的网民信息的真实性、客观性进行审核,即便网民在发布信息时进行了实名制认证,并以个人亲身体验为依据。因为网民信息来源的真实性并不能保证网民信息涉及的事件的真实性。新型主流媒体需要对网民信息涉及的新闻事件进行实地采访,以确保网民信息的真实性。

在某些情景中,一些主流媒体关注网民信息来源,忽视对网民新闻事件事实真实的深入核查。假新闻《六旬老人花 50 万玩手游 冒充小鲜肉交往 3 女友》引发舆论风暴,人民网、中青网等新型主流媒体的网络媒体均转载了这篇假新闻,而主流网络媒体的转载来源是真实的。② 一条虚假网民信息被某个不起眼的新闻网站转载,通过层层转载引发虚假信息传播的蝴蝶效应。宋祖华认为,在传统新闻业对新媒体信息内容的接纳过程中,新闻与谣言难免存在混合的状态,一些不实信息会混进"新闻"之中,反转新闻是最显著的一种表现,"上海女孩年夜饭逃离江西农村"事件便是一个典型的新闻与谣言混合的事例。③

从更深层次看,"信息求真"新闻舆论引导理念还包括对公共议题涉及的事物客观规律性的追求,这一任务落在新型主流媒体的新闻工作者身上。习近平总书记要求新闻舆论工作者努力成为专家型人才。④ 专家与普

---

① 陈力丹:《新闻理论十讲》,复旦大学出版社,2012,第 62 页。
② 周潜之:《假新闻引爆舆论,谁之过》,《光明日报》2016 年 10 月 31 日。
③ 宋祖华:《作为新闻的谣言:媒介融合背景下新闻与谣言关系的再思考》,《新闻大学》2017 年第 5 期。
④ 杜尚泽:《坚持正确方向创新方法手段 提高新闻舆论传播力引导力》,《人民日报》2016 年 2 月 20 日。

通人的区别在于专家能够对某一事物的内在本质、内在规律有更为准确的认识与把握，能够超越现象洞察事物发展规律。对公共议题内在客观规律性的把握往往要求新闻工作者能够有"宏观视野，可以横向纵向联想事件背景，剖析事件原因，甚至判断未来趋势"①。

把握公众所关注的公共议题的内在本质，完成对公共议题的求真，形成对公共议题的准确理解，才可以在信息传播实践层面对公共议题进行客观新闻报道，才能保证向公众提供的新闻信息真实客观，网民议事才能够受权威新闻信息的作用而朝理性方向展开。求真务实是党的思想路线。作为党的新型主流媒体要在新闻舆论工作中践行求真务实的新闻报道要求，需要探求报道主题、报道对象的内在客观规律性，探求舆论引导对象的认知特点，以反映报道议题客观规律性的真信息来引导公众对报道议题的理性认识、理性讨论。

本研究论及的"信息求真"新闻舆论引导理念，更多的是新型主流媒体求真式的新闻报道，以求真的态度对公共议题展开新闻调查，以求真的态度来调查公众对公共议题的认知，形成对公共议题内在客观规律性及议事网民群像的把握，由此才可能有的放矢地向公众提供其议事对象的权威新闻信息，对网民的认知产生影响，促使网络舆论朝权威新闻信息引导的方向演化，进而实现对公众舆论的引导。

## 四 网络议事背景下秉持"信息求真"的必要性

在互联网、移动互联网信息传播环境中，新舆论生态的一个重要表现便是网民新闻的兴起。网民通过 BBS、微博、微信等社交媒体形态来讨论社会热点事件或公共话题。如于欢"辱母杀人"案引发数亿网民热议，并现实地推动了该案的进展。然而，网民新闻议事的主体是网民，他们在网民新闻议事中的立场往往是个人化的，提供的信息可能是虚假的，这使得某些看似热闹的网民新闻议事并不能取得实质性的结果来推动社会进步。

2015 年引发网民热议的"上海女孩年夜饭逃离江西农村"事件最终却

---

① 肖晗：《新媒体时代更要努力做个"专家型"记者》，深圳新闻网，http://news.sznews.com/content/2017-09/29/content_17438989.htm，最后访问日期：2023 年 7 月 27 日。

是虚假事件，完全是网民杜撰的。应当注意的是，在该事件被热议的过程中主流媒体在未审核网民新闻信息真实性的情况下参与讨论，并发表评论文章以期引导公众认知。在该事件最终被证实为虚假事件后，这一做法无疑损伤了主流媒体的新闻舆论工作的公信力。基于虚假事件的理性讨论也会影响公众对相关议题的客观认识，甚至破坏公众已有的理性认知。

网民新闻由民众个体生产、传播，其反映的社会热点事件可能是真实的，加上网民新闻主体往往以亲身经历为叙事标签，网民新闻对公众有一定程度的吸引力、说服力。一些情景下，主流媒体也会把网民新闻作为重要的新闻信息来源，跟随网民新闻来探讨其反映的社会热点事件。在当下的信息传播活动中，网民新闻频频进入主流媒体内容生产的素材里，网民新闻失实的可能增大了主流媒体采用网民新闻作为内容生产素材的风险。若缺少对网民新闻信息核实与把关的程序，主流媒体基于网民新闻素材生产的新闻信息可能是虚幻的新闻产品，经不起时间的检验，最终会严重损伤主流媒体新闻舆论的公信力。在此背景下，主流媒体在采用网民新闻信息作为内容生产素材时，务必秉持新闻舆论引导的信息求真理念，对采用的信息进行把关，务必基于真实事实来组织、引导网民新闻议事，防止泡沫式新闻舆论的产生。

信息是公众认识公共议题、形成对公共议题价值判断的依据。公众议事离不开信息的寻求、解读与辨别，信息是公共舆论形成中最重要的影响因素。然而，获取关于公共事件的客观信息并非易事，不少公共事件仅仅以结果呈现在公众面前，而发生、发展的过程对公众而言则是未知的，甚至公众看到的公共事件的结果也可能由于涉事一方故意释放虚假信息而离客观真实甚远。① 在公共议事中，必须有一个社会机构能够负责任地为公众搜集、分析有关公共事物的真实、客观信息，并负责任地向公众提供这种信息，公众在网络议事中才可能进行理性的讨论，形成合理的意见。而能够胜任这一信息生产、传播任务的社会机构非新型主流媒体莫属。

习近平总书记在党的新闻舆论工作座谈会上指出，"澄清谬误、明辨

---

① 在罗一笑事件中，其父煽情筹款，真相却是其父并没有太大经济压力；在泸州太伏中学学生坠亡事件中，悲惨的结果先于真相呈现在公众面前，引发网民各种不切实际的揣测。

是非"是党的新闻舆论工作的职责与使命的内容之一。① 澄清谬误需要真实、客观的信息;明辨是非同样需要真实、客观的信息,因为是非曲直需要以真实、客观的信息作为衡量标尺,正确的认识需要以真实、客观的信息为基础。

"在互联网时代,专业、深入、独家、权威的优质内容,以及新闻信息的专业生产能力,是传统媒体无可替代的优势与核心竞争力。"② "作为内容提供者,传统媒体依旧具有很大的优势,而且这种优势并不会随着时间的推移和技术的进步而丧失。"③ 为解决网民议事质量不高的问题,可以通过新型主流媒体为网络公众提供权威真实信息的方式来解决。因此,在网民议事社会环境中,"信息求真"是新型主流媒体应当秉持的舆论引导理念之一。

近年来,在秉持"信息求真"的舆论引导理念方面,新型主流媒体的新闻舆论工作存在一些教训。在一些舆情事件中,当事人为了引起公众关注,在网络空间以悲情叙事的方式表达看法、意见,以动员网民,实现自己特定的目的。面对网民的悲情叙事,主流媒体不应当被带偏节奏,而应当认真核查,到实地采访,以了解事实的真面目,还原事实本身,探寻事实背后的真相。个别新型主流媒体基于不实信息引发的讨论可能会影响公众既有的认识,使公众的认识发生偏向,也可能增强公众既有的成见。

习近平总书记在论述新闻舆论工作时,提到"真实性是新闻的生命"④。"信息求真"舆论引导理念在网民议事时代显得尤为重要。网民新闻事件会设置新型主流媒体的报道议程。在将混杂的网民新闻事件纳入报道范围之时,新型主流媒体的新闻舆论工作者尤其要秉持"信息求真"的舆论引导理念,务必对网民新闻事件的真实性进行审核、把关。

---

① 杜尚泽:《坚持正确方向创新方法手段 提高新闻舆论传播力引导力》,《人民日报》2016年2月20日。
② 蒋建国:《2016媒体融合发展论坛发言摘登》,《人民日报》(海外版)2016年8月23日。
③ 齐向东:《我为什么看好媒体融合创新》,《光明日报》2016年10月15日。
④ 杜尚泽:《坚持正确方向创新方法手段 提高新闻舆论传播力引导力》,《人民日报》2016年2月20日。

## 五　新型主流媒体践行"信息求真"理念的能力

新型主流媒体践行"信息求真"的新闻舆论引导理念，首先表现为议事主体（公众）提供权威真实客观信息，这是实现新闻舆论引导效果的基础。新型主流媒体之所以能够更多地提供有关公共议题的真实客观信息，是因为新型主流媒体的技术能力强、新闻工作者的职业素养高。

首先，新型主流媒体的强大的公共信息采集、分析能力。在媒体融合的信息传播环境中，新型主流媒体往往把"中央厨房"建设置于突出的位置。主流媒体利用"中央厨房"技术支撑平台，对所属各形态媒体（报纸、网站、客户端、微博、微信）的新闻信息，"从采集、加工到发布进行全流程监督、管理及舆情数据挖掘、分析整理"。①"中央厨房"汇集来自四面八方的新闻信息，并对新闻信息进行分类聚合，使得关于同一公共议题的信息丰富而全面，能够客观立体地呈现公共事物的全貌，而非像网民信息那样碎片化。新型主流媒体拥有大数据、云计算等信息处理技术，能对互联网空间中存在的关于某一公共议题的海量信息进行鉴别，去粗取精、组合加工，能够挖掘有关公共议题的本质信息，而这一点是个体化的网民所不具备的。

其次，新型主流媒体职业新闻工作者的责任意识。新型主流媒体的新闻工作者是职业化的新闻从业人员，肩负着作为党和国家密切联系人民群众桥梁的职业责任，"围绕中心、服务大局，团结人民、鼓舞士气"；在新闻报道中守土有责，推动社会公平正义。习近平总书记要求新闻舆论工作者"严格要求自己，加强道德修养，保持一身正气"②。新闻舆论工作者采集、挖掘、制作新闻信息时，能够力求避免情绪化、片面化，以职业责任为第一要求，避免采集到的关于公共议题的信息充斥太多个人化的情绪、意见；能够真实、公正、平衡地报道新闻，坚持新闻客观性；能够出于维护公共利益的角度从事新闻调查、新闻评论。

---

① 管洪：《牢记使命 勇于创新 提升党报集团新闻舆论传播力引导力》，《重庆日报》2016年3月3日。
② 杜尚泽：《坚持正确方向创新方法手段 提高新闻舆论传播力引导力》，《人民日报》2016年2月20日。

正是新型主流媒体强大的信息采集、处理能力,以及强烈的社会责任意识、法定的职责,使其相比于网民议事主体,提供的新闻信息要真实、客观、公正。

依照习近平总书记关于宣传思想工作的重要论述,新型主流媒体在采用网民新闻作为新闻生产的素材时,务必探底究根式地追查网民新闻的来源,借助大数据挖掘技术对网民新闻源头的可信性、真实性进行评估、审查,更要派专业记者亲自到网民新闻发生现场核实新闻发生的过程,并对相关新闻人物进行采访,获得关于网民新闻事件的第一手实地资料,基于第一手资料生产新闻信息,其真实性往往能够获得保证。只有到新闻现场才能够采集到真实可信的新闻信息,大数据挖掘技术并不能保证基于第二手新闻资料而生产的新闻信息的真实性。习近平总书记鼓励记者多深入基层、深入群众,要求新闻舆论工作者"俯下身、沉下心,察实情、说实话、动真情,努力推出有思想、有温度、有品质的作品"①。

## 六 新型主流媒体践行"信息求真"理念的途径

新型主流媒体在践行"信息求真"的新闻舆论引导理念时,如何使这一理念落地以期实现新闻舆论引导的社会效果呢?

(一) 强化新闻调查,提供权威真实信息

尼尔·波斯曼提出"新媒体在多大程度上能够使人获得更多有意义的信息"的问题,认为新媒体时代,人们被信息的汪洋淹没,甄别与筛选有价值的信息耗费了人们大量的时间与精力。② 在网民议事时代,有价值的反映事物真相的权威真实信息仍然是稀缺的,这需要依赖新型主流媒体来提供。

应当对公共议题进行调查,获知有关公共议题的真实客观信息。这一点对于普通网民而言,有较大的难度,以至于一些网民在议事时,没有对所讨论的议题进行深入调查,不少情况下是凭个人感觉发表评论意见。新

---

① 杜尚泽:《坚持正确方向创新方法手段 提高新闻舆论传播力引导力》,《人民日报》2016年2月20日。
② 转引自陈力丹、陈俊妮《传播学纲要》(第二版),中国人民大学出版社,2014,第18页。

型主流媒体应当强化新闻调查,创作优质新闻内容,为网民议事提供真实全面的信息,促进网络公众基于真实客观信息进行议事。新型主流媒体拥有专业的新闻调查能力,能够在纷繁的表象之下深入调查真相,在碎片化的信息之后勾连出逻辑线索,[1] 为公众议事主体提供真实、客观的权威信息。

新型主流媒体可以通过大数据信息处理技术对某一公共事件的海量网民信息进行汇总、加工,由专业新闻工作者对挖掘网民信息得到的数据进行意义解读,结合网民的社会特点与结构进行意义的赋予,了解网络公众的心态、认知与诉求,从而能够更好地进行网络新闻事件的新闻舆论引导。新型主流媒体还可以进行常态性的社会调查,通过对公共议题进行系统社会调查,能够提供真实全面的公共议题信息,纠正公众个体社会感知的偏差,减少网民议事偏离客观实际的概率,尽量避免空想式的网民议事。

习近平总书记在党的新闻舆论工作座谈会上的讲话指出,"真实性是新闻的生命。要根据事实来描述事实,既准确报道个别事实,又从宏观上把握和反映事件或事物的全貌。……发表批评性报道要事实准确、分析客观"[2]。可见习近平总书记在论述党的新闻舆论工作时,要求党的新闻媒体要基于真实新闻信息进行舆论引导,并把真实性提升为新闻的生命这一理论高度来认识。没有真实性,新闻便不存在,更遑论借助新闻来实现舆论引导。

我们一贯强调求真务实,对于主流媒体的新闻舆论工作者而言,秉持"信息求真"的新闻舆论引导理念,在确保传播的新闻信息具体真实的同时,更应该探究新闻事件背后的社会问题、客观规律性,从中国特色社会主义的历史方位来认识它们、解读它们,将它们转化为具体的新闻话语、新闻作品传播给公众,帮助公众更好地认识中国特色社会主义的发展特点、发展要务、发展规律,实现党的新闻舆论引导的宏观目标、政治目标、时代目标。

---

[1] 张泉泉:《重塑知识生产者形象——公民新闻时代专业记者的再定位》,《江淮论坛》2014年第1期。
[2] 杜尚泽:《坚持正确方向创新方法手段 提高新闻舆论传播力引导力》,《人民日报》2016年2月20日。

## (二) 在提供权威真实信息中引领网民议事

习近平总书记强调要从"宏观上把握和反映事件或事物的全貌"。新闻真实需要有整体视角、历史视野,对一些新闻事件需要从时间维度来把握其关涉的公共议题的内在客观规律性,整体上探究同类新闻事件背后所反映的深层社会问题,并把这一社会问题纳入历史进程、时代发展的视野进行探讨,寻找解决此类社会问题的制度性方法与措施,从社会发展的过程性准确定位公共议题所处的历史方位,使解决此类社会问题的制度性方法、措施不脱离实际,符合社情、国情,符合人民群众的最大利益。

单一地提供真实客观信息,并不能充分实现新型主流媒体引导网民议事的目的。新型主流媒体在提供真实客观信息的同时,应当利用这些真实客观信息针对网民议事中存在的肤浅意见进行纠正,借助权威新闻信息同网民议事进行互动,提升网民议事的质量。

2015年"河南大学生掏鸟获刑十年"的新闻引发网民广泛关注,起初绝大多数网民认为量刑过重,不过就是掏了一只鸟而已,甚至有部分网民借此攻击司法公正。针对该公共事件网民议事中存在的情绪化、肤浅化的认识,以央视、《人民日报》为代表的新型主流媒体提供了该大学生明知该鸟是二级保护禽类而有意猎捕进行贩卖的真实信息,同时借助该事件向公众提供了近年来滥捕滥杀国家珍贵禽鸟的犯罪案例,在提供权威真实信息中引导网民进行议事。新型主流媒体的权威真实新闻信息,使得网民认识到掏鸟者并非蒙冤而是罪有应得,同时让公众意识到不依法治理滥捕滥杀的危害。[①] 网民基于权威真实新闻信息产生了对该事件的理性认识,网民议事渐趋理性。

新型主流媒体在提供权威真实新闻信息中同网民议事互动,有效引导了网络公众意见发展的方向,也向网民进行了有关公共议题的知识普及,提升了公众的议事能力。

传播渠道并不必然影响用户,只是为影响用户提供了传播新闻信息的

---

[①] 参见央视《新闻1+1》报道《就因为掏鸟案,判了10年半?》;《人民日报》发表评论《"掏鸟获重刑"是堂沉重普法课》。

通道。媒体融合能够丰富主流媒体的信息传播渠道，但并不能必然达到新闻舆论引导的效果，只是为主流媒体实现新闻舆论引导效果创造路径与渠道。只有新闻信息内容本身才能从根本上影响用户的态度、行为。这犹如一只精美的碗里盛的是发馊的饭一样，食客只会避而远之。最终吸引食客的是饭的质量，精美的碗仅仅起到辅助作用。媒体融合带来的多元化的信息传播形态是"碗"，而新闻信息是"饭"。在网民新闻议事兴盛的舆论环境中，为回应、引导网民新闻议事，新型主流媒体更应该确保通过多元信息传播渠道传播的新闻信息的真实性、客观性、权威性，否则不但无法引导网民新闻议事，反而失信于网民议事之中，损伤新型主流媒体新闻舆论引导的公信力。

## 第三节　新型主流媒体新闻舆论引导理念与舆论引导"四力"

党的十八大以来，以习近平同志为核心的党中央高度重视党的新闻舆论工作，习近平总书记亲自主持召开党的新闻舆论工作座谈会并发表重要讲话，在座谈会上习近平总书记指出，"党的新闻舆论工作必须创新理念、内容、体裁、形式、方法、手段、业态、体制、机制，增强针对性和实效性"[1]。理念创新被放在党的新闻舆论工作创新的首位。理念决定行动方向，行动基于理念之上。在改革中，只有理念创新了，有了新的理论认识，才会在行动中践行改革、落实新举措。对于党的新闻舆论工作，同样如此。陈力丹在学习习近平在党的新闻舆论工作座谈会上的讲话中深有体悟地谈道："在创新中，理念创新是首要的。"[2] 时代在发展，新闻传播的实践在变，过去的新闻舆论引导理念无法继续推动新闻舆论工作的进一步发展，甚至会束缚新闻舆论引导效果的实现。创新新闻舆论工作的理念就成为工作之需、时代之要。在2013年全国宣传思想工作会议上，习近平总

---

[1] 杜尚泽：《坚持正确方向创新方法手段　提高新闻舆论传播力引导力》，《人民日报》2016年2月20日。

[2] 陈力丹：《做好新闻舆论工作应把基本原则具体化》，《人民日报》2016年4月6日。

书记在谈及宣传思想工作创新时,便要求把理念创新作为宣传思想工作创新的重点。① 习近平总书记之所以反复强调新闻舆论工作的理念创新,在于习近平总书记深刻认识到舆论生态的变化给党的新闻舆论工作带来的新要求、新挑战。

## 一 新闻舆论生态的变化

自20世纪90年代起,互联网在中国逐渐普及,越来越多的民众使用互联网,伴随智能手机技术的发展,移动互联网成为互联网的新形态。截至2022年12月,我国网民规模达到10.67亿人,网民使用手机上网的比例达99.8%。② 互联网、移动互联网的开放、交互、平等、共享等信息传播特点创新了公众获取信息、交流对话、公共议事的方式,以微博、微信为代表的社交媒体更进一步释放了公众借助网络新媒体进行公共议事的热情。虚拟的网络空间逐渐成为公众关心国家大事、热议焦点事件、探讨国计民生的公共社会空间。从2003年的孙志刚事件到2011年的郭美美事件再到2016年的于欢案,互联网、移动互联网成为公众舆论汇聚、生成、发展、演变的重要社会空间。互联网、移动互联网重构了公众议事的流程与结构,成为党在新时代从事新闻舆论引导工作必须重视和把握的舆论生态因素。

习近平总书记洞察性地认识到互联网、移动互联网对党的新闻舆论工作的影响,2015年在视察解放军报社时,习近平便论及"舆论生态",指出"现在,媒体格局、舆论生态、受众对象、传播技术都在发生深刻变化,特别是互联网正在媒体领域催发一场前所未有的变革"③。习近平总书记在2016年网络安全和信息化工作座谈会上的讲话中指出:"互联网是一个社会信息大平台,亿万网民在上面获得信息、交流信息,这会对他们的

---

① 倪光辉:《胸怀大局把握大势着眼大事 努力把宣传思想工作做得更好》,《人民日报》2013年8月21日。
② 《第51次〈中国互联网络发展状况统计报告〉》,中国互联网络信息中心官网,https://www.cnnic.net.cn/n4/2023/0303/c88-10757.html,最后访问日期:2023年8月21日。
③ 曹智、栾建强、李宣良:《坚持军报姓党坚持强军为本坚持创新为要 为实现中国梦强军梦提供思想舆论支持》,《人民日报》2015年12月27日。

求知途径、思维方式、价值观念产生重要影响,特别是会对他们对国家、对社会、对工作、对人生的看法产生重要影响。"① 习近平主席出席第二届世界互联网大会并在开幕式上讲话,也反映了其对互联网、移动互联网舆论生态的深刻认识与准确把握。

正是基于互联网、移动互联网舆论生态对党的新闻舆论工作深刻影响的洞察性认识,习近平总书记强调要做好党的网络舆论工作,指出"做好网上舆论工作是一项长期任务,要创新改进网上宣传,运用网络传播规律,弘扬主旋律,激发正能量,大力培育和践行社会主义核心价值观,把握好网上舆论引导的时、度、效,使网络空间清朗起来"②。面对舆论生态的变化,以习近平同志为核心的党中央着力推动以党报、党刊、广播电视台为代表的党的传统媒体机构拥抱互联网、移动互联网,实现与基于互联网信息技术平台衍生出来的新兴媒体的融合,借助新兴媒体技术重构传统主流媒体的新闻生产流程,创新传统主流媒体的新闻舆论引导手段,力求形成一批采用传播新形态的新型主流媒体。各省级党报集团便属于党重点建设的新型主流媒体的范围,因此,地方省级党报集团应当以建设成为新型主流媒体为己任,立足省级地域、面向全国,着力提升在省级地域乃至全国范围内新闻舆论的传播力、引导力、影响力、公信力。

互联网、移动互联网传播生态重构了新闻信息传播的流程,单向传播演变为双向互动传播;重构了传播者与受众的关系,舆论引导演变为传播主体对传播主体的影响;技术赋权使得网民成为新闻信息内容生产的主体之一,网民在新闻信息的接受、使用与生产中更在乎自己的感受与体验,主体意识强烈而鲜明。处在新舆论生态中的省级党报集团应当以习近平关于宣传思想工作的重要论述为指导,遵从互联网、移动互联网思维逻辑,对新闻舆论引导理念进行创新,在新闻舆论引导方面应当秉持媒体融合理念、用户理念以及信息求真理念。

---

① 习近平:《在网络安全和信息化工作座谈会上的讲话》,《人民日报》2016年4月26日。
② 《总体布局统筹各方创新发展 努力把我国建设成为网络强国》,《人民日报》2014年2月28日。

## 二 新闻舆论引导的媒体融合理念

新闻舆论引导效果的实现离不开恰当的新闻信息传播渠道,在公众更多通过触网来获取新闻信息、进行公共议事的舆论生态环境中,主流媒体要提高新闻舆论的传播力,应当创新、丰富信息传播手段,必须秉持媒体融合的新闻舆论引导理念。在中央全面深化改革领导小组第四次会议上,习近平总书记强调,"推动传统媒体和新兴媒体融合发展,……坚持先进技术为支撑、内容建设为根本,……形成立体多样、融合发展的现代传播体系"①。在党的十九大报告中,习近平总书记再次要求新闻舆论引导要"高度重视传播手段建设和创新"②。在习近平关于媒体融合发展的重要论述的指引下,传统媒体主动与新兴媒体传播形态进行融合,丰富信息传播形态与传播手段,着力向传播手段先进、传播形态多元的新型主流媒体转型。对于根植于传统纸质报纸出版的党报集团,更要打破既有的新闻传播理念的束缚,主动采用先进的互联网、移动互联网信息传播技术,与新兴媒体信息传播形态实现交融,丰富党报集团新闻舆论的传播手段与传播方式。

在习近平关于媒体融合工作的重要论述的指引下,主流媒体在媒体融合上取得了一系列的进展与创新。以重庆日报报业集团为例,其着力打造了以华龙网为骨干的新闻网站,积极开通各种类型的微博、微信公众号,推出一系列移动客户端,形成党报集团新闻舆论传播的媒体矩阵,各个融媒体信息传播端口均采用文字、图片、音频、视频、动画等多元化的信息呈现形式。纸质报纸的权威新闻信息是党报新闻舆论引导的最为重要的内容资源。借助媒体融合的信息传播技术,纸质的《重庆日报》在融媒体信息传播端口实现了电子化的纸版原样呈现,在新闻网站、移动客户端均可供用户方便、快捷的阅读。纸质样式的党报在新兴媒体上再一次重生、焕发活力,受到网民的青睐。

---

① 《共同为改革想招 一起为改革发力 群策群力把各项改革工作抓到位》,《人民日报》2014年8月19日。
② 习近平:《决胜全面建成小康社会 夺取新时代中国特色社会主义伟大胜利——在中国共产党第十九次全国代表大会上的报告》,《人民日报》2017年10月28日。

借助媒体融合，省级主流媒体拥有数量丰富的新闻信息传输通道来及时将党和政府的权威声音迅速传递给公众，提升了党的新闻舆论的传播力，为实现党的新闻舆论引导效果创造了先决条件与手段。公众首先要接触到党报媒体的新闻舆论信息，才可能受党报新闻舆论信息的影响。当越来越多的公众习惯于触网、成为"低头族"而不阅读纸质党报时，媒体融合重新拉近了党报媒体与公众的距离，纸质报纸新闻换了一种信息呈现形式再一次让公众与其亲密接触，如触屏可读党报。

重复是增强信息传播效果的有效策略。这一信息传播策略对于党报实现新闻舆论引导效果同样显著。党的声音要反复向公众传播，公众成员每接触、阅读一次党媒的新闻信息，必然会或多或少地深化对党的主张、政策的理解、记忆，并强化对党的主张、政策的认同。与新兴媒体的融合丰富了主流媒体的信息传播形态与渠道，使得主流媒体摆脱了过去单一依靠纸质报纸传播党的新闻的局面，形成了主流媒体新闻舆论传播的媒体矩阵，同一主题的新闻内容能够同时在不同形态的传播终端呈现，联动式设置了党的新闻议程，实现了"同样主题，多样传播"。过去需要借助不同媒体机构才能形成的媒体新闻议程联动设置，现在可以在主流媒体内部由不同的信息传播渠道来实现，获得了主流媒体新闻议程传播的叠加效应，为公众营造了更为浓厚的传播党的声音的信息环境，更为强烈地影响公众的议程认知，实现党报的新闻舆论引导效果。

主流媒体借助"中央厨房"，重构了新闻采集、生产的流程，实现"一次采集、多种生成、多元传播"，将原属不同业务部门的新闻生产人员聚在一起，能够采集到有关同一主题的更为丰富的新闻信息，针对不同传播终端的信息呈现特点，制作生成不同类型的新闻产品，如文字的、数据的、动漫的、音频的、视频的、虚拟现实的等，使得用户在已阅读了新闻信息的情况下，仍乐意阅读其他产品形态的同一内容的新闻信息，提升了公众主动接触同一内容新闻信息的频次，并在与不同形态新闻产品的接触中不断获得新鲜的阅读体验，"阅而不厌、阅而不烦、阅而不腻"，累积扩大了党的同一内容新闻信息对公众的影响。

信息传播技术的发展异常迅猛，往往以年为迭代，甚至以月为迭代。每一次媒体技术的更新都会促使媒体融合产生新形态。对于主流媒体来说,媒体融合只有进行时,没有完成时,新闻舆论引导的媒体融合理念需要长期坚持下去。如果说,互联网、移动互联网是媒体融合的上半场,方兴未艾的人工智能促进了媒体融合的进一步发展,使媒体融合进入下半场。人工智能依靠丰富的算法、智慧的推演,极大地解放了新闻生产力,其生产的消息型新闻与人工写作相差无几。主流媒体需要将人工智能引入新闻生产、传播的流程中,进一步优化、创新媒体融合的形态,提高新闻生产力,如借助人工智能实现新闻信息的智能生产、智能分发、智能推送,通过大数据的挖掘提升数据新闻的质量,更准确地了解用户的新闻接触与获取特征,实现对用户的智慧新闻推送。

### 三 新闻舆论引导的用户理念

党的新闻舆论引导是党的新闻媒体通过新闻信息传播影响公众的看法,促使公众意见朝党指引的方向结晶为公共舆论。公众是党的新闻舆论引导的对象,舆论引导效果的实现必须通过公众意见、态度、行为的变化来体现。公众成为实现党的新闻舆论引导效果的一个关键因素。在传统的主流媒体新闻舆论引导中,公众单向接受主流媒体的新闻信息,主流媒体新闻舆论引导者从新闻信息内容出发预计、判断新闻信息内容对公众的影响,料想公众接受了新闻信息所反映的党的主张、政策,由此认为实现了党的新闻舆论引导效果。这是一种传播者本位的新闻舆论引导理念。

在互联网、移动互联网舆论生态环境中,开放、平等、交互、分享的信息传播形态受到公众欢迎,公众逐渐远离采取单向信息传播形态的纸质报纸,更多地从互联网、移动互联网获取信息。由于互联网、移动互联网拥有海量的新闻信息,公众接触新闻信息的机会极度丰富,无法一一选择阅读,仅能选择有限的新闻信息进行阅读。在信息选择权能够充分实现的情况下,公众更多依靠需求、感觉来选择新闻。在互联网交互信息传播环境中,传统的受众演变为自主的、在乎个人体验、个人感受的新闻信息用户。

借助新兴媒体技术实现的媒体融合为主流媒体新闻舆论工作者快捷、方便地接触新闻信息传播受众提供了技术通道,并不能必然地让这些在新舆论生态中已演变为用户的受众选择、阅读、使用主流媒体在不同形态的信息传播端口提供的新闻信息。新舆论生态中的用户在接触、阅读、使用、分享信息时更在乎个人体验、个人感受、个人卷入,俨然成为主流媒体的新闻信息的选择者、挑剔者。是否满意的标准最终取决于用户,而非必然取决于主流媒体借助多元传播终端实现的新闻信息的送达。这也意味着,主流媒体新闻舆论引导效果的实现取决于新闻信息用户的体验与感受。

习近平总书记强调党的新闻舆论工作要坚持以人民为中心的工作导向,"增强吸引力和感染力,让群众爱听爱看、产生共鸣","把服务群众同教育引导群众结合起来,把满足需求同提高素养结合起来"。① 党的新闻舆论工作者不要把群众视为被动的党的新闻信息的接受者,而要以人民群众的新闻信息需求为标准来为人民群众做好党的新闻信息传播服务,在满足人民群众的新闻信息需求中实现党的新闻舆论引导,应当视信息传播对象为新闻信息的用户,在服务、满足用户对新闻信息的需求中提升党的新闻舆论的传播力、引导力、影响力、公信力,这便要求党的新闻媒体要秉持用户理念来从事新闻舆论引导工作。

"新媒体对传统媒体的冲击,最深刻的表现在媒体和用户的关系上。"② 新兴媒体的虚拟现实技术、VR 技术使用户沉浸在新闻场景中,被卷入新闻事件中,更为全面、深入地接受、理解、记忆新闻信息。在媒体融合时代,媒体与用户的关系已从传统的"我传你听"演变为相互的场景融入。借助新兴媒体技术对新闻场景的再现与立体呈现,用户与新闻信息融为一体,彼此进入,用户与媒体的关系从分离变为相融。在彼此相融的传播关系中,新闻媒体更容易获得对用户的新闻舆论影响力。

主流媒体要实现对新闻信息用户的舆论引导,必然要让用户成为党媒构建的互联网、移动互联网新闻场景空间的一部分,与党的虚拟新闻空间的新闻信息产生沉浸式、卷入式的联结关系,接受主流媒体新闻蕴含的党的主

---

① 杜尚泽:《坚持正确方向创新方法手段 提高新闻舆论传播力引导力》,《人民日报》2016年2月20日;倪光辉:《胸怀大局把握大势着眼大事 努力把宣传思想工作做得更好》,《人民日报》2013年8月21日。
② 陈力丹、史一棋:《重构媒体与用户关系——国际媒体同行的互联网思维经验》,《新闻界》2014年第24期。

张、政策与号召。主流媒体要主动借助新兴媒体多元信息传播终端联结用户，让用户黏着在新闻信息场景中，实现"润物细无声"式的新闻舆论的影响力。所谓用户思维，就是"'以用户体验为王'，即以用户为中心，以体验为核心"[1]。管洪强调，要认真学习习近平总书记在党的新闻舆论工作座谈会上的讲话精神，"必须充分适应广大受众阅读习惯的变化，……更加重视受众体验，让新闻更加生动、鲜活"[2]。

人是社会性的，当用户有了良好的新闻阅读体验时，用户乐意与社会关系成员分享该新闻信息及自己的新闻阅读体验。微博、微信等社交媒体更是为用户分享新闻阅读体验提供了传播通道与分享空间。社交媒体时代，分享是新闻信息实现扩散式、累积式传播效果的途径。在用户越来越愿意表达新闻阅读体会时，新闻阅读分享成为社交媒体用户的习惯与个人情感表达的方式。新闻分享是以用户对新闻信息的接触、阅读体验为基础的。用户在场景化的新闻空间中能够对新闻有更好的认同式体验，能够结合个人的感受来解读、生成新闻的意义，也更为乐意将新闻信息以及个人化的新闻信息意义的再生产在社交媒体上分享出去，同时也会分享接触、阅读该新闻信息的感受与体验，以获得具有同类新闻阅读体验的其他社会关系成员的点赞与附和，完成意义空间的想象的社会共同体的建构，强化社会互动与社会联系。主流媒体借助通过媒体融合取得的多元化的新闻信息传播形态能够更好地满足用户的新闻信息需求，提升用户的新闻信息阅读体验，从而增加用户转发、分享新闻信息的频次，扩大新闻信息的影响，提高党的新闻舆论影响力。

## 四　强化新闻评论的舆论引导功能

在意见纷争、众声喧哗的网民意见广场的信息环境中，主流媒体要充分发挥新闻评论的舆论引导功能，敢于鲜明地表达观点，体现为人民的立场。如孙小果案，网民议论、关注云南方面何时公布该案的处理结果，并

---

[1] 郭全中：《传统媒体转型：借力大数据　重建用户连接》，《光明日报》2016年1月23日。
[2] 颜若雯：《重点抓好四个方面创新　提升党报集团新闻舆论传播力引导力——访重庆日报报业集团党委书记管洪》，《重庆日报》2016年4月25日。

期待早日将干预孙小果案的司法人员公布于众。在这样的情况下,《人民日报》(海外版)站在为人民的立场上,其微信公众号"侠客岛"发表评论《孙小果案不应久问无果》。该评论发表后,云南方面很快公布了对已经查明的关于孙小果案的司法人员的初步处理结果。虽然云南方面公布了初步处理结果,阶段性地将处理信息告诉公众,但这一阶段性的做法让公众对党和政府彻查孙小果案充满了期待,增强了对云南司法纠错的信心。

主流媒体(《人民日报》)借助新闻评论,旗帜鲜明地站在人民的一边,要求相关单位推动工作进展,及时回应了公众关切、公众期待,增强了公众对党和政府司法纠错的信心。新型主流媒体有着更大的能量来回应人民关切,推动党和政府工作的开展。新闻评论是新型主流媒体实现这一目标的重要方式。

服务党和政府工作,帮助受众更为理性地认识具有争议性的社会事件,是主流媒体刊载新闻评论的传播目标,引导舆论是主流媒体新闻评论信息传播实践的传播价值取向。由于主流媒体刊载的新闻评论相当比例来自公众成员,可以说,在很大程度上,主流媒体通过新闻评论也在反映着正确的公众意见,更好地扮演着联系党和人民的桥梁的角色。

在当下,主流媒体刊载的新闻评论的数量明显增加,如央视新闻栏目《朝闻天下》较高频率地配发新闻评论,面对中美贸易摩擦,配发了一系列的新闻快评。主流媒体在其新媒体平台上,也开设了专门的,或以新闻评论为主的栏目,如新华社客户端开设的《评"新"而论》,《人民日报》(海外版)开设的公众号"侠客岛"。

新华社客户端《评"新"而论》发布的新闻评论,均是新华社记者针对最新的新闻事件发表的看法,立论合理、是非分明,有效地匡正了部分公众的认识。如针对云南冰花男孩的父亲在其个人社交媒体账号发布的抱怨村委会未给其打扫村卫生的这一只有村"低保户"才能享有的工作,新华社记者发表评论,认为冰花男孩的父亲缺少感恩之心,由于其儿子的知名度,其家庭困难的情况才被社会广泛关注,大家捐款捐物,并引起当地政府的高度关注,对其进行扶助,其家已经住进160平方米的房子,其名下有两辆汽车,已经不再是低保贫困户,由此赞扬其所在的村委会依据事实、按照规定秉公办事,拒绝其父的不合理要求是合理的。可以说,这一观点鲜明,有效地引导了公众的认识,让公众意识到,一事归一事,每一件事均需要按照规定办事。其家境贫困时,确实需要帮扶,其家不贫困时,就不应当帮扶。通过新闻评论,让地方政府在精准扶贫方面,更为积极地践行执行国家政策的刚性。

从新闻传播的角度看,主流媒体舆论引导的方式有新闻报道、新闻评论。前者通过新闻事实来影响公众的认知、态度,后者则通过直接的观点、看法来告诉公众应当如何理性、科学地认识相关公共议题。在意见纷争的网络舆论场的环境中,主流媒体应当强化通过新闻评论来引导公众舆论的理念,提升评论意见的传播频次,旗帜鲜明地告诉公众应当如何看待一些公共议题。

## 五 结语

党的新闻舆论工作的目标是"切实提高党的新闻舆论传播力、引导力、影响力、公信力"①。何谓党的新闻舆论传播力、引导力、影响力、公信力?其内涵是什么呢?

党的新闻舆论传播力是指反映党的主张、政策、号召的新闻信息及时、迅速、方便、快捷被公众接触、阅读、使用的能力。在互联网、移动互联网舆论生态环境中,主流媒体必须秉持媒体融合的新闻舆论引导理念,使反映党的声音的新闻信息通过报纸、网站、电子屏、微博、微信、移动客户端等多种信息传播形态、众多信息传播渠道能够被公众及时、方便、快捷地接触、选择、阅读与使用,以确保党的新闻舆论传播力的实现与提高。

党的新闻舆论影响力是指反映党的主张、政策的新闻信息被公众接受、认可、认同的能力。这一能力的实现取决于公众对新闻信息的评价。在互联网、移动互联网时代,主流媒体应秉持用户理念来从事新闻舆论引导。秉持用户理念,党的新闻舆论工作者才会着力提升公众在获取、认知、接收新闻信息过程中的用户体验,才会围绕用户接收新闻信息

---

① 杜尚泽:《坚持正确方向创新方法手段 提高新闻舆论传播力引导力》,《人民日报》2016年2月20日。

的感受、成效做文章，来提升党的新闻舆论对公众的影响力。秉持新闻舆论引导的用户理念是一条能够切实提升党的新闻舆论影响力的有效思路。

党的新闻舆论的公信力是吸引公众、说服公众相信、信任反映党的主张、政策的新闻信息的能力。公信力的获得取决于主流媒体自身的努力，取决于反映党的主张、政策的新闻信息一贯的、持久的可信度。可见，提升党的新闻舆论的公信力必须秉持"信息求真"的新闻舆论引导理念。真实是公信力的先决条件，通过党报媒体的新闻报道来反映客观事物的本质规律方可能获得公众对党的新闻报道的长久信任。主流媒体的虚假信息、片面信息会误导公众对公共议题的认识，当其被最终的真相戳破，党的新闻舆论的公信力会被严重损伤。而无法反映社会事物内在客观规律性的新闻信息终会被人民群众的伟大社会实践证伪，这将在更大程度上损坏党的新闻舆论的公信力。因此，提升党的新闻舆论的公信力必须以秉持"信息求真"的新闻舆论引导理念为前提条件、有效手段。

党的新闻舆论引导力是指党通过主流媒体的新闻传播影响公众舆论沿着预期、指定的方向演化的能力。党的新闻舆论引导力直接关系到党的新闻舆论引导的效果。当党的新闻舆论拥有较高的公信力、传播力、影响力时，公众更乐意接触、使用党的新闻信息，并认同新闻信息所传达的党的主张、政策与号召，党的新闻舆论引导力便自然体现出来。因此，党的新闻舆论传播力、影响力、公信力是党获取新闻舆论引导力的手段与方式。基于这种逻辑推演，主流媒体秉持新闻舆论引导的媒体融合理念、用户理念、信息求真理念，能够使党的新闻舆论获得较高的引导力，取得理想的新闻舆论引导效果。

## 第四节 心理认知论与主流媒体的舆论引导

认知心理学理论揭示外部的信息输入会对人已有的心理认知结构产生影响，使原有的稳定的心理认知结构得以强化或产生新的失衡状态。当人的心理状态处于失衡与矛盾状态时，人可能产生外在的、偏激的不良行为，对周围的人产生攻击性言行，从而威胁到社会的和谐与稳定。费斯廷格的认知不协调理论揭示信息可能造成人的心理不平衡、认知不和谐,人需要让心理重新归于和谐以消除心理压力,使心理从不平衡状态归于新的平衡状态。新的心理平衡认知的建立需要新的信息刺激与输入,大众传媒是这类新信息的重要来源,人的社会学习心理与追求社会关系和谐状态都需要社会性的具有一定倾向的社会信息的刺激。可见大众传媒提供的信息可以帮助心理处于不平衡状态下的人们寻找心理重新归于平衡状态的信息支持。

## 一 学习论、一致论与大众传媒的信息传播

认知心理关注人接收信息后,人的心理是如何判断、辨识、处理信息的过程。认知心理实际是人的心理处理、加工信息刺激的过程。从过程概念可以认识到认知心理强调信息在心理的流动,也即是人内传播的过程,人内传播是"个人接受外部信息并在人体内部进行信息处理的活动"①。这个过程一般包括六个环节:感觉、知觉、表象、概念、判断、推理。这六个环节是人对周围环境信息感知与处理的过程反映。认知心理理论使传播学研究摆脱了早期行为主义理论的影响。行为主义理论的典型代表是"刺激—反应"理论,认为同样的信息刺激会使受众立即产生相同的反应,认知心理学理论揭示了信息的接受者在内部对信息的判断处理过程。

在认知心理理论方面有学习论与一致论。学习论指人通过对周围自然环境和社会环境的辨认,在社会规则的制约下,能辨认出应模仿学习的事物,从而尽力获取有关该事物的信息,熟悉该事物的存在规则,指导自身的言行,让自身的言行与社会上受鼓励的言行具有一致性,这便是一种学习过程。社会学习理论认为人们"靠观察和储存观察来获得一些行为,并以此作为进一步行为的指南"②。这种观察是可以借助大众传媒进行的,人们可以观察、学习大众传媒新闻报道中的某种社会行为,然后在实际的社会行为中模仿这种行为,如教师浏览大众传媒对黑龙江省佳木斯市张丽莉

---

① 郭庆光:《传播学教程》(第二版),中国人民大学出版社,2011,第73页。
② 〔美〕沃纳·赛佛林、〔美〕小詹姆斯·坦卡德:《传播理论——起源、方法与应用》(第5版),郭镇之等译,中国传媒大学出版社,2006,第239页。

老师危险面前勇救学生的相关新闻报道，会学习张老师"为人师表，关爱学生"的行为，在相似的情境中做出类似张老师那样的行为反应。可见学习理论重在关注人自身的内在心理认知，是外在信息与人的内在认知判断的互动，是人与信息的互动，大众传媒是提供信息的重要来源。

一致论是指"人们在言谈举止各方面都力求和谐一致，否则就会造成心理紧张而感到十分别扭"①。每个人在长期的教育与学习中，形成了一套相对稳定的认知结构，当外在新的信息对稳定的认知结构产生压力使其不稳定时，人会产生心理压力，会觉得不舒服。在焦虑性的认知情境下，人需要寻求一种新的信息来改变内在心理认知，促使心理认知结构从不平衡状态走向一种新的稳定平衡状态。可见，信息是帮助人从不协调、不一致的心理状态重新归于协调、一致心理状态的重要条件与手段；同样，大众传媒作为提供各种信息的具有重要社会影响力与信任度的机构，其提供的信息在帮助人们的心理认知从不协调、不一致的状态趋向协调、一致状态的过程中扮演着重要角色。

一致论理论包含有关两个认知主体与认知对象三者之间关系的理论，代表性的理论有海德的平衡理论、奥斯古德的调和理论，以及纽科姆的对称理论，② 三个理论分别用图7-1、7-2、7-3表示如下。

图7-1　海德的平衡理论　　图7-2　奥斯古德的调和理论　　图7-3　纽科姆的对称理论

图7-1指两个人对同一事物的态度，态度的异同会给两者关系的平衡性带来影响，在关系失衡的状态下，需要有一方做出调整，改变认知，以求新的平衡。图7-2可以用来讲人（受众）、来源（信源）两者同客体

---

① 李彬：《传播学引论》，新华出版社，2003，第259页。
② 〔美〕赛佛林、〔美〕坦卡德：《传播理论——起源、方法与应用》（第5版），郭镇之等译，中国传媒大学出版社，2006，第115~119页。

（事件）的关系,① 也存在和谐与不和谐的状态。图 7-3 是 A、B 两人对事物 X 的态度,纽科姆认为当 A、B 之间存在不平衡状态时,A、B 会通过信息传播加以沟通以期使两者关系归于新的和谐状态。

图 7-1、7-3 启示,人与人之间存在不平衡状态时,需要借助新的信息改变一方的认知状态,使彼此间的关系重新归于平衡,对信息的获取是建立关系的基础,这个信息通常是关于事物 X 的信息,因为两个主体间的关系是在事物 X 的认知基础上形成的,有关事物 X 的信息会影响到两个主体间的关系状态。大众传媒可以在有关事物 X 的信息提供方面扮演重要角色,大众传媒通过有目的地提供有关事物 X 的信息来帮助两个主体间形成某种特定的状态。

图 7-2 中人（受众）、来源（信源）与客体（事件）的关系状态揭示,当受众受某一特定信源传播的有关某事件的信息的影响而产生认知紧张时,大众传媒可以通过传播特定的有关该事件的信息来作用于受众的认知,满足其认知该事件的需要,使其认知归于新的平衡。现代社会,信源是多元化的,大众传媒仅是众多信源构成中的一元,信源的属性也是有好有坏,作为处于主流地位信源的大众传媒应通过有关相关事件的信息传播来调节受众与其他信源之间的关系状态,实现信息传播社会效益的最大化。

## 二 认知心理与大众传媒的舆论引导

从上面的论述中可知,人的心理认知与大众传媒的信息传播关系密切,认知会影响受众对有关事物的态度,行动受到有关态度的影响,以行为为标志的传播效果与信息传播具有高度的相关性,大众传媒的信息通过影响受众对相关事物的认知进而影响受众的行为。舆论引导是大众传媒的重要使命与任务,舆论引导的目标是将民众对某一事物、某一问题的看法引导到科学理性的轨道上,帮助民众以建设性的眼光看待有关事物、有关现象。所谓"建设性"是在超越现实的基础上,从着眼于事物向前发展的

---

① 〔美〕赛佛林、〔美〕坦卡德:《传播理论——起源、方法与应用》（第 5 版）,郭镇之等译,中国传媒大学出版社,2006,第 119 页。

视角看待问题、解决问题,而不是囿于事物的不足、缺点。① 由于所掌握信息的片面性与有限性,加上受教育程度偏低,部分民众看待部分问题往往爱走极端,以情绪化、负面心态看待一些问题,使得相关问题的解决受到社会性阻力,因此对民众进行舆论引导是必要的,也是必需的。舆论引导有助于推动有关社会问题的理性解决、有关事物的科学发展。

舆论在显性层面是民众较为一致的意见、情绪、行为表现,在隐性层面是公众深层次的信念与态度。内因决定外因,隐性的信念与态度会决定外显的言论、情绪与行为。在舆论的引导过程中,对公众信念与态度的培养与影响是舆论引导的重要内容。李普曼论述了与舆论紧密关联的一些概念,如想象、图像、成见、兴趣,认为固有的成见、头脑中想象的图像、兴趣爱好都会影响到公众对特定事物的看法(舆论)。想象图像、成见概念均属于人的心理认知范畴,而兴趣也是心理学中的重要概念。

大众传媒的信息传播能够为民众提供想象的生活情景地图,议程设置理论揭示了大众传媒营造的信息环境会影响受众的头脑认知,尤其是距离受众较远的话题,大众传媒提供的信息构成了受众头脑认知图景的主要来源。大众传媒通过营造信息环境来影响受众对心理现实的认识,为公众建构想象的图景,进而影响舆论的内容与构成。格伯纳的"培养理论"揭示,② 大众传媒长期的、潜移默化的信息传播活动会培养出受众特定的信念、观念,以及对某些事物特定的态度。大众传播对公众态度与信念的培养和塑造会影响公众舆论的倾向性与持久性,也会影响部分意见与看法在传播过程中的被修正。可见,大众传媒的信息传播活动通过影响受众的心理认知进而影响公众的态度、信念来影响舆论的产生、发展、变化。舆论聚焦于公众的心理认知,是围绕人的看法、态度而形成的一个概念,对人的关注应成为舆论的一个核心问题。作为社会化的人,人的心理是社会性的、文化性的,同样,舆论作为呈现公众心理的外在表现时,也具有社会性、文化性。

---

① 曾真、熊唯:《建设性新闻框架下主流媒体的实践与创新管窥》,《中国广播电视学刊》2022年第7期。
② 郭庆光:《传播学教程》(第二版),中国人民大学出版社,2011,第204~208页。

本部分拟分别就学习论与一致论的理论视角来论述大众传媒的舆论引导，从基于公众（人）的视角探讨公众的认知心理活动在舆论引导过程中扮演的角色、发生作用的机理。舆论是公众心理认知的集体外显，基于公众（人）的视角探讨舆论也就关涉舆论的核心内容，较为准确地从微观的视角探讨舆论的发生、演变与制衡。学习论方面的舆论引导的代表性策略是典型报道，而一致论方面的舆论引导的代表性策略是情绪抚慰。

（一）典型报道与舆论引导

学习论的心理认知关注人对某些事物的模仿，使人在认识上、情感上向某事物学习，在模仿、学习的过程中重新结构化原有的认知，使人产生新的认知结构。对于被模仿、被学习的事物也就是典型事物，是在现实的工作、生活中涌现的优秀人物事迹、代表性事件，在这些人物、事件中有值得公众学习的地方，对典型事物的报道也即是典型报道。① 由个人组成的公众作为社会群体同样具有集体性的学习心理，也即是社会学习心理。社会学习理论认为，"许多人类学习是通过观察别人展示各种行为而产生的"，"这种学习也可以通过大众传媒发生。某人可以观看另一个人在电视上的特定行为，然后在实际生活中自己练习这些行为"。② 可见公众会通过大众传媒学习社会上典型人物的行为与性格，通过对大众传媒呈现的社会热点性事件的观察与分析来知晓在社会行为中哪些行为是积极的、受到鼓励的，哪些行为是消极的、不被社会提倡的，以此作为参照来规范自身的言行。可见，大众传媒可以通过典型报道的方式来实施有目的的舆论引导，通过对典型人物、热点事件的报道，为公众提供学习的对象、参考的标准，从而影响社会的集体看法，引导社会舆论。

人类通过模仿学习同类的行为具有生物遗传性，且伴随人类社会的发展以及规则的细化与完善，模仿学习的文化性越来越强，每个社会均鼓励对优秀事物的学习。大众传媒为社会成员的群体性模仿学习提供了条件性可能，大众传媒将有代表性人物、有代表性事件的信息传播被称为典型报

---

① 本书编写组：《马克思主义新闻观十二讲》，高等教育出版社，2019，第106页。
② 〔美〕赛佛林、〔美〕坦卡德：《传播理论——起源、方法与应用》（第5版），郭镇之等译，中国传媒大学出版社，2006。

道。民众从新闻媒体上了解到社会对典型人物的褒奖,在精神上获得了学习模仿的动力,并追随典型人物的言行,形成良好的舆论氛围,使社会舆论趋于积极。可见,大众传媒的典型报道可以影响受众的心理认知,使民众的言论表达趋于大众传媒呈现的典型事物的属性上面,从而起到舆论引导的作用。

现代社会处于信息爆炸乃至泛滥的境地,关于某一类事物的信息多种多样,社会分工使得人们专门从事某一职业而对其他事物缺乏较好的了解,受时空所限,人们不能亲身去体验很多事物,因此人们对很多事物的认知是薄弱的,有时甚至是力不从心的,可见大多数民众对某些事物的认知是持期待被引导的心理取向的。大众传媒对典型人物的报道,报道中持有的鲜明的看法会影响受众对某一类事物的社会心理认知,使民众通过观念的学习模仿来影响其在日常生活中态度、行为的表现,从而影响社会舆论、引导社会舆论。

舆论是一种社会皮肤,可感知群体的心理认知,人们对社会的感知往往是通过舆论进行判断的。由于个人能力的有限性,个人对舆论的判断并不是专业性的量化统计,往往是借助大众传媒对有关事物的报道状况来推断社会舆论的。可见大众传媒的新闻报道影响受众对社会意见气候的认知,民众对舆论认知的依据通常来自大众传媒对有关事物报道的数量、报道的频次、新闻报道中蕴含观点的强烈程度等多个方面,而这些方面构成了典型报道的属性维度,从而可见学习认知心理在舆论引导过程中发生作用的机理与过程。

(二)情绪抚慰与舆论引导

在社会转型期,人们的心态也面临转型,但由于思维的惯性,心理过于急剧的变化会让人产生不适感,这种不适感也就是费斯廷格所说的认知不协调。心理的文化性显示了心理状态与心理认知习惯具有稳定性,公众的心理认知结构具有连续性,其变化是动态的、渐进性的。在社会急剧转型与变化的过程中,公众面临着外在的心理压力,经常性的社会性变化会让人产生心理的不协调感。在风险社会中,相当一部分民众容易产生不良情绪,泄愤式的宣泄方式会让不良情绪在行为上产生社会危害。根据费斯廷格的认知不协调理论,让人的不协调的心理认知重新归于平衡的一条路径是让受众产生新的认知,而新的认知是积极的、建设性的,认知状态也就倾向于新的平衡。新的认知的产生需要有新的信息的输入,在社会日益细分化、社会关系越来越受经济利益影响的情况下,大众传媒提供的信息能帮助部分心态失衡的民众产生新的、积极的心理认知,使其心态归于新的平衡状态。

大众传媒的信息传播让公众产生积极的心理认知的动力是大众传媒的公共性与公益性,也即大众传媒的社会责任。中国的大众传媒以社会效益为首要目标,为社会主义和谐社会建设服务,为改革开放服务。作为专业性的大众信息传播组织,大众传媒组织借助市场调查、受众心理调查的方式能够较为准确地把握公众的心理状态,分析公众心理失衡的问题及原因,制定有针对性的信息传播的内容与传播方式,从而恰当地影响部分心理失衡、情绪不良的民众,帮助心理失衡的部分民众产生新的心理认知,使其心态趋于新的平衡认知结构,防止不良情绪引发泄愤式的行为,对社会主义社会的和谐与稳定产生危害。

心理学与心理医学研究表明,对偏执的心理认知与不良情绪采取强硬的纠偏往往不能取得预期的效果,让心理失衡的受众借助获取的信息自由联想、自由想象来宣泄内心的不良情绪、不良认知往往会取得更好的社会效果。信息是人的心理的"按摩器",信息的质量会影响对受众情绪的"按摩"效果,信息送达的方式会影响受众对信息接受的程度。大众传播媒体在扮演民众情绪宣泄的角色中,既要注重信息传播方式的有效性,又要重视信息传播内容的质量。大众传媒的信息传播让社会的不良情绪得以集体宣泄,社会心态归于新的平衡、稳定状态,使社会情绪处于积极的良性状态,让社会认知趋于某一范围,从而起到舆论引导的作用。

在社会转型期,由于心理的习惯性力量,部分民众在生产生活方式转型的过程中会产生心理的不适感,滋生一些不良的情绪,甚至产生一些过激的行为。主流媒体应当科学分析部分民众不良心理认知产生的主客观原因,采取积极的信息传播,通过信息让部分心理认知失衡的民众自主产生新的心理认知,促使其心态重新归于平衡,从而有效防止群体性社会事件的发生,维护社会秩序的稳定。主流媒体的信息传播能够抚慰民众的精神，[1] 宣泄不良情绪，使民众的社会心理认知处于稳定的动态平衡状态，使民众的情绪处于积极的理性的范围，使社会舆论无论是在显性层面还是在隐性层面均能积极地服务于经济社会各方面的跨越式发展。在经济全球化的进程中，全球性的消费文化、市场逻辑可能与部分民众的乡土观念产生冲突，主流媒体应采取积极的信息传播，积极化解经济全球化过程中大众文化与当地文化产生的冲突，让民众正确看待并推动当地文化的不断革新，将区域性的社会情绪引导到动态稳定的良性层面上来，为改革发展营造良好的舆论氛围、积极的社会情绪。

在图7-1、图7-3中，涉及两个主体对某一特定事物的认知对两者关系的影响，两个模式中的主体可以变通地扩大到人群，即两类人群对某一事物的认知对两类人群关系的影响。伴随中国经济社会的改革，社会分层日益多样化。[2] 由于经济状况、社会地位、认知水平的不同，不同社会阶层对同一事物持有不同的看法，不同的看法的差异性在一定范围内是合理的，若不同看法的差异性过大，甚至彼此敌对，将会造成社会内部的分裂，对中国社会的凝聚力、团结力、向心力的建设构成挑战。

舆论是一种社会合意，是公众相近或相似的社会心理认知的呈现。社会不同阶层对同一事物看法差距过大时，无法形成最大范围的社会舆论，不同群体心理认知上的冲突可能演变为现实行动上的冲突，如仇富、仇官等偏激心理在社会现实中表现出了多种行为反应。因此，当不同社会群体间对某一事物的看法差距过大时，应积极影响各方的心理认知，使各方的心理认知差距缩小到合理的范围内。

社会群体心理认知的变化需要有社会性的信息输入作为条件，大众传媒是向社会各群体提供社会性信息的最佳工具。大众传媒通过社会性信息的提供，使意见相左的不同社会群体对同一事物的心理认知趋向一致，减少彼此认知方面的冲突，最大可能地生成不同社会群体的合意，以引导社会舆论的发展演变。由于不同社会群体喜爱的频道、频率、栏目可能差异

---

[1] 蒋晓丽：《传媒宣导抚慰功能：兼论在西部地区的特殊作用》，四川大学出版社，2008，第23页。

[2] 李强：《社会分层十讲》，社会科学文献出版社，2011，第231~240页。

较大，喜爱的阅读方式或收视方式明显不同，这就要求大众传媒组织要以协同的理念使有关某一事物的看法以不同的呈现方式、不同的视角传播给各社会群体，使各社会群体站在自身角度能够认同或部分认同大众传媒对某一事物的看法，当社会各阶层对大众传媒的主张均有接受点或接受面时，大众传媒引导的社会合意才能出现，大众传媒的舆论引导功能才得以实现。

社群的文化价值取向存在较为显著的差异，对同一事物的看法在不同群体中有不同的体现，若不同群体对部分事物的看法差异较大，则舆论分裂、对峙经常出现。主流媒体应积极向不同群体传播有关某些事物的信息，以客观的信息来影响受众的认知，使社会心理认知渐趋一致。当然由于接受方式的差异，对不同群体的信息传播方式方法应有所不同，但目标是一致的，就是引导受众对某些事物的看法与大众传媒提供的看法趋同，当民众对某些事物的看法相近时，共同的社会心理认知也就形成了，相应地，大众传媒也就在这一过程中实现了舆论引导的目标。社会认知的多样化、多元化有其客观性，但这种多样化、多元化的认知是有一定边界的，当不同群体的社会认知差距过大，甚至完全异质化时，社会矛盾与社会冲突便会爆发，无法实现社会稳定，经济社会发展无从谈起，甚至对国家安全带来严重挑战。主流媒体在影响各群体对社会问题的心理认知方面、聚合各群体意见方面发挥着重要作用。

在信息传播全球化的社会环境中，对同一事件的信息传播具有多个信源，人际的、单位的、地方的、全国的、国际的，出于政治、经济、文化的利益需求，不同信源对同一事件传播的信息内容差异较大，有的甚至彼此对立。图7-2中人（受众）、来源（信源）与客体（事件）三者的关系显示，受众对信源的认可程度会影响受众对信源所传播的有关某一事物的社会心理认知。中国的大众传媒应增强信息传播的公信力，只有让民众在心理上接受大众传媒组织，大众传媒所传播的有关某些事物的信息才能被民众从感情上、心理上接受。

现代社会信源多元化，且鱼龙混杂，个别别有用心的信源积极向部分民众传播不良信息，给中国的意识形态安全与舆论引导带来了严峻挑战，境内外敌对势力的信源所传播的不良信息混淆民众的社会心理认知，搞乱了部分民众的思想。中国的主流媒体应通过信息传播来提高民众对不良信源的辨别能力，在众多信源中发挥主导性的、引导性的作用，成为影响受众对社会产生心理认知的主要影响因素，起到舆论引导的作用。信源、受众、事件三者关系的平衡性显示，大众传媒对事件报道的信息内容要符合受众的心理认知才能取得更好的信息传播效果，因为信源与受众对同一事物的看法会影响受众对信源的认可与否。但大众传媒不能一味地、被动地满足受众对某一事物的认知需求，甚至无原则地迎合受众对某一事物的社会心理认知需求，因为部分受众对某一事物的认知可能是片面的、存在较大问题的。大众传媒对受众既有社会心理认知的满足应当是建设性的、超越性的，超越受众既有社会心理认知的不足，将民众社会心理的认知引导到大众传媒希冀的更加理性科学的层面上来，从而达到舆论引导的目的。

## 三　结语

大众传媒在进行某一议题的舆论引导时，需要了解公众在该议题上持有的心理认知与心理想象，根据公众的心理认知与心理想象来采取有针对性的舆论引导举措，才能获得更为理想的舆论引导效果。

受众接受某一事物的信息之后会在心里有一个认知、分析、判断的过程，在这一过程中，大众传媒通过积极的、有目的的信息传播来影响民众的社会心理认知过程，能够将民众的社会认知心理引导到某一范围内，从而实现舆论引导。信息是人的心理的"抚慰剂"，大众传媒通过信息传播来疏导社会不良情绪，维持社会心态处于动态的平衡状态之中，以实现集体社会心理认知的和谐。不同社会群体对事物认知的过大差异（鸿沟）能够借助大众传媒的信息传播影响社会认知心理的机理来缩小，以达到社会群体和谐的状态，这些都是大众传媒引导舆论的表现，只是这种引导是通过影响公众的社会心理认知来实现的。认知心理理论知识能够为大众传媒的舆论引导提供理论支持与观念支撑。

# 第八章　互联网背景下的政府舆论引导

在对舆论内涵的界定方面存在外延宽窄的区别,但其核心是社会民众对相关公共事件、公共话题认知的反映。民众和政府通过意见表达进行协商。在舆论引导方面,政府应为民众公共参与提供更多合法渠道,同时大力畅通民意传达渠道,促进民众表达与政府观点在动态中达成一致。大众传媒应树立建设性新闻报道理念,平衡报道公共事务。

## 第一节　协商机制与理性舆论的形成

协商有助于不同主体的理性对话,进而了解彼此的意图、需求,促进高质量的意见交流,在公共议题上达成共识。互联网的普及,使互联网成为政府与民众进行议事、协商的重要渠道。

### 一　互联网背景下政府与民众的协商

公民表达参与需要获取大量的知识以提高自身对公共事务的了解,从而形成关于公共事务的理性看法。公民素养影响舆论的形成,较高的素养有助于理性舆论的形成与传播。知识是形成素养的重要基础。媒体接触是民众接受社会意见的渠道,也是民众表达社会意见的渠道;同样,媒体接触对民众的知识水平有着显著影响。

新闻媒体是公民获取知识的重要渠道。[1] 从逻辑上看,媒介接触是影

---

[1] 臧雷振、劳昕、孟天广:《互联网使用与政治行为——研究观点、分析路径及中国实证》,《政治学研究》2013年第2期。

响公民知识水平的显著因素。知识体现了公民的认知水平，会对民众的意见表达产生影响。认知水平是公民知识水平的反映。在媒介接触与知识的关系方面，多数研究发现媒介接触可增加公民的知识。通过新闻播报，传统媒体向公众提供了丰富的信息。互联网更是为公众提供了丰富的知识（事实性信息）。

伴随受教育程度的提高和互联网的普及，中国公民文化素养得到提升，参政议政的愿望比较强烈。民众意见是民众公共参与的手段与外在呈现形式，而意见的表达必须借助社会信息传播渠道。大众传媒是现代社会最为发达的社会信息传播体系，民众借助大众传媒来表达社会意见与态度。由于传统媒体技术的限制性，民众社会意见的表达存在诸多限制；而低门槛、实时性、互动性强的互联网媒体成为民众参与社会意见表达的主要渠道，互联网的普及进一步扩大了民众的意见表达。互联网在中国社会的普及、网民的广泛上网在很大程度上改变了中国民众参与公共事务的形态与途径，互联网成为民众表达政策意见、与政府沟通互动的重要空间。①

"互联网的崛起的确在很大程度上改变了中国公众参与的形态，成为民众针对政府决策问题发声的重要表达空间。"② 中国民众热情的日常性的对公共议题的意见借助互联网媒体转化为网络话语表达与网络公共参与。"围观改变中国"的传播情境使得中国网民的网络呐喊促进了政府的反腐、行政立法等政治行为。依据社会学习理论知识，当某种行为得到奖励而被强化时，具有认识和思考能力的民众能够从观察和体验中学习。网民参与网络呐喊取得的积极效果螺旋式地增强了网络社会舆论的影响力。网络参与使得社会舆论的形成与传播逐渐转移到互联网空间中，网民呐喊与围观成为民众表达主张、利益诉求的主要社会舆论传播形态。

在互联网时代，公民网络表达是一项重要的表达参与，会推动政府部

---

① 周葆华：《突发公共事件中的媒体接触、公众参与与政治效能——以"厦门 PX 事件"为例的经验研究》，《开放时代》2011 年第 5 期。

② 周葆华：《突发公共事件中的媒体接触、公众参与与政治效能——以"厦门 PX 事件"为例的经验研究》，《开放时代》2011 年第 5 期。

门的行动与政策制定。① 符号与话语表达是网络行动的重要组成部分。② 虽然网民的表达不具有明显的行动特征,但它也是一种参与行为。③ 通过互联网对公共议题、公共事务公开发表看法、参与讨论,是公民政治表达参与的重要形式。④ 在网络时代,通过表达来推动政府回应、完善公共政策的一系列事件呈现了网民政治表达参与的效果。网络表达对公共部门的影响日益增强,成为网民非常重要的参与形式。

## 二 理性舆论的生成

为公民传播赋权的社会化媒体增强了民众意见表达的心理动力,促进了民众的意见表达。在这种背景下,作为公共管理部门的政府必须统筹考虑民众利益诉求与社会长远发展的关系,在公共事务中影响民众的意见,建立广泛的社会共识,以便实现社会整体利益。

公共治理的对象是一个广泛的社会公共领域,涉及政府、市场、民间组织和社会公众等多元主体。⑤ 公共舆论是公共治理有效开展的重要手段,公共舆论形成中政府扮演着重要角色。公共协商中,"既有民众的'声音',也有国家管理者(如执政党和政府等)的'声音'"⑥。当民众、专家学者积极讨论公共话题、公共事件时,政府并非被动的接受者或看客,而是从公共治理的角度发表政府意见、发布所讨论对象的信息,以期影响公众的认知,当公众有新的看法出现后,政府会继续通过新闻发布来表达进一步的观点。

在这样的互动过程中,政府从公共利益的角度来评判事件,并与公

---

① 肖唐镖、易申波:《我国公民政治参与的新动向——基于三波 ABS 调查数据的分析》,载房宁主编《中国政治参与报告(2017)》,社会科学文献出版社,2017,第 30 页。
② 杨国斌:《连线力——中国网民在行动》,邓燕华译,广西师范大学出版社,2013,第 36 页。
③ 张明新:《参与型政治的崛起:中国网民政治心理和行为的实证考察》,华中科技大学出版社,2015,第 153 页。
④ 熊光清:《中国网络政治参与的形式、特征及影响》,《当代世界与社会主义》2017 年第 3 期。
⑤ 廖加林:《公共治理视域下公民参与的伦理思考》,《求索》2015 年第 10 期。
⑥ 王来华主编《舆情研究概论:理论、方法和现实热点》,天津社会科学院出版社,2003,第 6 页。

众通过意见交流的方式进行协商，使得包容最大社会共识的舆论形成。政府与公众就所讨论的公共事务进行意见交换，促进更理性舆论的形成。公共治理并非政府对民意的一味迎合，而是政府依据掌握的公共信息、发展规划，参照民意、智库研究成果初步形成行政决策，并积极通过组织传播和大众传播工具同公众、专业权威人士进行意见交流与协商，依照沟通协商结果修正行政决策，以达成最大范围的社会共识，使公共行政决策获得最大程度的社会支持，借助公共舆论推动民主的实践。

政府掌握丰富的公共信息，对社会公共事务的把握更全面，能从宏观层面对各社会群体的局部意见进行整体分析与统合。在公共事务方面，民众应当与政府沟通协商，以弥补双方对公共话题认识的薄弱之处。这样，政府以与民同甘共苦的参与感来对待民意，吸纳民意进行公共治理，更好地实现民众利益。

民众意见表达是公共参与的外在表现，民众参与政府公共事务时会表达自身意见以便表达自己的态度与可预期的行动。民众意见表达在一定程度上代表着民众公共参与的情况。公共行政行为是民众、政府等多方社会主体共同参与、彼此协商的行为。为了便于同民众协商，政府建立了发达的传播体系，如政府网站、政务微博、政务微信公众号以及城乡政务信息公示牌。此外，政府还建立了新闻发言人制度，通过大众传媒向社会公布政府的政策、观点、立场，以期能够影响民众，让民众参与到政府公共行政事务中。

## 第二节 政府的舆论引导策略

在互联网空间中，网民议事存在一系列不足之处。网民在对一些公共议题的认识片面、肤浅、错误，甚至一些自媒体账号为了吸粉引流，故意煽动民众情绪，误导民众。对舆论进行引导使其理性、正确，是政府工作的一部分。诚然，政府对舆论的引导需要讲求一定的策略，以便获得更好的舆论引导效果。

## 一 政府舆论引导的必要性

批评执政者的新闻信息会降低公民对执政者的信任。[1] 网络空间存在多样化的信息，网民可以有选择地使用。[2] 作为低门槛的非建制媒体，社交媒体似乎天然具有另类媒体属性。相对于传统媒体，社交媒体为用户提供了另类的新闻、意见与视角。[3] 社交媒体用户通过消费其他用户的评论、图片、视频化的信息来学习。[4] 这些由普通用户提供的原始信息可能不同于主流媒体的观点。社交媒体用户接触的信息可能是反主流的。在社交媒体空间，用户可以较为频繁地接触质疑政府的声音，这会侵蚀网民对政府的信任。社交媒体中"民粹主义"的声音会解构政府倡导的传统的价值观。冯辉认为公共治理中存在民粹倾向，表现为拒绝解释与沟通、排斥程序约束、煽动并利用公众舆论、迫使政府妥协，损害了社会整体利益。[5]

政府有必要对网民的意见进行舆论引导，帮助网民客观、理性地认识政府。舆论引导的实质是在舆论形成、传播的过程中对社会意见进行有意识地影响。舆论引导是政府公共治理的重要内容，政府需要对社会上存在的具有纷争性的各种社会意见进行疏导，以便建立社会共识，维护社会的稳定。对政府而言，舆论引导的主要客体是民众的态度、意见、行为。

政府舆论引导的对象就是民众的社会意见，而政府对民众社会意见的影响往往借助具体的行政措施或预期的施政意见。即便是行政措施，政府亦会通过大众传播向民众公布，以表达态度。政府言论是政府预期性行政

---

[1] Miller, A. H., Goldenberg, E. N. & Erbring, L., "Type-Set Politics: Impact of Newspapers on Public Confidence", *American Political Science Review*, 73 (1), 1979, pp. 67 – 78.

[2] Axel, W., Kleinman, S. B. & Silvia, K. W., "Turn a Blind Eye if You Care: Impacts of Attitude Consistency, Importance, and Credibility on Seeking of Political Information and Implications for Attitudes", *Journal of Communication*, 63 (3), 2013, pp. 432 – 453.

[3] Chan, M., Chen, H. T., & Lee, F. L. F., "Examining the Roles of Political Social Network and Internal Efficacy on Social Media News Engagement: A Comparative Study of Six Asian Countries", *The International Journal of Press/Politics*, 24 (2), 2019, pp. 127 – 145.

[4] Yamamoto, M., Kushin, M. J. & Dalisay, F., "Social Media and Mobiles as Political Mobilization Forces for Young Adults: Examining the Moderating Role of Online Political Expression in Political Participation", *New Media & Society*, 17 (6), 2015, pp. 880 – 898.

[5] 冯辉：《公共治理中的民粹倾向及其法治出路——以 PX 项目争议为样本》，《法学家》2015 年第 2 期。

行为的提前呈现，代表着政府的行政行为。民众与政府均是参与者，双方通过意见来进行协商，彼此的意见表达与回应构成了舆论实践的重要图景。政府通过意见回应对民众社会意见进行引导。

## 二　政府舆论引导策略

（一）为民众公共参与提供更多合法渠道，促进舆论的有序表达

对于民众参与公共事务的热情，政府应当创造更多合法有效的渠道让民众参与公共行政决策，而非单向地告知自身决策制定的过程。公共治理的对象是一个广泛的社会公共领域，涉及政府、市场、民间组织和社会公众等多元主体。[1] 民众需要通过公共参与来寻找"当家作主"的存在感。民众并非被动的公共行政客体，"人民当家作主"体现了民众的主体性。政府视民众为一个主体，在"主体—主体"的协商中让民众参与民主实践。

基层民主实践对民众对公共议题的认知与意见形成的影响最为直接，政府应当优化村民委员会、居民委员会的选举，保证程序合法、公平公正，打击暴力欺民选举行为，保证民众投票的自主性。另外，基层政府要加强同民众的联系，对于农村重大公共事务严格按照"四议两公开"的要求进行决策与实施，保障基层农民的公共参与取得务实有效的收获；积极通过村民会议、农村广播站、宣传册发放等信息传播形式向民众传播中国特色的社会主义民主文化，提高民众的文化素养与参与公共事务的能力和技巧。

互联网技术为民众参与公共事务提供了公共空间，但缺少组织化的参与使得网络民意汹涌且掺杂非理性，煽动性高过沟通性。政府应将有代表性的网民在线下组织起来，参与到所讨论的具体公共行政中来，使其在实际公共事务参与中接触政府、了解行政决策，认识公共行政的法理依据，并让这些民意代表以身示范，向其他民众传达公共行政的具体合理性，与政府公共治理形成合力。

当民众积极参与合法理性的公共实践时，公众社会舆论的表达便呈现合法有序的良性状态，公共舆论成为官民协商的有效载体。

---

[1] 廖加林：《公共治理视域下公民参与的伦理思考》，《求索》2015 年第 10 期。

## （二）公共危机事件中政府谣言处置策略

谣言是一种变异的舆论，在一些传播情境中谣言是一种舆情，向社会传播着民众对公共事务的态度。从公共事务管理者角度看，谣言有助于更清楚地认识社会民众对公共事务的态度。

对待引发公共危机的谣言，政府管理部门单纯地辟谣可能无力，务实的做法是针对民众对待谣言的态度采取具体的行政措施、公共治理，让民众真切感觉到政府施政、服务的具体变化，以影响民众态度的转变，消除谣言，实现舆论引导。面对辟谣的困境，公共管理者应当通过积极的行为来转变民众的态度，进而影响民众的社会意见表达，使得社会舆论逐渐回归理性与温和，实现社会舆论的引导。

## （三）提升民众的信任，避免塔西佗陷阱

民众对政府的信任感是政府进行舆论引导并实现良好效果的基础。政府部门、公共管理部门应积极利用社会化媒体提升公信力，增强话语权。政务微博、政务微信公众号让政府部门能够全时回应民众关切，解决民众行政困难。提升政府公信力，一方面要大力推进服务型政府建设，在为民服务上坚持法治思维；另一方面要不断改善政府在民众心中的形象，借助大众传媒来塑造积极的政府形象，提升新媒体信息传播时代政府公信力建设的能力。①

政府网站、政务微博、政务微信公众号畅通了民意表达的途径与渠道，一方面让政府部门能够全时回应民众的关切，另一方面让民众感觉到自己的意见能够很及时、方便地被政府重视。应积极利用社会化媒体提升政府公信力，着手改变政府形象。

政府公信力的提升，不能仅仅停留在言语层面，舆论引导不是万能的，政府需要用扎实具体的为民服务实践来提升民众认同感。政府部门、公共管理部门应在行政行为中让民众经历良好的公共事务参与，促进民众积极、良性的公共事务参与。

受一系列群体性事件启示，政府部门应当认真开展侵害群众利益行为

---

① 赵春丽、付捷：《新媒体时代政府舆论引导能力体系结构初探》，《湖北社会科学》2013年第11期。

专项整治工作,抓好机关单位特别是窗口服务单位的作风整顿工作,让民众拥有良好的参与获得感,提升民众对政府的信任度。信任是公共行政的黏合剂,民众对政府的信任感是政府舆论引导效果实现的基础。

(四) 新闻媒体秉持正面报道理念,营造良好舆论环境

人具有观察与认识的能力,能够从观察与体验中获得对事物的认识,大众传媒呈现的社会情境是人们进行社会观察的信息来源地之一,能够为人们认识事物提供参照。[1] 大众传媒的新闻报道框架是民众认识政府实践的重要参考,民众会参照时政新闻的叙事来形成自身参与公共事务的态度以及对政府回应民众意见表达、利益诉求情况的想象。

对于主流媒体的舆论引导而言,应当重点放在重塑民众对政府的公信力上。此外,媒体作为监督机构,应当全程、实时地公开报道政府部门在处理突发事件中秉持的公正、客观、无私、真实的原则并具体地参与事件的处理过程。仅仅靠呼吁民众相信真相、等待结果并非上策。

新闻媒体应当积极进行正面报道,传播正能量,弘扬主旋律,为政府工作营造良好的舆论环境;新闻记者要提高新闻报道能力,对于负面新闻事件要从传播积极的价值观视角进行切入,以反面事例进行正面宣传。在中国传统媒体的新闻实践中,正面报道是一以贯之的新闻原则。[2] 正面报道的新闻实践为政府塑造了良好形象。传统媒体对政府的正面报道会让受众对政府充满期待,产生积极评价。可以说,在中国的新闻实践中,传统媒体积极的新闻信息塑造了受众对政府实践的积极评价。

在社会舆论与政府的互动方面,传统媒体通过设置报道议题的框架来反映社会舆论,让政府接受民众的诉求,形成公共政策,推动民众与政府的互动。[3]新型主流媒体的舆论引导要关注民众的社会心理,既要通过对党和政府作为的报道增强民众对政府政策、作为的认同,也要及时对党和政府工作中存在的问题进行舆论监督,以防止党和政府部分部门实际工作的

---

[1] 〔美〕赛佛林、〔美〕坦卡德:《传播理论——起源、方法与应用》(第5版),郭镇之等译,中国传媒大学出版社,2006,第239~240页。

[2] 赵凯:《正面宣传纵横谈》,《新闻记者》2015年第12期;本书编写组:《新闻学概论》,高等教育出版社,2009,第104~107页。

[3] 曾繁旭:《传统媒体作为调停者框架整合与政策回应》,《新闻与传播研究》2013年第1期。

脱轨。

政府要注重对新闻工作者的教育引导,通过多种形式的培训来提高新闻工作者的政治素养、业务能力,帮助新闻工作者树立政治大局意识,以建设性的新闻观念指导新闻报道,恰当扮演舆论监督者的角色,更好地服务于党和政府的各项事业。对于部分以追求阅读率、收听收视率为目的而恶意炒作新闻的新闻从业者,政府部门要依法依规进行惩处。

(五) 网民媒介素养培养

媒介素养概念的内涵伴随传播事业的发展不断丰富,由最初的保护主义发展到目前的保护、解读、使用、生产并重,其维度构成也由早期的一元视角发展成当下的多元视角。媒介素养教育指导、培养民众具有良好的媒介素养,也即是培养民众具有一种良好的解读信息、使用媒体的能力。有学者将媒介素养教育的目的提升到塑造公民意识的高度,"它的宗旨是使大众成为能积极地善用媒体、制造媒体产品、对无所不在的信息有主体意志和独立思考的优质公民"[①]。

对网民展开媒介素养教育,提升网民的网络议事水平,促进理性网络舆论的生成。大众传媒在传递信息、联系民众方面拥有无可比拟的优势,媒介素养教育也应当借助大众传媒来实现教育的目的。互联网是一个技术平台,自媒体使得普通用户也可以成为互联网平台上的积极的信息传播者,媒介素养教育的主体开始变得多样化。互联网信息容量大,可以承载各式各样的媒介素养教育的知识供浏览者下载、阅读,因此,媒介素养教育者应积极利用互联网传播平台,通过互联网向受众传播有关媒介素养的各类知识。

网民正确解读政府实践,需要具备专业化的知识与技巧。然而,网民对公共治理的理解与期待往往是完美的、浅层次的、非专业的,这表现在社交媒体讨论中,往往呈现民粹主义[②]、群体意见极化[③]。培养网民的媒介

---

[①] 转引自陈先元、邬彬彬、王翰:《传媒素养的基本含义及社会定位》,《新闻界》2005年第5期。

[②] 梁刚:《微博公共领域的民粹主义倾向论析》,《当代世界与社会主义》2014年第3期。

[③] 黄河、康宁:《移动互联网环境下群体极化的特征和生发机制——基于"江歌案"移动端媒体文本和网民评论的内容分析》,《国际新闻界》2019年第2期。

素养,是促进网民理性线上公共参与的途径之一。网民的媒介素养应当包括协商素养、参与素养、关系素养等。① 对网民的这些素养的培养可以借助传统媒体的专业节目、非政府组织的志愿服务活动、政府组织的开门办公等大众传播、人际传播、组织传播相结合的方式进行。

通过教育与宣传,提高民众公共参与的能力与技巧,培养民众温和的社会心理,同时政府要积极响应民众呼声,与民众积极协商,让民众感受到正常的公共参与带来的愉悦经历与结果,推动中国社会舆论的良性形成。

---

① 彭兰:《社会化媒体——理论与实践解析》,中国人民大学出版社,2015,第64~65页。

# 参考文献

### 中文文献

习近平：《论党的宣传思想工作》，中央文献出版社，2020。

习近平：《决胜全面建成小康社会 夺取新时代中国特色社会主义伟大胜利——在中国共产党第十九次全国代表大会上的报告》，《人民日报》2017年10月28日。

习近平：《在网络安全和信息化工作座谈会上的讲话》，《人民日报》2016年4月26日。

《总体布局统筹各方创新发展 努力把我国建设成为网络强国》，《人民日报》2014年2月28日。

《共同为改革想招一起为改革发力 群策群力把各项改革工作抓到位》，《人民日报》2014年8月19日。

隋岩等：《网络语言与社会表达》，科学出版社，2021。

张咏华、黄思宇、张贺：《新媒体语境下传播伦理的演变：从职业伦理到公民伦理》，复旦大学出版社，2021。

中央网络安全和信息化委员会办公室政策法规局、国家互联网信息办公室政策法规局：《中国互联网法规汇编》（第二版），中国法制出版社，2020。

李彪：《舆论学教程》，中国人民大学出版社，2020。

胡钰、陆洪磊、虞鑫：《网络舆论教程》，清华大学出版社，2020。

韩运荣、喻国明：《舆论学原理、方法与应用》（第3版），中国传媒大学出版社，2020。

本书编写组：《马克思主义新闻观十二讲》，高等教育出版社，2019。

彭兰：《新媒体用户研究：节点化、媒介化、赛博格化的人》，中国人民大学出版社，2020。

张卓：《两种范式的对话：西方媒介效果研究的历程与转向》，武汉大学出版社，2020。

崔迪：《媒介知识：传播学视野下的知识研究》，复旦大学出版社，2019。

徐新平：《中国新闻伦理思想的演进》，北京大学出版社，2019。

雷跃捷、薛宝琴等：《舆论引导新论》，社会科学文献出版社，2018。

成俊会：《微博舆情传播中的用户行为研究——发布、转发与评论》，经济科学出版社，2018。

韩素梅等：《新媒体与社会舆情》，浙江大学出版社，2018。

刘建明：《当代舆论学》，陕西人民教育出版社，1990。

刘建明：《舆论传播》，清华大学出版社，2001。

刘建明：《社会舆论原理》，华夏出版社，2002。

刘建明、纪忠慧、王莉丽：《舆论学概论》，中国传媒大学出版社，2009。

陈力丹：《舆论学——舆论导向研究》，中国广播电视出版社，1999。

胡钰：《新闻与舆论》，中国广播电视出版社，2001。

张涛甫：《表达与引导》，漓江出版社，2012。

胡泳：《众声喧哗：网络时代的个人表达与公共讨论》，广西师范大学出版社，2008。

许静：《舆论学概论》，北京大学出版社，2009。

涂光晋：《意见传播与变化：解读中国舆论环境》，外文出版社，2013。

于建嵘、钟新、李元起等：《变话：舆论引导新方式》，世界图书出版公司北京公司，2010。

蒋晓丽、侯雄飞等：《舆擎中国：新形势下舆论引导力提升方略研究》，中国社会科学出版社，2013。

于德山：《共识与分歧：网络舆论的信息传播研究》，社会科学文献出版社，2016。

王来华主编《舆情研究概论：理论、方法和现实热点》，天津社会科学院出版社，2003。

党生翠：《网络舆论蝴蝶效应研究：从"微内容"到舆论风暴》，中国人民大学出版社，2013。

余秀才：《网络舆论：起因、流变与引导》，中国社会科学出版社，2012。

曹茹、王秋菊：《心理学视野中的网络舆论引导研究》，人民出版社，2013。

毕一鸣、骆正林：《社会舆论与媒介传播》，中国广播电视出版社，2012。

崔蕴芳：《网络舆论形成机制研究》，中国传媒大学出版社，2012。

刘朝霞：《转型期网络舆论生态：动因、机制与模型》，中国社会科学出版社，2016。

乐媛：《超越左与右：中国网络论坛的公共讨论与意识形态图景》，中国传媒大学出版社，2014。

倪琳：《近现代中国舆论研究文献选编》，上海交通大学出版社，2015。

蒋晓丽：《传媒宣导抚慰功能》，四川大学出版社，2008。

郭小安：《当代中国网络谣言的社会心理研究》，中国社会科学出版社，2015。

陈文玲：《村庄的记忆、舆论与秩序》，北京大学出版社，2016。

黄永林等：《网络舆论监测与安全研究》，经济科学出版社，2014。

谢新洲：《舆论引擎：网络事件透视》，北京大学出版社，2013。

杜俊伟：《论舆论的自组自稳：基于系统论视角的舆论研究》，知识产权出版社，2013。

付宏：《基于社会化媒体的公民政治参与》，国家行政学院出版社，2014。

李红：《网络公共事件：符号、对话与社会认同》，中国社会科学出版社，2015。

余素青：《新媒体传播与舆论审判叙事》，社会科学文献出版社，2017。

芦何秋：《社交媒体意见领袖研究——以新浪微博平台为例》，武汉大学出版社，2016。

周裕琼：《当代中国社会的网络谣言研究》，商务印书馆，2012。

郭庆光：《传播学教程》（第二版），中国人民大学出版社，2011。

陈卫星：《传播的观念》，人民出版社，2004。

刘海龙：《大众传播理论：范式与流派》，中国人民大学出版社，2008。

袁军：《媒介素养教育论》，中国传媒大学出版社，2010。

袁军：《新闻媒介通论》，北京广播学院出版社，2000。

段鹏：《传播学基础——历史、框架与外延》，中国传媒大学出版社，2006。

吴飞：《新闻专业主义研究》，中国人民大学出版社，2009。

房宁：《中国政治参与报告（2017）》，社会科学文献出版社，2017。

张国良：《20世纪传播学经典文本》，复旦大学出版社，2012。

胡正荣、段鹏、张磊：《传播学总论》（第二版），清华大学出版社，2008。

陈力丹：《新闻理论十讲》，复旦大学出版社，2012。

陈力丹、陈俊妮：《传播学纲要》（第二版），中国人民大学出版社，2014。

李彬：《传播学引论》，新华出版社，2003。

彭兰：《新媒体导论》，高等教育出版社，2016。

彭兰：《网络传播概论》（第三版），中国人民大学出版社，2012。

彭兰：《社会化媒体——理论与实践解析》，中国人民大学出版社，2015。

本书编写组：《新闻学概论》，高等教育出版社，2009。

魏永征：《新闻传播法教程》（第三版），中国人民大学出版社，2010。

刘京林等编著《传播中的心理效应解析》，中国传媒大学出版社，2009。

周晓虹：《社会心理学》，高等教育出版社，2008。

杨国斌：《连线力——中国网民在行动》，邓燕华译，广西师范大学出版社，2013。

邹振东：《弱传播》，国家行政学院出版社，2018。

柯惠新、王锡苓、王宁：《传播研究方法》，中国传媒大学出版社，2010。

范伟达、范冰：《社会调查研究方法》，复旦大学出版社，2010。

薛薇编著《基于SPSS的数据分析》（第四版），中国人民大学出版社，2017。

赵云泽、马平、徐琳、潘怡：《偏见与想象：外国人对中国形象建构机制分析》，福建人民出版社，2016。

郑杭生：《社会学概论新修》（第四版），中国人民大学出版社，2013。

李强：《社会分层十讲》（第二版），社会科学文献出版社，2011。

王俊秀：《中国社会心态研究报告（2018）》，社会科学文献出版社，2018。

苏力：《法律和社会科学》（第二卷），法律出版社，2007。

郭忠华：《公民身份的核心问题》，中央编译出版社，2016。

王人博、程燎原：《法治论》，广西师范大学出版社，2014。

高一飞：《媒体与司法关系研究》，中国人民公安大学出版社，2010。

汪丁丁：《青年对话录：人与知识》，东方出版社，2014。

王梅芳：《舆论监督与社会正义》，武汉大学出版社，2005。

陈绚：《新闻传播伦理与法规教程》，中国人民大学出版社，2016。

陈建云：《舆论监督与司法公正》，上海人民出版社，2016。

朱景文：《法理学》（第三版），中国人民大学出版社，2015。

方环非：《知识之路：可靠主义的视野》，上海人民出版社，2014。

杨光斌：《政治学导论》（第四版），中国人民大学出版社，2011。

陈先达、杨耕：《马克思主义哲学原理》（第3版），中国人民大学出版社，2010。

张明新：《参与型政治的崛起：中国网民政治心理和行为的实证考察》，华中科技大学出版社，2015。

姜涛：《走向知识化的法学理论：一个部门法学者的法理致思》，法律出版社，2017。

〔英〕丹尼斯·麦奎尔：《受众分析》，刘燕南、李颖、杨振荣译，中国人民大学出版社，2006。

〔美〕约翰·杜威：《公众及其问题》，本书翻译组译，复旦大学出版社，2015。

〔美〕沃尔特·李普曼：《舆论》，常江、肖寒译，北京大学出版社，2018。

〔美〕Vincent Price：《传播概念·Public Opinion》（中英双语），邵志择译，复旦大学出版社，2009。

〔美〕沃尔特·李普曼：《公共舆论》，阎克文、江红译，上海世纪出版集团，2006。

〔美〕马克斯韦尔·麦库姆斯：《议程设置：大众媒介与舆论》，郭镇之、徐培喜译，北京大学出版社，2008。

〔美〕卡斯·R. 桑斯坦：《谣言》，张楠迪扬译，中信出版社，2010。

〔美〕威尔伯·施拉姆、威廉·波特：《传播学概论》（第二版），何道宽译，中国人民大学出版社，2010。

〔美〕里奇：《传播概念·Information》（中英双语），伍静译，复旦大学出版社，2009。

〔美〕凯斯·桑斯坦：《网络共和国——网络社会中的民主问题》，黄维明译，上海人民出版社，2003。

〔美〕斯特拉森、〔美〕斯图瓦德：《人类学的四个讲座：谣言、想像、身体、历史》，梁永佳、阿嘎佐诗译，中国人民大学出版社，2005。

〔美〕沃纳·赛佛林、小詹姆斯·坦卡德：《传播理论——起源、方法与应用》（第5版），郭镇之、徐培喜等译，中国传媒大学出版社，2006。

〔美〕曼纽尔·卡斯特：《传播力》（新版），汤景泰、星辰译，社会科学文献出版社，2018。

〔美〕E. M. 罗杰斯：《传播学史——一种传记式的方法》，殷晓蓉译，上海译文出版社，2001。

〔美〕奥尔波特等：《谣言心理学》，刘水平、梁元元、黄鹂译，辽宁教育出版社，2003。

〔美〕卡茨、拉扎斯菲尔德：《人际影响：个人在大众传播中的作用》，张宁译，中国人民大学出版社，2015。

〔美〕戴维·迈尔斯：《社会心理学》（第11版），侯玉波、乐国安、张智勇等译，人民邮电出版社，2016。

〔美〕戴维·波普诺：《社会学》（第11版），李强等译，中国人民大学出版社，2007。

〔美〕约翰·罗尔斯：《正义论》，何怀宏、何包钢、廖申白译，中国社会科学出版社，1988。

〔美〕戴维·伊斯顿：《政治生活的系统分析》，王浦劬主译，人民出版社，2012。

〔美〕乔纳森 H. 特纳：《人类情感：社会学的理论》，孙俊才、文军译，东方出版社，2009。

〔美〕班杜拉：《思想和行动的社会基础：社会认知论》，皮连生等译，华东师范大学出版社，2018。

〔美〕理查德·戴维斯：《最高法院与媒体》，于霄译，上海三联书店，2014。

〔美〕戴维·L. 帕雷兹：《美国政治中的媒体：内容和影响》（第二版），

宋韵雅、王璐菲译，南京大学出版社，2010。

〔德〕伊丽莎白·诺尔-诺依曼：《沉默的螺旋》，董璐译，北京大学出版社，2013。

〔德〕韩炳哲：《在群中：数字媒体时代的大众心理学》，程巍译，中信出版社，2019。

〔法〕布尔迪厄、〔美〕华康德：《实践与反思：反思社会学导引》，李猛、李康译，中央编译出版社，1998。

〔法〕古斯塔夫·勒庞：《乌合之众——大众心理研究》，冯克利译，中央编译出版社，2005。

〔法〕卡普费雷：《谣言——世界最古老的传媒》，郑若麟译，上海人民出版社，2008。

〔法〕E. 迪尔凯姆：《社会学方法的准则》，狄玉明译，商务印书馆，1995。

〔英〕布赖恩·麦克奈尔：《政治传播学引论》，殷琪译，新华出版社，2005。

〔英〕亚当·乔伊森：《网络行为心理学——虚拟世界与真实生活》，任衍具、魏玲译，商务印书馆，2010。

〔英〕G. E. 摩尔：《伦理学原理》，陈德中译，商务印书馆，2018。

〔加〕马歇尔·麦克卢汉：《理解媒介——论人的延伸》，何道宽译，商务印书馆，2000。

〔加〕罗伯特·洛根：《理解新媒介——延伸麦克卢汉》，何道宽译，复旦大学出版社，2012.

〔日〕佐藤卓己：《舆论与世论》，汪平、林祥瑜、张天一译，南京大学出版社，2013。

〔古希腊〕亚里士多德：《尼各马可伦理学》，廖申白译注，商务印书馆，2003。

胡百精：《中国舆论观的近代转型及其困境》，《中国社会科学》2020 年第 11 期。

匡文波、武晓立：《重大公共卫生事件中网络谣言传播模型构建与信息治理——基于对新型冠状病毒肺炎的谣言分析》，《现代传播》2021 年第 10 期。

陈堂发：《强化法律适用：网络暴力的法治途径》，《人民论坛》2022年第9期。

刘艳红：《理念、逻辑与路径：网络暴力法治化治理研究》，《江淮论坛》2022年第6期。

侯瑞雪：《公民法律意识视角下的网络暴力》，《河北法学》2011年第6期。

敬力嘉、胡隽：《网络暴力法律规制的完善路径》，《中国人民公安大学学报》（社会科学版）2021年第5期。

曾庆香、李秀莉、吴晓虹：《永恒故事：社会记忆对新闻框架和舆论爆点的形塑——以"江歌案"为例》，《新闻与传播研究》2020年第1期。

贺春兰：《强化公民参与视角的舆论研究——基于治理需要》，《北京师范大学学报》（社会科学版）2020年第4期。

贺春兰：《基于现代治理——公众参与视角的舆论研究：内涵与启示》，《现代传播》2020年第8期。

张云亮、冯珺、季芳芳、柳建坤：《新媒体接触对社会治理参与的影响研究——基于中国社会状况综合调查2013—2017年数据的实证分析》，《新闻与传播研究》2020年第7期。

孙少晶、王帆、刘志远、陶禹舟：《新冠肺炎疫情语境中多元媒介的微博话语表达》，《新闻大学》2020年第3期。

白如金、姚君喜、张国良：《城市新移民社交媒介使用与社会责任认同的关系——基于上海样本的实证研究》，《新闻大学》2020年第5期。

开薪悦、姜红：《从"个人抗暴"到"侠客复仇"：原型视野下的公众舆论——以"昆山反杀案"为中心的研究》，《新闻记者》2019年第11期。

黄河、康宁：《移动互联网环境下群体极化的特征和生发机制——基于"江歌案"移动端媒体文本和网民评论的内容分析》，《国际新闻界》2019年第2期。

匡文波、周倜：《论网络舆论风暴公式》，《国际新闻界》2019年第12期。

张淑华、王佳林：《政策危机传播的结构化考察和成因分析——以2011—2017年网上争议性政策传播为研究路径》，《新闻与传播研究》2019

年第 5 期。

顾洁、闵素芹、詹骞：《社交媒体时代的公民政治参与：以新闻价值与政务微博受众参与互动关系为例》，《国际新闻界》2018 年第 4 期。

韩婷、喻国明：《传播媒介对受众长时记忆的影响研究——基于认知神经传播学的研究范式》，《新闻大学》2019 年第 1 期。

周葆华：《算法推荐类 App 的使用及其影响——基于全国受众调查的实证分析》，《新闻记者》2019 年第 12 期。

焦德武：《网络搜索与网络舆论生成的互动研究》，《现代传播》2018 年第 4 期。

陈龙：《"借题发挥"：一种中国特色的网络舆论话语生成模式》，《新闻与传播研究》2019 年第 12 期。

陈龙：《舆论熵的控制与防范：一种关于网络治理的认识方法论》，《新闻与传播研究》2018 年第 8 期。

韩运荣：《舆论反转的成因及治理——通过新闻反转的对比分析》，《人民论坛》2019 年第 30 期。

韩晓宁、王军：《网络政治参与的心理因素及其影响机制探究》，《新闻大学》2018 年第 2 期。

肖唐镖、易申波：《哪些人更可能认同并走向维权抗争——政治效能感视角的分析》，《社会科学战线》2018 年第 9 期。

田进、张明垚：《棱镜折射：网络舆情的生成逻辑与内容层次——基于"出租车罢运事件"的扎根理论分析》，《情报科学》2019 年第 8 期。

马德峰：《态度改变：费斯汀格的认知不协调理论述评》，《华中理工大学学报》（社会科学版）1999 年第 4 期。

李瑜青、邢路：《司法公正的社会认同问题研究》，《上海大学学报》（社会科学版）2019 年第 5 期。

解庆锋：《网民信念沟：媒介接触对网民意见分歧的影响》，《新闻与传播研究》2022 年第 7 期。

解庆锋：《媒介使用、恐慌感对疫情期间社交媒体策展新闻的影响》，《国际新闻界》2021 年第 5 期。

解庆锋：《新冠肺炎疫情期间社交媒介使用与网民的社会传播伦理意识的

关系研究》，《全球传媒学刊》2021年第5期。

周曼、郭露：《自媒体时代的网络暴力群体极化效应成因研究：结构方程模型的证据分析》，《江西师范大学学报》（哲学社会科学版）2021年第4期。

汪翩翩、黄文森、曹博林：《融合与分化：疫情之下微博多元主体舆论演化的时序分析》，《新闻大学》2020年第10期。

杨嵘均：《网络暴力的显性歧视和隐性歧视及其治理——基于网络暴力与网络宽容合理界限的考察》，《学术界》2018年第10期。

李礼：《网络暴力的道德批判与规制》，《晋阳学刊》2020年第6期。

秦绍德：《新闻舆论工作核心概念刍论》，《新闻大学》2021年第12期。

沙垚：《舆论监督：作为乡村治理的民俗艺术——以陕西省H县"耍歪官"活动为例》，《现代传播》2021年第10期。

侯玉波、王婷：《社会阶层与公正世界信念对中国人网络暴力行为的影响》，《西南大学学报》（社会科学版）2019年第2期。

刘绩宏、柯惠新：《道德心理的舆论张力：网络谣言向网络暴力的演化模式及其影响因素研究》，《国际新闻界》2018年第7期。

王明珂：《猎巫危机：对新冠肺炎的人文省思》，《中南民族大学学报》（人文社会科学版）2020年第3期。

卢家银：《社交媒体对青年政治参与的影响及网络规制的调节作用——基于大陆九所高校大学生的调查研究》，《国际新闻界》2018年第8期。

周挥辉：《论传播伦理的内涵建构》，《理论月刊》2018年第4期。

杨保军：《变迁与意味——新闻规律视野中的传播主体分析》，《新闻界》2018年第11期。

季为民：《新闻道德、新闻伦理相关概念的溯源与解析》，《新闻与传播研究》2017年第12期。

宁丽丽：《新媒体时代的媒介伦理倡导与道德干预：对克利福德·G.克里斯琴斯的访谈》，《国际新闻界》2017年第10期。

江作苏、黄欣欣：《第三种现实："后真相时代"的媒介伦理悖论》，《当代传播》2017年第4期。

陈力丹：《关于舆论的基本理念》，《新闻大学》2012年第5期。

曾庆香：《对"舆论"定义的商榷》，《新闻与传播研究》2007 年第 4 期。

郭小安：《舆论的公共性与公众性价值：生成、偏向与融合——一项思想史的梳理》，《新闻与传播研究》2016 年第 12 期。

余秀才：《网络舆论场的构成及其研究方法探析》，《现代传播》2010 年第 5 期。

韩立新、霍江河：《"蝴蝶效应"与网络舆论生成机制》，《当代传播》2008 年第 6 期。

刘建明：《舆论主体、舆论泡沫与舆论领袖的历史之境》，《新闻爱好者》2014 年第 8 期。

张泉泉：《重塑知识生产者形象——公民新闻时代专业记者的再定位》，《江淮论坛》2014 年第 1 期。

于都：《满怀信心，迎接全媒体时代挑战》，《军事记者》2010 年第 8 期。

郑雯、桂勇：《网络舆情不等于网络民意——基于"中国网络社会心态调查（2014）"的思考》，《新闻记者》2014 年第 12 期。

李成旺：《何谓"理性"？"理性"何为？——完整理解"理性"内涵对当代中国社会发展的启示意义》，《学习与探索》2015 年第 3 期。

卢风：《论辩理性与民主政治》，《天津社会科学》2004 年第 2 期。

刘毅：《略论网络舆情的概念、特点、表达与传播》，《理论界》2007 年第 1 期。

王晶：《哈贝马斯政治哲学视角下公共领域理性生活方式的构建》，《理论月刊》2014 年第 8 期。

陶文昭：《正确对待网络民意》，《红旗文稿》2007 年第 11 期。

闫岩：《公民新闻：参与的幻象》，《新闻与写作》2015 年第 6 期。

赵云泽、付冰清：《当下中国网络话语权的社会阶层结构分析》，《国际新闻界》2010 年第 5 期。

靖鸣、臧诚：《微博对把关人理论的解构及其对大众传播的影响》，《新闻与传播研究》2013 年第 2 期。

宋永琴、武文颖：《网络伦理表征下的媒介素养构建》，《现代传播》2014 年第 6 期。

官承波、范松楠：《试论网络文化建设中网民公共意识的提升》，《当代传播》2012 年第 6 期。

陈尧：《网络民粹主义的躁动：从虚拟集聚到社会运动》，《学术月刊》2011 年第 6 期。

袁光锋：《公共舆论建构中的弱势感》，《新闻记者》2015 年第 4 期。

林靖：《质疑"公民新闻"》，《国际新闻界》2009 年第 6 期。

张涛甫：《当前中国舆论场的宏观观察》，《当代传播》2011 年第 2 期。

刘九洲、付金华：《以媒体为支点的三个舆论场整合探讨》，《新闻界》2007 年第 1 期。

郑希付：《心理场理论》，《湖南师范大学社会科学学报》2000 年第 1 期。

郑素侠：《网络环境中的"第三人效果"：社会距离与认知偏差》，《新闻大学》2008 年第 1 期。

周葆华：《突发公共事件中的媒体接触、公众参与与政治效能——以"厦门 PX 事件"为例的经验研究》，《开放时代》2011 年第 5 期。

冯希莹、王来华：《舆情概念辨析》，《社会工作》（学术版）2011 年第 5 期。

马凌：《风险社会中的谣言风险及对策》，《浙江工商大学学报》2010 年第 1 期。

廖加林：《公共治理视域下公民参与的伦理思考》，《求索》2015 年第 10 期。

禹卫华：《从手机谣言到恐慌行为：影响因素与社会控制——基于第三人效果框架的历时研究》，《新闻与传播研究》2011 年第 6 期。

禹卫华：《"第一人"效果：现状、问题与应用》，《国际新闻界》2010 年第 7 期。

周劲：《新闻专业主义的本土化探索》，《新闻大学》2013 年第 4 期。

袁志坚：《媒体公信力：提高媒体舆论引导能力的前提》，《新闻与传播研究》2010 年第 5 期。

陈力丹、林羽丰：《再论舆论的三种存在形态》，《社会科学战线》2015 年第 11 期。

许凌云、阚乃庆：《新的媒体语境下中国公共新闻的思考与探索——以〈民生大接访〉为例》，《现代传播》2014 年第 7 期。

陈力丹：《树立全民"新闻素养"理念》，《新闻记者》2014年第4期。

肖尧中：《国家—社会关系与舆论引导的相关性探析》，《当代传播》2013年第1期。

王欢：《论榜样文化社会舆论引导》，《人民论坛》2014年第35期。

陈力丹、史一棋：《重构媒体与用户关系——国际媒体同行的互联网思维经验》，《新闻界》2014年第24期。

田卉、柯惠新：《网络环境下的舆论形成模式及调控分析》，《现代传播》2010年第1期。

张欣、池忠军：《发挥智库在公共治理中的作用》，《理论探索》2015年第1期。

张志安、晏齐宏：《网络舆论的概念认知、分析层次与引导策略》，《新闻与传播研究》2016年第5期。

雷跃捷、李汇群：《媒体融合时代舆论引导方式变革的新动向——基于微信朋友圈转发"人贩子一律死刑"言论引发的舆情分析》，《新闻记者》2015年第8期。

杨洸：《社会化媒体舆论的极化和共识——以"广州区伯嫖娼"之新浪微博数据为例》，《新闻与传播研究》2016年第2期。

郭光华：《论网络舆论主体的"群体极化"倾向》，《湖南师范大学社会科学学报》2004年第6期。

童兵：《新媒体时代舆论表达和舆论引导新格局》，《新闻爱好者》2014年第7期。

陈辉、李钢、李威：《主流媒体的网络舆论发声与引导策略研究》，《现代传播》2017年第7期。

吴世文：《争议性事件中的公众书写与新闻专业主义实践——以"邓玉娇事件"为例的考察》，《当代传播》2013年第3期。

黄远、刘怡君：《网络舆论反转效应研究》，《管理评论》2016年第8期。

袁会、谢耘耕：《公共事件网络谣言的造谣者研究——基于影响较大的118条公共事件网络谣言的内容分析》，《新闻记者》2015年第5期。

吕其庆：《认清网络谣言的巨大危害》，《红旗文稿》2013年第16期。

徐占品：《安全恐慌下的谣言传播特点》，《青年记者》2012年第35期。

刘文旋：《社会、集体表征和人类认知——涂尔干的知识社会学》，《哲学研究》2003年第9期。

赵超、赵万里：《知识社会学中的范式转换及其动力机制研究》，《人文杂志》2015年第6期。

王小章：《社会的客观知识是否有效及如何可能》，《社会学研究》2002年第3期。

苏国勋：《社会学与社会建构论》，《国外社会科学》2002年第1期。

贺雯、梁宁建：《元刻板印象的研究及其进展》，《心理科学》2008年第3期。

张中学、宋娟：《偏见研究的进展》，《心理与行为研究》2007年第2期。

苗启明：《论观念本位的思维方式：信念思维》，《宁夏大学学报》（哲学社会科学版）1998年第4期。

白洁：《论认知吝啬》，《西北师大学报》（社会科学版）2013年第1期。

程婕婷、张斌、汪新建：《道德：刻板印象内容的新维度》，《心理学探新》2015年第5期。

连淑芳：《内隐刻板印象中反刻板印象信息的干预研究》，《心理学探新》2013年第6期。

张国礼、王沛：《刻板印象的心理表征：范畴还是样例》，《心理与行为研究》2009年第3期。

王艳：《表征变迁、大众传播与改写中的刻板印象——以媒介对高校教师的报道为例》，《现代传播》2007年第3期。

张艳秋、丁颖：《社会道德负面新闻谨防造成刻板印象》，《中国记者》2011年第12期。

温芳芳、佐斌：《熟悉性对刻板印象的影响》，《中国临床心理学杂志》2008年第5期。

张晓斌、佐斌：《刻板印象激活效应对社会分类的影响》，《心理与行为研究》2012年第1期。

张俊华：《社会记忆研究的发展趋势之探讨》，《北京大学学报》（哲学社会科学版）2014年第5期。

洪杰文、朱若谷：《新闻归因策略与公众情感唤醒——当代热点舆论事件的情感主义路径》，《武汉大学学报》（人文科学版）2016年第4期。

汤景泰：《偏向与隐喻：论民粹主义舆论的原型叙事》，《国际新闻界》2015年第9期。

周葆华：《社会化媒体时代的舆论研究：概念、议题与创新》，《南京社会科学》2014年第1期。

张蓓：《媒介使用与城市居民的政治参与——基于中国综合社会调查的研究》，《学海》2014年第5期。

冯强：《互联网使用、政治效能、日常政治交流与参与意向——一项以大学生为例的定量研究》，《新闻与传播评论》2011（辑刊）。

韩晓宁、吴梦娜：《微博使用对网络政治参与的影响研究：基于心理和工具性视角》，《国际新闻界》2013年第11期。

王辉、金兼斌：《媒介接触与主观幸福感——以政治信任为中介变量的实证研究》，《新闻大学》2019年第7期。

卢家银：《传统媒体与网络媒体：媒介新闻使用对青年政治表达的影响及政治效能的中介作用》，《新闻大学》2017年第3期。

臧雷振、劳昕、孟天广：《互联网使用与政治行为——研究观点、分析路径及中国实证》，《政治学研究》2013年第2期。

郑建君：《参与意愿的中介效应与政治知识的边界效应——基于政治效能感与参与行为的机制研究》，《南京大学学报》（哲学·人文科学·社会科学）2019年第3期。

宋景玉：《网络问政的政治效能感浅析——以微博问政为例》，《国家行政学院学报》2013年第6期。

王丽萍、方然：《参与还是不参与：中国公民政治参与的社会心理分析——基于一项调查的考察与分析》，《政治学研究》2010年第2期。

熊光清：《中国网络政治参与的形式、特征及影响》，《当代世界与社会主义》2017年第3期。

廖圣清：《上海市民的意见表达及其影响因素研究》，《新闻大学》2010年第2期。

曾庆香：《新闻话语中的原型沉淀》，《新闻与传播研究》2004年第2期。

熊美娟：《政治信任、政治效能与政治参与——以澳门为例》，《广州大学学报》（社会科学版）2014 年第 3 期。

郑杭生、洪大用：《中国转型期的社会安全隐患与对策》，《中国人民大学学报》2004 年第 2 期。

郝永华、芦何秋：《网民集体行动的动力机制探析——以"郭美美事件"为研究个案》，《国际新闻界》2012 年第 3 期。

赵凯：《正面宣传纵横谈》，《新闻记者》2015 年第 12 期。

曾繁旭：《传统媒体作为调停者框架整合与政策回应》，《新闻与传播研究》2013 年第 1 期。

梁刚：《微博公共领域的民粹主义倾向论析》，《当代世界与社会主义》2014 年第 3 期。

常江、田浩：《生态革命：可供性与"数字新闻"的再定义》，《南京社会科学》2021 年第 5 期。

杨奇光：《技术可供性"改造"客观性：数字新闻学的话语重构》，《南京社会科学》2021 年第 5 期。

陈虹、杨启飞：《无边界融合：可供性视角下的智能传播模式创新》，《新闻界》2020 年第 7 期。

景义新、沈静：《新媒体可供性概念的引入与拓展》，《当代传播》2019 年第 1 期。

钟伟军：《公共舆论危机中的地方政府微博回应与网络沟通——基于深圳"5.26 飙车事件"的个案分析》，《国际新闻界》2013 年第 1 期。

李春雷、贾立平：《突发事件中传统媒体沟通党媒意见与网上舆论的进路研究——基于"什邡事件"的实地调研分析》，《国际新闻界》2015 年第 11 期。

梁海峰：《论新媒体环境下舆论引导的民众参与新格局——以近期社会舆论热点事件为例》，《现代传播》2016 年第 12 期。

李丁、张华静、刘怡君：《公众对环境保护的网络参与研究——以 PX 项目的网络舆论演化为例》，《中国行政管理》2015 年第 1 期。

陈映芳：《社会科学如何研究"人"》，《探索与争鸣》2017 年第 5 期。

孟天广、季程远：《重访数字民主：互联网介入与网络政治参与——基于列举实验的发现》，《清华大学学报》（哲学社会科学版）2016 年第

4期。

王艳玲:《移动互联网时代自媒体舆论场的特点、效能与引导》,《天津师范大学学报》(社会科学版)2017年第3期。

曹鹏:《互联网已成为舆论监督主阵地》,《新闻记者》2009年第4期。

张小强:《互联网的网络化治理:用户权利的契约化与网络中介私权力依赖》,《新闻与传播研究》2018年第7期。

郑也夫:《信任:溯源与定义》,《北京社会科学》1999年第4期。

李达、罗玮:《信任定义的重新界定》,《晋阳学刊》2013年第1期。

杨振国:《新时期我国网络媒体的社会责任》,《青年记者》2016年第8期。

万斌、章秀英:《社会地位、政治心理对公民政治参与的影响及其路径》,《社会科学战线》2010年第2期。

王菁:《媒介使用如何影响我国大学生微博政治参与——一个以政治心理为中介变量的实证测度》,《新闻与传播研究》2017年第7期。

李升科、李侃:《从娱乐至死到"致死"也要娱乐——新媒介语境下青年受众的媒介心理及成因分析》,《当代电视》2018年第6期。

潘忠党、刘于思:《以何为"新"?"新媒体"话语中的权力陷阱与研究者的理论自省——潘忠党教授访谈录》,《新闻与传播评论(辑刊)》2017(春夏卷)。

黄荣贵、辛艳艳:《专业技术人员及知识分子在微博空间的网络表达》,《新闻记者》2014年第12期。

魏燕侠:《对知识三元分析的柏拉图传统的辩护》,《科学技术哲学研究》2015年第4期。

陈鸿清:《论意见》,《解放军外语学院学报》1994年第3期。

王斌、王萍:《新媒体背景下青年意见表达的特点分析:以社交网站为例》,《中国青年研究》2012年第3期。

王丽萍:《认知民意:政治学学科触角下的社会皮肤》,《天津社会科学》2017年第2期。

王根生:《网络舆情群体极化动力模型与仿真分析》,《情报杂志》2012年第3期。

赖凯声:《中国城市的网民性格与网络影响力——基于90个城市微博大数

据的研究》,《现代传播》2019 年第 5 期。

乐媛、杨伯溆:《网络 BBS 论坛政治讨论中的左右意识形态与派别划分——基于"强国论坛"与"猫眼看人"的对比研究》,《中国网络传播研究（第三辑）（辑刊）》2009。

杨洸、郭中实:《新闻内容、理解与记忆：解读争议性事件报道的心智模型》,《新闻与传播研究》2016 年第 11 期。

陈刚:《范式转换与民主协商：争议性公共议题的媒介表达与社会参与》,《新闻与传播研究》2011 年第 2 期。

马得勇:《"匹配效应"：政治谣言的心理及意识形态根源》,《政治学研究》2018 年第 5 期。

马得勇、王丽娜:《中国网民的意识形态立场及其形成：一个实证的分析》,《社会》2015 年第 5 期。

陈旭辉、柯惠新:《网民意见表达影响因素研究——基于议题属性和网民社会心理的双重视角》,《现代传播》2013 年第 3 期。

魏伯平:《中国网民意识形态现状及塑造》,《新闻记者》2016 年第 12 期。

余红、杨伯溆:《网络极化现象研究——基于四个中文 BBS 论坛的内容分析》,《青年研究》2010 年第 2 期。

王天娇:《"新媒体使用"概念的有效性——从媒介使用和媒介效果看网络信息渠道的异质性》,《国际新闻界》2020 年第 1 期。

王志强:《跨文化诠释学视角下的跨文化接受：文化认知形式和认知假设》,《德国研究》2008 年第 1 期。

刘取芝、孙其昂、施春华、陈友庆:《政治意识形态：影响因素、心理机制及作用》,《心理科学进展》2013 年第 11 期。

赵春丽、付捷:《新媒体时代政府舆论引导能力体系结构初探》,《湖北社会科学》2013 年第 11 期。

乐媛、周晓琪:《社会运动中的社交媒体动员与媒介间议程设置效应：以台湾地区"反服贸学运"为例》,《国际新闻界》2019 年第 6 期。

顾杰善:《群体心理学导论——对群体心理现象的实证分析与理论探索》,《社会学研究》1992 年第 3 期。

刘慧瀛:《网络道德焦虑的心理整饬》,《郑州大学学报》（哲学社会科学版）2017 年第 4 期。

杨铜铜：《论法谚的司法运用》，《法学》2021 年第 7 期。

陈哲、付丽、彭咏梅、蔡蓉、周世杰：《父母教养方式、儿童期虐待、依恋与反社会人格障碍倾向的关系》，《中国临床心理学杂志》2011 年第 2 期。

张建人、孟凡斐、凌辉、龚文婷、李家鑫：《童年期虐待、父母教养方式、不安全依恋与大学生反社会人格障碍的关系》，《中国临床心理学杂志》2021 年第 1 期。

刘邦惠、黄希庭：《国外反社会人格研究述评》，《心理科学进展》2007 年第 2 期。

张咏华、贾楠：《传播伦理概念研究的中西方视野与数字化背景》，《新闻与传播研究》2016 年第 2 期。

彭增军：《从把关人到公民新闻：媒介伦理的社会化》，《新闻记者》2017 年第 4 期。

贲国栋：《论司法公正价值的整合》，《南京社会科学》2007 年第 3 期。

何家弘：《司法公正论》，《中国法学》1999 年第 2 期。

徐显明：《何谓司法公正》，《文史哲》1999 年第 6 期。

姚莉：《司法公正要素分析》，《法学研究》2003 年第 5 期。

陈红心、程瑜：《论司法公正的本质、属性及意义》，《兰州学刊》2009 年第 3 期。

纪莉、刘晶晶：《论"媒介审判"在中国的跨文化旅行及其概念变异》，《江汉论坛》2012 年第 11 期。

王晨：《司法公正的内涵及其实现路径选择》，《中国法学》2013 年第 3 期。

张冠楠：《"媒介审判"下的司法困境》，《法学》2011 年第 5 期。

路鹃：《论"媒介审判"现象的负面效应与防范》，《甘肃社会科学》2009 年第 5 期。

冯宇飞：《从法理学的视角看"媒介审判"的负面效应》，《新闻战线》2002 年第 11 期。

魏永征：《媒介审判何时休》，《中国记者》2001 年第 5 期。

陈力丹：《不能再搞"媒介审判"》，《新闻界》2013年第22期。

周泽：《"媒体审判"、"舆论审判"检讨》，《中国青年政治学院学报》2005年第3期。

周泽：《舆论评判：正义之秤——兼对"媒体审判"、"舆论审判"之说的反思》，《新闻记者》2004年第9期。

慕明春：《舆论监督促进司法公正的"标杆"——以李昌奎案件再审为例》，《当代传播》2012年第3期。

朱秋卫：《媒体监督对司法公正的功效》，《现代传播》2010年第9期。

马骋：《新闻报道促进司法公正》，《检察风云》2006年第12期。

刘太阳：《"媒体舆论监督"有悖法治精神吗？——与魏永征教授商榷》，《新闻记者》2002年第7期。

庹继光：《"媒体审判"：防卫性权利的异化——对舆论监督司法的合法性解读》，《当代传播》2010年第5期。

刘春园：《论舆论监督、媒体审判与刑事司法独立关系》，《南京师大学报》（社会科学版）2016年第5期。

梅中伟、刘远志：《如何促进媒体监督与司法公正的良性互动》，《传媒》2016年第18期。

徐剑、刘丛、谢添：《感受公正：媒介形态对公众司法公正判断的影响分析》，《新闻与传播研究》2019年第6期。

王文军：《法治新闻报道的传播学分析》，《法学》2011年第9期。

王文军：《传媒对司法行为的负面报道亟待规范》，《法学》2010年第10期。

乔新生：《法治新闻评论应有分寸》，《青年记者》2012年第9期。

杨宇琦、伍麟：《司法公正感的变迁：基于微博的舆情分析（2013—2016年）》，《甘肃行政学院学报》2018年第5期。

王国龙：《判决的可预测性与司法公信力》，《求是学刊》2014年第1期。

尉建文、黄莉：《新媒体如何影响群体性事件？——中介机制与实证检验》，《北京师范大学学报》（社会科学版）2016年第6期。

周葆华：《新媒体使用与主观阶层认同：理论阐释与实证检验》，《新闻大学》2010年第2期。

侯猛：《如何评价司法公正：从客观标准到主观感知》，《法律适用》2016年第6期。

张顺、陈芳：《社会资本与城市居民社会经济地位认同》，《西安交通大学学报》（社会科学版）2012年第3期。

罗本琦：《论实现司法公正》，《法律科学》1999年第5期。

吕忠梅：《司法公正价值论》，《法制与社会发展》2003年第4期。

张树剑：《传媒与司法的冲突和平衡》，《国际新闻界》2008年第10期。

杨晓丽：《新闻舆论对刑事司法的影响》，《政治与法律》2018年第3期。

孙锐：《互联网时代刑事司法与公众舆论关系的困局及其破解》，《兰州学刊》2017年第10期。

周安平：《舆论挟持司法的效应与原因——基于典型案例的分析》，《学术界》2012年第10期。

庹继光、李缨：《监督司法：传媒对舆论的支援与离逸》，《新闻大学》2013年第2期。

吴啟铮：《网络时代的舆论与司法——以哈贝马斯的公共领域理论为视角》，《环球法律评论》2011年第2期。

徐骏：《司法应对网络舆论的理念与策略——基于18个典型案例的分析》，《法学》2011年第12期。

江作苏、姜诗斌：《社会要素嬗变对媒介与司法关系的影响》，《新闻大学》2015年第1期。

张涛甫：《当下中国舆论引导格局的转型》，《当代传播》2014年第2期。

袁光锋：《公共舆论中的"同情"与"公共性"的构成——"夏俊峰案"再反思》，《新闻记者》2015年第11期。

尹连根：《邓玉娇案的框架分析：网上公共舆论如何影响网下媒体报道》，《国际新闻界》2010年第9期。

魏永征：《群体智慧还是群体极化——于欢案中的舆论变化及引导》，《新闻记者》2017年第11期。

陈忠林：《"常识、常理、常情"：一种法治观与法学教育观》，《太平洋学报》2007年第6期。

聂长建：《司法和舆论的出牌逻辑》，《西北师大学报（社会科学版）》

2013 年第 6 期。

杨明：《中国公众法律知识水平现状之分析》，《北京大学学报》（哲学社会科学版）2007 年第 3 期。

董子铭：《舆论引导的学理解读：元理由、概念及其系统特征》，《四川大学学报》（哲学社会科学版）2014 年第 5 期。

李舒、张鸣：《新媒体环境下政论片的制作与传播——〈永远在路上〉的启示》，《电视研究》2017 年第 4 期。

高鑫：《形象的感化 理性的征服——评电视政论片〈父老乡亲〉》，《中国电视》1994 年第 6 期。

蒋叶俊：《政论片的思辨性特点分析——以〈将改革进行到底〉为例》，《电影评介》2017 年第 13 期。

高华：《电视新闻的"声画对位"与"1＋1＞2"》，《现代传播》1999 年第 6 期。

蔡雯：《"公共新闻"：发展中的理论与探索中的实践——探析美国"公共新闻"及其研究》，《国际新闻界》2004 年第 1 期。

彭增军：《传统与挑战：网络时代的媒介伦理》，《新闻记者》2017 年第 3 期。

宋祖华：《作为新闻的谣言：媒介融合背景下新闻与谣言关系的再思考》，《新闻大学》2017 年第 5 期。

李大勇：《谣言、言论自由与法律规制》，《法学》2014 年第 1 期。

谢永江、黄方：《论网络谣言的法律规制》，《国家行政学院学报》2013 年第 1 期。

贾磊、罗俊龙、肖宵、张庆林：《刻板印象的认知神经机制》，《心理科学进展》2010 年第 12 期。

郑沅教：《新媒体与政治参与：以弹劾朴槿惠烛光集会为例》，《国际新闻界》2018 年第 4 期。

张明新、刘伟：《互联网的政治性使用与我国公众的政治信任——一项经验性研究》，《公共管理学报》2014 年第 1 期。

张明新：《互联网时代中国公众的政治参与：检验政治知识的影响》，《中国地质大学学报》（社会科学版）2011 年第 6 期。

解庆锋：《政治效能感与舆论形成、传播与引导——对贵州瓮安事件、厦门 PX 事件、郭美美事件的案例分析》，《中国新闻传播研究 2016（下）（辑刊）》。

冯辉：《公共治理中的民粹倾向及其法治出路——以 PX 项目争议为样本》，《法学家》2015 年第 2 期。

刘冰、钟圆：《受众眼中的法治新闻报道》，《青年记者》2016 年第 1 期。

王中云：《博客的自我表现意识与传播伦理规范——大众博客时代的自律与他律》，《新闻界》2006 年第 5 期。

杨保军：《新闻道德结构要素及主客体关系模式分析》，《国际新闻界》2009 年第 5 期。

张垒：《破碎与疏离：从热点事件传播看"公民记者"对新闻伦理的影响》，《现代传播》2014 年第 4 期。

李文冰、强月新：《传播社会学视角下的网络传播伦理失范治理》，《湖北大学学报》（哲学社会科学版）2015 年第 2 期。

张咏华：《传播伦理：互联网治理中至关重要的机制》，《全球传媒学刊》2015 年第 2 期。

杨保军：《"共"时代的开创——试论新闻传播主体"三元"类型结构形成的新闻学意义》，《新闻记者》2013 年第 12 期。

陈汝东：《论传播伦理学的理论建设》，《伦理学研究》2004 年第 3 期。

燕道成：《新媒介伦理建构的基本维度：责任伦理》，《湖南师范大学社会科学学报》2015 年第 1 期。

葛自发：《新媒体对"积极受众"的建构与解构》，《当代传播》2014 年第 1 期。

周翔、刘欣、程晓璇：《微博用户公共事件参与的因素探索——基于政治效能感与社会资本的分析》，《江淮论坛》2014 年第 3 期。

郭小安：《网络谣言的政治诱因：理论整合与中国经验》，《武汉大学学报》（人文科学版）2013 年第 3 期。

陈先元、邬彬彬、王翰：《传媒素养的基本含义及社会定位》，《新闻界》2005 年第 5 期。

蔡骐：《媒介化社会的来临与媒介素养教育的三个维度》，《现代传播》

2008 年第 6 期。

陈晓曦：《理性、情感与道德区分——兼论苏格兰启蒙运动中情感主义学派的论证及意义》，《湖南社会科学》2011 年第 5 期。

刘时工：《休谟论道德的基础》，《道德与文明》2005 年第 6 期。

〔德〕诺贝尔·克里斯丁、朱一湄：《互联网背景下中国政治参与的创新——基于混合参与空间理论》，《理论月刊》2017 年第 5 期。

禹卫华：《中国大众媒介信息流程中的第三人效果研究》，博士学位论文，复旦大学，2007。

何玉芳：《树立正确的国家利益观》，《人民日报》2010 年 11 月 2 日。

赵晨熙：《"键盘侠"网络暴力何时休 业内人士建议出台反网络暴力法防治网暴》，《法治日报》2022 年 2 月 8 日。

徐艳红：《德阳医生自杀，法院为何以侮辱罪判刑?》，《人民政协报》2021 年 8 月 10 日。

言咏：《成都女孩被"网暴"：是非追问还需更多》，《经济观察报》2020 年 12 月 14 日。

赵丽、杨轶男：《河北寻亲男孩轻生 网暴被指是重要诱因 "键盘侠们的狂欢"该结束了》，《法治日报》2022 年 1 月 26 日。

王品芝、徐欣怡：《九成受访者支持将严重"网暴"行为纳入公诉案件 90% 受访者认为网络暴力会影响青少年价值观》，《中国青年报》2022 年 3 月 10 日。

王比学：《勿让"舆论审判"左右司法审判》，《人民日报》2013 年 7 月 31 日。

王更喜：《小议"媒介审判"》，《人民法院报》2003 年 7 月 7 日。

蒙镭：《对"媒体审判"应当进行必要规制》，《人民政协报》2011 年 12 月 12 日。

许身健：《激浊扬清中警惕媒体审判》，《检察日报》2005 年 10 月 26 日。

杨涛：《"舆论审判"让法治蒙羞》，《中国新闻出版报》2011 年 1 月 19 日。

郭文婧：《别拿舆论审判的帽子排斥舆论监督》，《中国商报》2013 年 3 月 22 日。

王治国、王地：《加强检察机关与新闻媒体"全天候"互动 共同汇聚社会正能量推进法治中国建设》，《检察日报》2017年1月7日。

《最高法出台五年工作规划 在司法解释中贯彻社会主义核心价值观》，《人民日报》2018年9月19日。

余建华、庞楚楚：《杭州"取快递女子被造谣出轨"案一审宣判 二被告人捏造并散布损害他人名誉的事实被以诽谤罪判刑》，《人民法院报》2021年5月7日。

吴帅帅：《面对网络暴力，自诉很无力，公诉有威力 公权力介入杭州女子取快递被造谣出轨事件的法治观察》，《新华每日电讯》2021年1月6日。

周潜之：《假新闻引爆舆论，谁之过》，《光明日报》2016年10月31日。

蒋建国：《2016媒体融合发展论坛发言摘登》，《人民日报海外版》2016年8月23日。

齐向东：《我为什么看好媒体融合创新》，《光明日报》2016年10月15日。

管洪：《牢记使命 勇于创新 提升党报集团新闻舆论传播力引导力》，《重庆日报》2016年3月3日。

陈力丹：《做好新闻舆论工作应把基本原则具体化》，《人民日报》2016年4月6日。

倪光辉：《胸怀大局把握大势着眼大事 努力把宣传思想工作做得更好》，《人民日报》2013年8月21日。

曹智、栾建强、李宣良：《坚持军报姓党坚持强军为本坚持创新为要 为实现中国梦强军梦提供思想舆论支持》，《人民日报》2015年12月27日。

杜尚泽：《坚持正确方向创新方法手段 提高新闻舆论传播力引导力》，《人民日报》2016年2月20日。

郭全中：《传统媒体转型：借力大数据 重建用户连接》，《光明日报》2016年1月23日。

颜若雯：《重点抓好四个方面创新 提升党报集团新闻舆论传播力引导力——访重庆日报报业集团党委书记管洪》，《重庆日报》2016年4月25日。

锁楠：《陈忠林："恶法亦法"误尽法治》，《检察日报》2010年8月23日。

杨振武：《融合发展是媒体必须打赢的硬仗》，《人民日报》2015年5月

28日。

中国互联网络信息中心:《第44次中国互联网络发展状况统计报告》,中国网信网,2019年8月30日,http://www.cac.gov.cn/2019-08/30/c_1124938750.htm。

## 英文文献

Carroll, J. G., Susan, H., Carrett, J. O. & Robert, Y. S, *Public Opinion* (Westview Press, 1999).

Walter Lippmann, *Public opinion* (New York: Dover Publication, Inc., 2004).

Barbara A. B. & Robert W. O., *Public Opinion Measuring the American Mind* (*Second Edition*), Wadsworth, a division of Thomson Learning, Inc, 2003.

Stuart Oskamp & P. Wesley Schultz, *Attitudes and opinions* (*Third Edition*) (Lawrence Erlbaum Associates, Inc., 2005).

Bernard, B. & Bill, C., "Kurt Lewin's Field Theory: A Review and Re-evaluation", *International Journal of Management Reviews*, 15 (4), 2013, pp. 412-413.

Donald, J. S. & Andrew, S. C., "Sharpening the Focus of Force Field Analysis", *Journal of Change Management*, 14 (1), 2014, pp. 29-32.

Christophe, E., Jessie, P. & Michel, K., "The Influence of Individual, Contextual, and Social Factors on Perceived Behavioral Control of Information Technology: A Field Theory Approach", *Journal of Management Information Systems*, 28 (3), 2011, pp. 201-234.

Mark, S., "In the Footsteps of Kurt Lewin: Practical Theorizing, Action Research, and the Psychology of Social Action", *Journal of Social Issues*, 65 (1), 2009, pp. 225-245.

Van Leuven, J. K. & Slater, M. D. "How Publics, Public Relations, and the Media Shape the Public Opinion Process", *Public Relations Research Annual*, 3, 1991, pp. 166-168.

Veenstra, A. S. , Hossain, M. D. & Lyons, B. A. , "Partisan Media and Discussion as Enhancers of the Belief Gap", *Mass Communication & Society*, 17 (6), 2014, pp. 874 – 897.

Davison, W. Phillips, "The Third-Person Effect in Communication", *Public Opinion Quarterly*, 47 (1), 1983, pp. 1 – 15.

Schweisberger, V. , Billinson, J. & Chock, T. M. , "Facebook, the Third-Person Effect, and the Differential Impact Hypothesis", *Journal of Computer-Mediated Communication*, 19, 2014, pp. 403 – 413.

Perloff, R. M. , "The Third Person Effect: A Critical Review and Synthesis", *Media Psychology*, 1 (4), 1999, pp. 353 – 378.

Mutz, D. C. , "The Influence of Perceptions of Media Influence: Third Person Effects and the Public Expression of Opinions", *International Journal of Public Opinion Research*, 1 (1), 1989, pp. 3 – 23.

Zhou, B. H. , "Online Participation and Political Efficacy in a Transitional Society: An Empirical Study of 'PX Event' in China", *International Communication Association*, 2012Annual Meeting, 2012, pp. 1 – 33.

Kate, K. & Jomini, S. N. , "Connections Between Internet Use and Political Efficacy, Knowledge, and Participation", *Journal of Broadcasting & Electronic Media*, 50 (2), 2006, pp. 173 – 192.

Wang, S. I. , "Political Use of the Internet, Political Attitudes and Political Participation", *Asian Journal of Communication*, 17 (4), 2007, pp. 381 – 395.

Gadi, W. , Moran, Y. & Tal, S. A. , "Political Information Repertoires and Political Participation", *New Media & Society*, 18 (9), 2016, pp. 2096 – 2115.

Park, C. S. , "The Mediating Role of Political Talk and Political Efficacy in the Effects of News Use on Expressive and Collective Participation", *Communication and the Public*, 4 (1), 2019, pp. 35 – 52.

Kaid, L. L. , McKinney, M. S. & Tedesco, J. C. , "Political Information Efficacy and Young Voters", *American Behavioral Scientist*, 50 (9), 2007, pp. 1093 – 1111.

Park, C. S. & Kaye, B. K. , "News Engagement on Social Media and Democratic Citizenship: Direct and Moderating Roles of Curatorial News Use in Political Involvement", *Journalism & Mass Communication Quarterly*, 95 (4), 2018, pp. 1103 – 1127.

McLeod, J. M., Scheufele, D. A., Moy, P., Horowitz, E. M., Holbert, R. L., Zhang, W. & Zubric, J., "Understanding Deliberation the Effects of Discussion Networks on Participation in a Public Forum", *Communication Research*, 26 (6), 1999, pp. 743 – 774.

Nakwon, J., Yonghwan, K. & HomeroGil, d. Z., "The Mediating Role of Knowledge and Efficacy in the Effects of Communication on Political Participation", *Mass Communication & Society*, 14 (4), 2011, pp. 407 – 430.

Malik, Q. U. A. & Masrur, A. K., "Raising the Influence of New Media in Instilling Political Efficacy Amongst Youth", *Journal of Development Communication*, 24 (1), 2013, pp. 37 – 50.

Bandura, A., "Self-efficacy: Toward a Unifying Theory of Behavioral Change", *Psychological Review*, 84 (2), 1977, pp. 191 – 215.

Castells, M., "Communication, Power and Counter-power in the Network Society", *International Journal of Communication*, 1, 2007, pp. 238 – 266.

Miller, A. H., Goldenberg, E. N. & Erbring, L., "Type-set Politics: Impact of Newspapers on Public Confidence", *American Political Science Review*, 73 (1), 1979, pp. 67 – 78.

Axel, W., Kleinman, S. B. & Silvia, K. W., "Turn a Blind Eye if You Care: Impacts of Attitude Consistency, Importance, and Credibility on Seeking of Political Information and Implications for Attitudes", *Journal of Communication*, 63 (3), 2013, pp. 432 – 453.

Chan, M., Chen, H. T. & Lee, F. L. F., "Examining the Roles of Political Social Network and Internal Efficacy on Social Media News Engagement: A Comparative Study of Six Asian Countries", *The International Journal of Press/Politics*, 24 (2), 2019, pp. 127 – 145.

Yamamoto, M., Kushin, M. J. & Dalisay, F., "Social Media and Mobiles as Political Mobilization Forces for Young Adults: Examining the Moderating

Role of Online Political Expression in Political Participation", *New Media & Society*, 17 (6), 2015, pp. 880 – 898.

Ashley, E. & Xiao, Q., "Political Expression in the Chinese Blogosphere", *Asian Survey*, 48 (5), 2008, pp. 752 – 772.

Schrock, A. R., "Communicative Affordances of Mobile Media: Portability, Availability, Locatability, and Multimediality", *International Journal of Communication*, 9, 2015, pp. 1229 – 1246.

Nagy, P. & Neff, G., "Imagined Affordance: Reconstructing a Keyword for Communication Theory", *Social Media + Society*, July-December, 2015, pp. 1 – 9.

Wellman, B., et al., "The Social Affordances of the Internet for Networked Individualism", *Journal of Computer-Mediated Communication*, 8 (3), 2003.

Costa, E., "Affordances-in-practice: An Ethnographic Critique of Social Media Logic and Context Collapse", *New Media & Society*, 00 (0), 2018, pp. 1 – 16.

Dijck, J. & Poell T., "Understanding Social Media Logic", *Media and Communication*, 1 (1), 2013, pp. 2 – 14.

Couldry, N., "Theorising Media as Practice", *Social Semiotics*, 14 (2), 2004, pp. 115 – 132.

Doney, P. M., & Cannon, J. P., "An Examination of the Nature of Trust in Buyer-Seller Relationships", *Journal of Marketing*, 61 (April), 1997, pp. 35 – 51.

Lien, C. H. & Cao, Y., "Examining Wechat Users' Motivations, Trust, Attitudes, and Positive Word-of-Mouth: Evidence from China", *Computers in Human Behavior*, 41, 2014, pp. 104 – 111.

Bart, Y., Shankar, V., Sultan, F. & Urban, G. L., "Are the Drivers and Role of Online Trust the Same for All Web Sites and Consumers? A Large-Scale Exploratory Empirical Study", *Journal of Marketing*, 69 (October), 2005, pp. 133 – 152.

Sledgianowski, D. & Kulviwat, S. , "Using Social Network Sites: The Effects of Playfulness, Critical Mass and Trust in a Hedonic Context", *Journal of Computer Information Systems*, 49 (4), 2009, pp. 74 – 83.

Wu, G. , "Effects of Perceived Interactivity, Perceived Web Assurance and Disposition to Trust on Initial Online Trust", *Journal of Computer-Mediated Communication*, 16, 2010, pp. 1 – 26.

Shin, D. H. , "The Effects of Trust, Security, and Privacy in Social Networking: A Security-based Approach to Understand the Pattern of Adoption", *Interacting with Computers*, 22, 2010, pp. 428 – 438.

Wu, K. , Zhao, Y. , Zhu, Q. , Tan, X. & Zheng, H. , "A Meta-analysis of the Impact of Trust on Technology Acceptance Model: Investigation of Moderating Influence of Subject and Context Type", *International Journal of Information Management*, 31, 2011, pp. 572 – 581.

Bennett, S. E. , Flickinger, R. S. & Rhine, S. L. , "American Public Opinion and the Civil War in Bosnia: Attention, Knowledge, and the Media", *The Harvard International Journal of Press/Politics*, 2 (4), 1997, pp. 87 – 105.

Hindman, D. B. , "Knowledge Gaps, Belief Gaps, and Public Opinion about Health Care Reform", *Journalism & Mass Communication Quarterly*, 89 (4), 2012, pp. 585 – 605.

Yoo, W. S. & Homero, Z. G. , "Connecting Blog, Twitter and Facebook Use with Gaps in Knowledge and Participation", *Communication & Society*, 27 (4), 2014, pp. 33 – 48.

Nie, N. H. & Andersen, K. , "Mass Belief Systems Revisited: Political Change and Attitude Structure", *The Journal of Politics*, 36 (3), 1974, pp. 540 – 591.

Combs, B. & Slovic, P. , "Newspaper Coverage of Causes of Death", *Journalism Quarterly*, 56 (4), 1979, pp. 837 – 843, 849.

Phil, D. , "The Media's Role in The Criminal Justice System", *Social Alternatives*, 11 (3), 1992, pp. 26 – 28.

Rae, M. , "Trial by Media: Why Victims and Activists Seek a Parallel Justice Forum for War Crimes", *Crime Media Culture*, 16 (3), 2020, pp. 1 – 16.

Greer, C. & McLaughlin, E. , "Media Justice: Madeleine McCann, Intermediatization and 'Trial by Media' in the British Press", *Theoretical Criminology*, 16 (4), 2012, pp. 395 – 416.

Gupta, S. , "Media Trial: Persevering Anomaly or an Inexorable Premise", *Vidhigya: The Journal of Legal Awareness*, 10 (1), 2015, pp. 8 – 19.

Robbennolt, J. K. & Studebaker, C. A. , "News Media Reporting on Civil Litigation and Its Influence on Civil Justice Decision Making", *Law and Human Behavior*, 27 (1), 2003, pp. 5 – 27.

Hough, M. & Roberts, J. V. , "Sentencing Trends in Britain: Public Knowledge and Public Opinion", *Punishment & Society*, 1 (1), 1999, pp. 11 – 26.

Barthe, E. P. , Leone, M. C. & Lateano, T. A. , "Commercializing Success: The Impact of Popular Media on the Career Decisions and Perceptual Accuracy of Criminal Justice Students", *Teaching in Higher Education*, 18 (1), 2013, pp. 13 – 26.

Morris, M. W. & Leung, K. , "Justice for All? Progress in Research on Cultural Variation in the Psychology of Distributive and Procedural Justice", *Applied Psychology: An International Review*, 49 (1), 2000, pp. 100 – 132.

Chagnon, N. & Chesney-Lind, M. , " 'Someone's Been in the House': A Tale of Burglary and Trial by Media", *Crime Media Culture*, 11 (1), 2015, pp. 41 – 60.

Robertson, C. B. , "The Facebook Disruption: How Social Media May Transform Civil Litigation and Facilitate Access to Justice", *Arkansas Law Review*, 65 (1), 2012, pp. 75 – 97.

Greer, C. & McLaughlin, E. , " 'Trial by Media': Policing, the 24 – 7 News Mediasphere and the 'Politics of Outrage' ", *Theoretical Criminology*, 15 (1), 2010, pp. 23 – 46.

Spill, R. L. & Oxley, Z. M. , "Philosopher Kings or Political Actors? How the

Media Portray the Supreme Court", *Judicature*, 87 (1), 2003, pp. 22 – 29.

Phillipson, G., "Trial by Media: The Betrayal of the First Amendment's Purpose", *Law & Contemporary Problems*, 71 (4), 2008, pp. 15 – 29.

Boothe-Perry, N. A., "Friends of Justice: Does Social Media Impact the Public Perception of the Justice System?", *Pace Law Review*, 35 (1), 2014, pp. 72 – 115.

Barrett, J., "Open Justice or Open Season? Developments in Judicial Engagement with New Media", *Queensland University of Technology Law & Justice Journal*, 11 (1), 2011, pp. 1 – 30.

Luo, Y. J., "The Internet and Agenda Setting in China: The Influence of Online Public Opinion on Media Coverage and Government Policy", *International Journal of Communication*, 8, 2014, pp. 1289 – 1312.

Maitland, N. & Lynch, J, "Social Media, Ethics, and the Privacy Paradox", *Journal of Internet Law*, 23 (9), 2020, pp. 3 – 14.

Ying-chun, H. E., Ching-chun, H. E. & Lehman, J. A., "Chinese Ethics in Communication, Collaboration, and Digitalization in the Digital Age", *Journal of Mass Media Ethics*, 18 (3/4), 2003, pp. 268 – 285.

Mulvey, G. J., Deleon, K. & Sowder, B. "Social Media Ethics for the Meteorologist.", *Bulletin of the American Meteorological Society*, 101 (8), 2020, pp. 723 – 725.

James, C., Davis, K., Flores, A., Francis, J. M., Pettingill, L., Rundle, M. & Gardner, H., "Young People, Ethics, and the New Digital Media", *Contemporary Readings in Law & Social Justice*, 2 (2), 2011, pp. 215 – 284.

Archer-Lean, C. & Pavitt, H., "Politics and Ethics in Social Media", *Social Alternatives*, 31 (2), 2012, pp. 3 – 5.

# 后 记

互联网领域的舆论及舆论引导研究是一片学术场域，可以探讨的内容多元而丰富，研究路径亦具有多样性，涵盖全部研究内容恐怕需要一系列的著作支撑。本书选择其中一部分内容，从心理认知的视角探讨公众、网络公众，进而探讨舆论的形成、传播；结合司法案件舆论中公众认知与司法断案专业性的张力，探讨了司法案件舆论引导中的专业法律知识的供给；结合网络舆论环境的演化，探讨了新型主流媒体为实现新闻舆论的传播力、引导力、影响力、公信力，需要在舆论引导理念上进行的创新。

对上述内容的探讨难免挂一漏万，甚至存在一些探讨上的不足之处，恳请读者朋友批评指正。

本书的小部分内容曾公开发表，如《专业法律知识的媒体供给与社会正义的维护——基于昆山案中舆论、司法、媒体互动的考察》（载《西南政法大学学报》2020年第2期）、《心理场对舆论场的影响研究》（载《当代传播》2016年第1期）、《从舆论主体、客体、本体论社会舆论反转》[载谢耘耕、陈虹主编《舆论学研究（第二辑）》，社会科学文献出版社，2017年]、《从认知心理论大众传媒的舆论引导》（载新疆维吾尔自治区社会科学界联合会编《助力新疆跨越式发展和长治久安——2013年新疆社会科学界青年学者论坛论文集》，新疆人民出版社，2013年）。在收入本书时，笔者对这一小部分内容进行了扩充、提升或调整，使其知识更加丰富，与本书主题的联系更为紧密。

### 图书在版编目（CIP）数据

狂欢与理智：信息时代的知识生成与舆论引导 / 解庆锋著. -- 北京：社会科学文献出版社，2023.11
ISBN 978－7－5228－2450－5

Ⅰ.①狂… Ⅱ.①解… Ⅲ.①互联网络－舆论－研究 Ⅳ.①G219

中国国家版本馆 CIP 数据核字（2023）第 165072 号

### 狂欢与理智：信息时代的知识生成与舆论引导

著　　　者 / 解庆锋
出　版　人 / 冀祥德
组稿编辑 / 高　雁
责任编辑 / 贾立平
责任印制 / 王京美

出　　　版 / 社会科学文献出版社（010）59367226
　　　　　　　地址：北京市北三环中路甲29号院华龙大厦　邮编：100029
　　　　　　　网址：www.ssap.com.cn
发　　　行 / 社会科学文献出版社（010）59367028
印　　　装 / 三河市尚艺印装有限公司

规　　　格 / 开　本：787mm × 1092mm　1/16
　　　　　　　印　张：17　字　数：267千字
版　　　次 / 2023年11月第1版　2023年11月第1次印刷
书　　　号 / ISBN 978－7－5228－2450－5
定　　　价 / 128.00元

读者服务电话：4008918866

版权所有 翻印必究